公共文化丛书

公共文化国际合作与交流的
中国实践

张皓珏 著

国家图书馆出版社

图书在版编目（CIP）数据

公共文化国际合作与交流的中国实践 / 张皓珏著 . — 北京：
国家图书馆出版社 , 2021.12
（公共文化丛书）
ISBN 978-7-5013-7347-5

Ⅰ . ①公… Ⅱ . ①张… Ⅲ . ①公共管理－文化工作－国际合作－研究－
中国②公共管理－文化工作－国际交流－研究－中国 Ⅳ . ① G125

中国版本图书馆 CIP 数据核字（2021）第 182669 号

书　　名　公共文化国际合作与交流的中国实践
著　　者　张皓珏　著
责任编辑　王炳乾
封面设计　翁涌工作室

出版发行　国家图书馆出版社（北京市西城区文津街 7 号　　100034）
　　　　　（原书目文献出版社　北京图书馆出版社）
　　　　　010-66114536　63802249　nlcpress@nlc.cn（邮购）
网　　址　http://www.nlcpress.com
排　　版　九章文化
印　　装　河北鲁汇荣彩印刷有限公司
版次印次　2021 年 12 月第 1 版　2021 年 12 月第 1 次印刷

开　　本　710×1000　1/16
印　　张　15.75
字　　数　223 千字

书　　号　ISBN 978-7-5013-7347-5
定　　价　78.00 元

总　序

　　在我国，公共文化是一个出现时间不长的概念。大约在世纪之交前后，一些学术研究成果中出现了公共文化的概念，2005年前后，公共文化、公共文化服务、公共文化服务体系等相关概念开始进入政策语言系统。从"十二五"开始，公共文化服务被纳入基本公共服务范畴。2017年3月施行的《中华人民共和国公共文化服务保障法》对公共文化服务做出了法律界定，明确了责任主体——政府主导；明确了主要目的——满足公民基本文化需求；明确了提供内容——公共文化设施、文化产品和活动以及其他相关服务。同时还明确了我国公共文化服务涵盖的主要方面：全民阅读、全民普法、全民健身、全民科普、全民艺术普及，以及优秀传统文化传承，一般简称"六个全民"。

　　2002年党的十六大报告提出切实尊重和保障人民的"文化权益"，由此拉开了我国构建公共文化服务体系的序幕。2005年党的十六届五中全会提出"逐步形成覆盖全社会的比较完备的公共文化服务体系"，2007年6月，中共中央政治局专题研究加强公共文化服务体系建设，提出了我国公共文化服务体系建设的基本原则、体系框架。到2011年10月，党的十七届六中全会描绘了努力建设社会主义文化强国的宏伟蓝图，强调满足人民基本文化需求是社会主义文化强国建设的基本任务，加强公共文化服务是实现人民基本文化权益的主要途径。

　　党的十八大以来，在统筹推进"五位一体"总体布局、"四个全面"战略布局的背景下，公共文化服务体系建设在发展快车道上奋力前行。2013年11月，党的十八届三中全会提出构建现代公共文化服务体系的新任务，2015年初，中办、国办印发《关于加快构建现代公共文化服务体系的意见》，对现代公共文化服务体系建设作出全面部署。2017年以来，《中华人民共和国公共文化服务保障法》《中华人民共和国公共图书馆法》相继施行，构建起了我国公共文化领域具有"四梁八柱"性质的制度体系框架。党的十九大做出我国社会主要矛盾转化的战略判断，完善公共文化服务体系、满足人民美好生活对精神文化的新期待成为新时期公共文化发展的主旋律。2020年，党的十九届五中全会提出2035年建成社会主义文化强国的远景目标，"十四五"开局之年，提升公共文化服务水平、推动公共文化服务高质量发展迈出了新步伐。在中国共产党建党100周年之际，党中央庄严宣告在中华大地上全面建成了小康社会，其中包含着基本建成了保基本、促公平的公共文化服务体系的历史贡献。

与21世纪以来特别是党的十八大以来公共文化服务体系建设的伟大实践相伴随，我国公共文化理论研究也从无到有、由点及面、全方位展开。发展到今天，公共文化研究已经进入了众多学科的研究视野，取得了一系列令人赞叹的研究成果。据不完全统计，目前已经有10多个学科门类、30多个一级学科、90多个二级学科在原有基础上拓展了公共文化研究[①]，图情档一级学科是产生公共文化研究成果最多的学科之一，说明了图书情报学与公共文化研究固有的内在联系，也体现了图书情报学人对我国公共文化研究的贡献。近十多年来，我国学术期刊上发表的与公共文化直接相关的研究论文已达1万篇以上[②]，出版的专著编著有300多部[③]。国家社会科学基金重大项目、重点项目和一般项目立项的公共文化类研究课题，十年间已达100项以上，教育部人文社科研究项目立项的课题也有40多项[④]。我国高校一批相关学科以公共文化作为研究方向培养博士、硕士研究生，已经出现了70多篇相关博士学位论文、1800多篇相关硕士学位论文，公共文化研究领域已经聚集起一批具有不同学科背景、知识结构的高水平年轻研究力量，

---

① 张歌. 公共文化服务领域相关学位论文研究述评（2007—2018）[J]. 图书馆建设,2019（5）:36-43

② 李秀敏. 学术期刊文献中的公共文化服务研究热点（2007—2018）[J]. 图书馆建设,2019（5）:13-20.

③ 宗何婵瑞. 2007—2018年我国公共文化服务图书出版概观[J]. 图书馆建设,2019（5）:28-35.

④ 项琳. 2007—2018年我国重大研究项目中的公共文化服务研究[J]. 图书馆建设,2019（5）:21-27.

公共文化的学理阐释、理论构建、实践提炼、规律总结跃上了一个新台阶。

当然，毋庸讳言，公共文化研究在我国学术园地还是一个年轻的领域。截至目前，公共文化还没有进入学科目录和高层次人才培养专业目录，没有权威的基础理论教科书，甚至没有一种公开发行的高质量的专业期刊，这些都是看得见的"年轻"表现。深入一点说，公共文化的理论架构诸如概念体系、内容体系、方法体系、话语体系等，乃至于人才培养的教学体系、课程体系等，还没有完全建立起来。最近十多年，主要是公共文化服务实践在驱动理论研究，理论研究对实践的指导和引领作用还没有充分显现，高质量的专门研究成果与丰富多彩的实践相比还显得滞后。独具特色的中国公共文化服务体系建设的伟大实践，为创建中国特色、中国风格、中国气派的公共文化理论体系、学术体系、话语体系奠定了坚实基础，向世界讲好公共文化服务的"中国故事"，展现公共文化服务在全面建成小康社会乃至于建设文化强国进程中的历史贡献，构建公共文化服务体系建设的中国理论、中国表达，是新时期公共文化服务高质量发展的时代要求，也是新一代学人坚定文化自信的时代责任。

北京大学国家现代公共文化研究中心自2015年建立以来，致力于紧密结合国家文化发展战略，对我国公共文化服务体系建设进程中重大理论和实践问题展开研究，同时，立足高校人才培养的核心功能，着力培养博士层次的公共文化研究人才。在国家图书馆出版社的大力支持下，我们策划编辑了这套"公共文化丛书"，秉持开放包容的精神，推出我国公共文化理论研究和实践创新的高水平成果，希望能借此彰显我国公共文化研究的前沿方向、理论建树和学术深度，展示公共文化服务创新实践的中国特色、中国经验和中国贡献，为公共文化理论和实践的时代进展、前行努力留下历史记录。

李国新

2021 年 8 月

（总序作者为北京大学信息管理系教授、博士生导师，国家文化和旅游公共服务专家委员会首席专家）

目　　录

图目录

表目录

1 绪论

1.1 研究缘起

20世纪90年代初，美国学者约瑟夫·奈（Joseph Nye）在《美国权力性质的变迁》（*Bound to Lead the Changing Nature of American Power*）一书中，首次提出"软实力"的概念，把软实力界定为几个方面：文化的吸引力、制度的吸引力、掌握国际话语权的能力[①]。"软实力"的概念很快传播到世界各地，我国也在不断强调文化软实力的重要作用，从十多年来党的历次重要会议报告中可见一斑。2007年党的十七大报告中提出"加强对外文化交流，吸收各国优秀文明成果，增强中华文化国际影响力"；2012年党的十八大报告进一步提出"建设社会主义文化强国""提高国家文化软实力"；2013年党的十八届三中全会通过的《中共中央关于全面深化改革若干重大问题的决定》更加明确地指出，要"扩大对外文化交流，加强国际传播能力和对外话语体系建设，推动中华文化走向世界"；2017年党的十九大报告中进一步指明了努力的方向，"讲好中国故事，展现真实、立体、全面的中国，提高国家文化软实力"。

讲好中国故事的本质是中华文化的传播与交流。近年来我国对外文化交流蓬勃发展，在国家、城市、行业等不同层面都积极开展。笔者结合专业背景，以图书馆行业的国际合作与交流为基点拓展延伸，发现公共文化在我国海外文化中心建设、国际性文化交流节事、城市外交等不同层面的

---

① 约瑟夫·S. 奈.美国权力性质的变迁［M］. 刘华，译. 北京：中国人民大学出版社，2012：149-170.

1

对外文化交流中都发挥了重要作用。2017年3月1日起施行的《中华人民共和国公共文化服务保障法》(以下简称《公共文化服务保障法》)第十二条规定,"国家鼓励和支持在公共文化服务领域开展国际合作与交流",将公共文化国际合作与交流提高到法律层面,纳入法制化轨道。公共文化国际合作与交流不仅是公共文化服务体系建设的重要内容,还全面融入了我国对外文化交流的大格局中。

通过对已有成果的检索发现,截至目前,国内学术界对公共文化国际合作与交流从理论体系到实践案例的研究仍然不足,缺少以全局的视野对其历史演进的梳理阐述,缺少对我国公共文化国际合作与交流的实践特色的总结提炼,也缺少对新时代公共文化国际合作与交流使命任务的思考和展望,与构建中国特色现代公共文化服务体系、推动中华文化走出去的时代要求不相适应。笔者攻读博士学位期间的研究方向为公共文化,2017年8月—2018年8月有机会在原文化部外联局实习,对我国公共文化国际合作与交流的管理体制和运行机制、理论研究与实践进展有了较多的了解,于是把学习和研究的重点逐步聚焦在公共文化服务和国际合作与交流的结合上,基于学术兴趣和已有的学术积累,确定本书的题目为《公共文化国际合作与交流的中国实践》。

1.2　研究意义

1.2.1　梳理历史演进,总结实践经验,展现促进民心相通的公共文化贡献

通过对国内外相关研究的调研发现,新中国成立以来,我国的公共文化国际合作与交流一直没有断线,虽然在2005年之前"公共文化"的概念还没有确立,但公共文化是文化的组成部分,公共文化国际合作与交流也涵盖于我国一直以来的对外文化交流之中。因此本书对我国改革开放以来的公共文化国际合作与交流历史进行梳理,以标志性事件或时代发展特点来划分阶段,力求展现40余年来我国公共文化国际合作与交流的发展脉络。

近年来随着公共文化服务体系建设的不断推进，以及对外文化交流的繁荣开展，公共文化国际合作与交流得到了进一步深化，也积累了很多经验。本书从海外中国文化中心、国际性交流节事、城市文化外交、公共文化服务行业四大方面展开，通过对合作与交流形式、发展现状、存在的问题、产生的影响等进行研究，总结、分析与提炼我国公共文化合作与交流的特色实践，展现"讲好中国故事，促进民心相通"的公共文化贡献。

1.2.2 为公共文化国际合作与交流的理论完善与实践创新提供参考借鉴

公共文化国际合作与交流实践丰富多彩，因有不同的合作与交流的主体、内容和载体，以及不同文化背景的受众，其开展的途径和方式也各不相同。可以肯定的是，我国公共文化国际合作与交流目前已逐渐形成清晰的框架，取得了明显成效，但仍存在一些问题。本书聚焦不同层面开展的公共文化国际合作与交流实践，旨在通过对其做法、成效和问题的分析，总结公共文化国际合作与交流的关键要素和普遍经验，为公共文化国际合作与交流的理论完善与实践创新提供参考借鉴。

1.2.3 探索公共文化服务于构建人类命运共同体的发展方向和重点任务

当今时代，世界各国的利益和命运更加紧密地联系在一起，形成了你中有我、我中有你的命运共同体，其主要内涵包括三个层面：一是利益共同体，二是情感共同体，三是责任共同体。打造情感共同体是将亲、诚、惠、容的理念内化于心、外化于行，与各国加强文化交流与对话，尊重别国历史与文化，以开放包容的心态促进不同文明的和谐共处。中国注重挖掘中华传统文化的思想精髓，并赋予它们时代价值，为世界文化化解人与人、人与自然的冲突贡献东方智慧。公共文化国际合作与交流传播的是中华优秀传统文化，通过中华文化走出去，将海外优质文化资源与人才引进来，促进文化认同。从本质上说，公共文化国际合作与交流服务于构建人类命运共同体，是这一宏伟蓝图中的重要组成部分。本书通过对公共文化国际合作与交流实践的梳理，特别是通过运用案例分析、场景描述、数据说明等方式总结我国公共文化国际合作与交流的成果，旨在从中发掘国际合作与交流推动中华文化走出去的事实、特点和规律性内容，进一步探索公共文化服务于构建人类命运共同体的发展方向和重点任务。

1.3　公共文化国际合作与交流的概念界定与关系辨析

研究什么是"公共文化国际合作与交流"，是解决问题的基础环节。笔者在研读国外相关资料、分析研究国外相关情况时发现，我国"公共文化""公共文化服务""公共文化服务体系"等一系列理念思想、方针政策的主要内容具有鲜明的中国特色。具体表现是，在国外的研究和实践中，有"公共文化"的说法，有某些和我们所说的公共文化相同的服务理念和具体内容，但没有和中国意义上的"公共文化""公共文化服务""公共文化服务体系"的内涵和外延完全对应的概念，不同国家对公共文化的理解与表达并非像工业标准那样整齐划一，而是有明显的差异。因此，公共文化国际合作与交流的形态也就复杂多样。那么本书中的"公共文化国际合作与交流"所界定的合作与交流的主体、内容、范围、途径是什么？解决这个问题要从三个层面入手：一是明确我国和其他国家不同语境下对公共文化的理解分别是什么；二是明确在这一概念中"合作"和"交流"的关系是什么；三是明确这一概念的边界在哪儿，与相关概念的差异是什么。

1.3.1　我国语境下的公共文化及相关概念

1.3.1.1　公共文化

在我国，"公共文化"出现的时间并不长，之前被称作"社会文化""群众文化"。大约在世纪之交，一些学术研究成果中出现了"公共文化"的概念；2005年前后，公共文化的概念开始进入政策语言系统。那么何为"公共文化"？很多学者就"公共文化"的内涵展开了热烈讨论。

首先，学者们达成共识的一点是，"公共文化"不是从无到有，也不是中国"创造",而是随着社会经济发展不断演变而来的。有学者从于尔根·哈贝马斯（Jürgen Habermas）提出的市民社会及其公共领域理论的角度探寻公共文化的起源,认为公共文化是在公众生活的公共领域中逐渐形成的共同的核心价值观念和统一的价值认同体系,赋予公众以凝聚力①。有学者将公共文化在不同时期的形态加以梳理,认为古代公共文化更多地表现为整体性"民俗",也就是民间的风俗习尚;新中国成立后建立的社会主义文化事业体制使得公共文化多指以国家财政支撑的文化发展形态;现在的公共文化是两者并存的状态,如何将其整合为社会成员共同拥有的、统一的文化空间和精神世界也是未来公共文化发展面临的现实命题与任务②。笔者认为,资产阶级公共领域是一种特殊的历史形态,在中国国情下,公共文化的内涵更多地指向群众参与的外在公共性和文化价值观念的内在公共性。无论古今中外,只要有社会,就必然有公共文化存在。但公共文化自有其区别于其他文化类型的特征,这是不同地域、民族和社会形态的公共文化所共同具有的。

比较普遍的看法是,"公共文化"区别于其他文化类型最根本的特点体现在"公共"二字上。有学者认为,文化是一定人群所共享的,所以本身就具有公共性,但是并非什么文化都是公共文化,公共文化的"公共性"指的是具有成为全体享有的倾向、潜力甚至冲动③,"公共性"意味着文化不像那些私有性的事物一样因为占有的人越多而使每个人的占有份额越少,相反,它会因为享有的人越多而越有价值、越受到尊崇。类似的观点还有:"公共性"决定了,相对于文化,公共文化的辐射范围较小,一般指能为广大社会公众接触或享用的具有物质或精神享受的一些产品或设施④。笔者较为认同李国新关于"公共性"的阐述,他从本质上揭示了公共文化的属性及考量标准:所谓公共,强调的是文化的基本性、包容性、普

---

① 万林艳.公共文化及其在当代中国的发展[J].中国人民大学学报,2006(1):98-103.

② 荣跃明.公共文化的概念、形态和特征[J].毛泽东邓小平理论研究,2011(3):38-45,84.

③ 高丙中.作为公共文化的非物质文化遗产[J].文艺研究,2008(2):77-83.

④ 胡税根,李倩.我国公共文化服务政策发展研究[J].华中师范大学学报(人文社会科学版),2015,54(2):43-53.

惠性和共享性，是所有人都有条件、有保障、能便捷享有的文化。因而公共文化不是对文化类型、文化样态、文化形式加以区分的结果，考量的标准是人民群众在日常生活中对文化的需求以及可及性和参与性；只要是进入了老百姓的日常文化生活，只要是老百姓有条件、有保障、能享有、愿参与的文化服务和文化活动，就属于公共文化[①]。

1.3.1.2 公共文化服务

谈及"公共文化"，便离不开与其相伴而生的"公共文化服务"。有学者认为，公共文化服务是公共文化与公共服务交叉相融的概念，是处于公共服务领域的文化、隶属于文化领域的公共服务[②]。李国新更直接地指明公共文化服务属于政府提供的基本公共服务，并认为这是公共文化与其他文化类型、样态相比最突出的特点，也是形成公共文化服务政策体系的理论基础[③]。提供公共服务是现代政府的基本职能之一。我国2011年发布的《国民经济和社会发展第十二个五年规划纲要》和2012年发布的《国家基本公共服务体系"十二五"规划》，都将公共文化服务纳入在内。这也就是说，向老百姓提供公共文化服务就像提供基本教育、基本医疗、基本就业服务等一样，主要是各级政府的责任，是政府保障民生的重要内容之一[④]。

有学者从公共管理学的角度解释公共文化服务，认为公共文化服务不应被限制在物态层面，还包括文化政策服务（包括文化相关法律、法规、政策等）和文化市场监管服务。例如：闫平认为，公共文化服务并非简单地直接提供公共文化产品和服务，而是要求政府承担好文化建设与发展的管理职能[⑤]。张晓明等认为，在现代市场经济条件下，广义的公共文化服务实际上将政府对文化领域提供的文化管理服务也包含在内，即文化政策服务（包括文化相关法律、法规、政策等）和文化市场监管服务；狭义的公

---

① 李国新. 对我国现代公共文化服务体系建设的思考［J］. 克拉玛依学刊,2016,6（4）:3-15.

②③ 胡税根,李倩. 我国公共文化服务政策发展研究［J］. 华中师范大学学报（人文社会科学版）,2015,54（2）:43-53.

④ 李国新. 强化公共文化服务政府责任的思考［J］. 图书馆杂志,2016,35（4）:4-8.

⑤ 闫平. 试论公共文化服务体系建设［J］. 理论学刊,2007（12）:112-116.

共文化服务则是区别于以一般市场方式提供的文化商品的文化类公共品①。这种界定突出了政府在公共文化服务提供主体中的绝对地位，但是不免有忽视其他主体之嫌。事实上，政府并不是提供公共文化服务的唯一主体，在"新公共管理"运动中，公民、法人和其他组织等社会力量是提供公共服务重要的参与者。公共文化服务是多层次、多样化的服务，对于不同性质、不同门类、不同层次的公共文化服务，社会力量参与的广度和深度不完全一样，公共财政的支持力度也有所不同，这就涉及基本公共文化服务与非基本公共文化服务的问题。

学界对基本公共文化服务的界定存在着争论。有将基本公共文化服务等同于公共文化服务的。也有学者认为，基本公共文化服务是指与经济、社会、文化发展水平和人民群众的基本文化需求大体适应、大致均等的公共文化服务；而非基本的公共文化服务，则指超出经济、社会和文化发展的平均水平，主要是指超出人民群众基本文化需求或满足部分人群需求的更高层次和水平的公共文化服务②。笔者认为，区分"基本"与"非基本"的最终目的是要明确政府责任。政府的定位应该是"保基本、兜底线、促公平、补短板"，公共财政保障的是属于基本公共文化范畴的内容和服务，超出"基本"范畴的，主要通过市场化途径解决③。《国家基本公共文化服务指导标准（2015—2020年）》从基本服务项目、硬件设施、人员配备三个方面提出了我国现阶段基本公共文化服务的"底线标准"——政府主导、财政保障、人民群众免费享受的公共文化服务。在保基本、兜底线的基础上，还需要满足人民群众更多样化、更高层次的文化需求。这种情况下，社会参与的程度一般会高一些，由接受服务者承担部分服务成本是较为普遍的做法，这就是公共文化服务的"优惠"提供方式。

也有学者从经济学排他性与竞争性的角度解释公共文化服务。例如，

① 张晓明,李河.公共文化服务:理论和实践含义的探索[J].出版发行研究,2008（3）:5-8.
② 祁述裕,曹伟.构建现代公共文化服务体系应处理好的若干关系[J].国家行政学院学报,2015（2）:119-123.
③ 李国新.现代公共文化服务体系建设与公共图书馆发展——《关于加快构建现代公共文化服务体系的意见》解析[J].中国图书馆学报,2015,41（3）:4-12.

周晓丽等认为，公共文化服务是文化领域的公益性物品或者服务，不过，其公益性并不是一定的，根据公益性水平不同以及是否具有排他性或者竞争性，还可以将其细分为纯粹公益性质的公共文化物品和服务、具有有限竞争性的准公益文化物品和服务以及具有有限排他性的准公益文化物品和服务[①]。例如，免费开放的图书馆、博物馆，或是街头雕塑、广场音乐会，这类公共文化服务基本不具有排他性，或者说排他成本很高。但是有些公共文化服务超出了一定范围，就具有了竞争性，就需要建立一定的排他机制来控制流量，如通过预约、抽签的方式，或者让参与者负担耗材等部分成本。

笔者认为，不同学科视角下，不同学者对公共文化服务的内涵、属性、范围的界定存在一定差异，但有两点共识：一是公共文化服务属于公共服务，因而具有公益性、平等性、普及性等特点；二是公共文化服务并不意味着只能由政府提供，而是需要吸引具备较大生产能力与市场竞争能力的社会力量参与，从而提供基于基本公共文化服务之上的更加优质化、多样化的服务。不同学科的阐释也能起到互相补充，加深我们对公共文化服务理解的作用。例如，公共管理学的角度更清楚地明确了何为基本公共文化服务，进而区分清了公共文化服务中的免费与优惠；经济学的角度则更好地解释了公共文化服务为什么会具有免费与优惠并存的多样性，并不能简单地将其归结为纯公益物品，这也正为其供给和生产的多样性提供了可能。

2017年3月开始施行的《公共文化服务保障法》对公共文化服务做出了法律界定，由此厘清了一些重要的理论和实践问题：公共文化服务是指由政府主导、社会力量参与，以满足公民基本文化需求为主要目的而提供的公共文化设施、文化产品、文化活动以及其他相关服务。这一界定明确了我国公共文化服务的责任主体——政府主导；明确了我国公共文化服务的主要目的——满足公民基本文化需求；明确了我国公共文化服务的

---

① 周晓丽,毛寿龙.论我国公共文化服务及其模式选择[J].江苏社会科学,2008（1）:90-95.

提供内容——公共文化设施、文化产品和活动、其他相关服务[①]。

1.3.1.3 公共文化服务体系

公共文化服务体系是政府提供普惠型公共文化服务的保障机制和实现途径[②]。从2002年十六大报告第一次明确提出切实尊重和保障人民的"文化权益",到2007年中共中央政治局召开会议,专题研究加强公共文化服务体系建设,印发《关于加强公共文化服务体系建设的若干意见》,这期间,公共文化服务体系建设经历了从无到有、从初创到逐步完善的过程,党和政府把公共文化服务体系建设提升到国家战略地位,纳入文化发展顶层设计,并为公共文化服务体系建设擘画了发展蓝图、制定了发展措施(见表1-1)。

表1-1 公共文化服务体系"雏形"阶段的政策演进(2002—2007)

时 间	政策文件/事件	意 义
2002	十六大报告	第一次明确提出切实尊重和保障人民的"文化权益",由此拉开了构建公共文化服务体系的序幕
2005	十六届五中全会	提出"逐步形成覆盖全社会的比较完备的公共文化服务体系",通过构建公共文化服务体系来保障人民群众基本文化权益、满足人民群众基本文化需求的构想开始出现在党和政府的重要文件中
2006	出台《国家"十一五"时期文化发展规划纲要》	浓墨重彩地阐述了公共文化服务的新理念、新思想、新举措,给公共文化服务体系建设注入了空前的动力
2007	中共中央政治局专题会议研究加强公共文化服务体系建设,印发《关于加强公共文化服务体系建设的若干意见》	以此为标志,我国发端于2005年前后的公共文化服务体系建设进入跨越式发展的新阶段

---

① 李国新.公共文化服务法律保障的历史性突破[N].中国文化报,2016-12-28(7).
② 李国新.公共文化服务体系建设中的图书馆[J].图书馆研究与工作,2010(3):5-11.

傅才武等（2010）认为，公共文化服务体系并不是对文化事业体系的"转型升级"，而是对文化事业体系的"内涵超越"，建立公共文化服务体系，促进了文化事业向现代公共管理理念的转型[①]。传统文化事业体系与公共文化服务体系代表了不同时代的政治理念和管理方式，存在着从基本理念到功能结构上的诸多差异。公共文化服务体系包含五个子体系：

设施网络覆盖体系，公共文化设施是提供公共文化产品和服务的载体，是公共文化服务体系的基础；

产品生产供给体系，包括多元化的供给主体、多样化的供给内容和多种化的供给方式，满足人民群众日益增长的多样化文化需求，激发社会活力；

人才、资金和技术保障体系，基本的人员、经费和技术保障是开展公共文化服务的基础条件，支撑公共文化服务体系效能的发挥；

组织支撑体系，因地制宜地推行城乡互动的总分馆制、联盟合作等各种形式的组织体系建设，促进优质文化资源下沉，形成与当地经济社会发展水平相适应的公共文化服务体系模式；

运行评估体系，对政府文化部门资金的使用效率情况、公共文化服务覆盖率及质量、公众满意度等内容建立绩效评估指标体系和考核办法，使国家在公共文化服务建设和维护中的财政、人力等投入实现效益最大化。

李国新认为，一个较为完善的公共文化服务体系，至少应具备三方面的特点：设施，应具备规划科学、布局合理、固定网点和流动服务相结合、实现全覆盖的特点；服务，应具备普遍均等、全民共享、方便快捷、优质高效的特点；体制机制，应具备低成本、高效益、充满活力、富有效率的特点[②]。

2013年党的十八届三中全会提出"构建现代公共文化服务体系"的新任务，并列入中央文化体制改革和发展工作领导小组2014年重点工作任

---

① 傅才武,耿达,张立志.国家文化行业:概念、范畴、功能及其工具性局限[J].江汉学术,2013,32（5）:111-116.

② 李国新.公共文化服务体系建设中的图书馆[J].图书馆研究与工作,2010(3):5-11.

务①。2015年中共中央办公厅、国务院办公厅出台《关于加快构建现代公共文化服务体系的意见》(以下简称《意见》),构建国家现代公共文化服务体系的战略规划基本形成。现代公共文化服务体系的提出并不是推翻过去十多年公共文化服务的发展理念与建设成就,而是在总结经验的基础上提出对公共文化服务体系建设新的要求。

标准化与均等化:发展公共文化的最终目标是让全体人民享受均等化的基本文化服务,让文化的阳光普照到每一个人。以标准化促进均等化服务,解决公共文化服务发展中存在的城乡不均衡、区域不均衡、人群不均衡等问题。

数字化:公共文化服务数字化建设是打通"最后一公里",解决服务全覆盖的重要路径。与现代公共文化服务体系相适应的开放兼容、内容丰富、传输快捷、运行高效的公共数字文化服务体系将进一步促进基本公共文化服务标准化、均等化,从而更好地满足广大人民群众快速增长的数字文化需求。

社会化:我国的公共文化服务体系建设从一开始就确立了引导和鼓励社会力量参与的原则,但现代公共文化服务体系建设中的社会化,其内涵比社会力量参与更为丰富,还要通过培育和促进文化消费,创新公共文化社会化发展方式,改善服务效能,提高服务质量,从而增强公共文化服务发展动力。

体制机制改革:公共文化领域重点改革任务是国家全面深化改革的重要组成部分,现代公共文化服务体系要求以县级文化馆、图书馆为中心推进总分馆制建设,统筹推进公共文化服务均衡发展;建立事业单位法人治理结构,建立公共文化服务体系建设协调机制,创新公共文化管理体制和运行机制。

---

① 徐京跃,隋笑飞. 深化文化体制改革任务展望——访中央文化体制改革和发展工作领导小组办公室主任、中宣部副部长孙志军[EB/OL].(2014-03-11)[2019-08-31]. http://culture.people.com.cn/n/2014/0311/c1013-24606265.html.

1.3.2　不同国家对公共文化的理解与表达

在西方的学术话语体系中，并非没有出现过"公共文化"（Public Culture）的语词表达。通过谷歌图书 Ngram 查看器检索可以发现，从1800年至2018年的200多年间，外文图书中"public culture"一词的出现频率呈逐步上升趋势。使用百度学术（xueshu.baidu.com）对英文学术期刊所载论文中使用"public culture"一词的情况进行趋势统计也可以发现，1969年至2015年间，共有125篇相关论文使用过"public culture"，在2008年达到最热，出现频率虽有起伏，但总的趋势呈增加态势（见图1-1）。

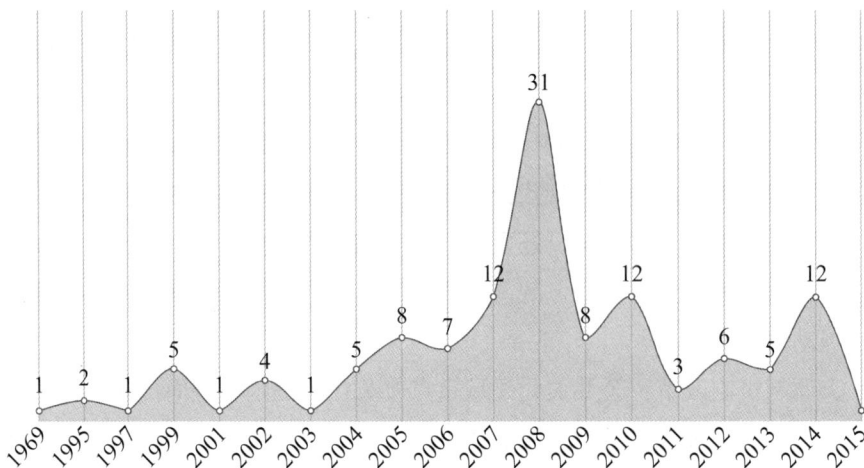

图1-1　百度学术查询"public culture"在学术论文中出现频次示意图

来源：百度学术.Public culture 查询结果［EB/OL］.［2019-08-26］. http://xueshu.baidu.com/u/biye/?tag=paper&wd=public%20culture.

不过，文化具有强烈的民族性和时代性，在西方的话语体系中，一般来说，文化（Culture）和艺术（Art）、宗教（Religion）有较强的关联性，分析西方著论中出现的"公共文化"一词的具体含义可以发现，一般来说，它们指的是一种作为公共现象出现的文化，或是一种民族共有的文化元素、文化信仰，而不是指为公众提供文化设施、文化产品和服务以及文化享有的便利，这和中国意义上的公共文化、公共文化服务有所不同[①]。例如，凯文·马尔卡希（Kevin V. Mulcahy）在专著《公共文化、文化认同与文化政策：比较的视角》（*Public Culture, Cultural Identity, Cultural Policy*）中讲道："文化是公共政策的核心要素，文化界定国民的身份认同和个人价值，一个民族共有的文化元素、文化传承和文化信仰是为'公共文化'。"[②]

那么我国语境下的公共文化、公共文化服务在国外又是如何表现的呢？笔者通过对不同国家为公众提供文化设施、文化产品和服务以及文化享有的便利等方面的管理体制、法律政策及典型案例进行研究发现，对文化认识和理解的民族差异，导致了各国文化分类的不同，且公共文化服务与国家政治生态和制度形态相关联，主要形成了三种模式：

第一种是以法国、日本等为代表的"中央集权"或可称"政府主导"模式。这种模式从中央到地方政府均设有文化行政管理部门，各级政府以公共财政提供较为完善的公共文化服务。这种模式从领导结构上又分为垂直领导和非垂直领导。法国采用的是垂直领导结构，在中央政府层面设立了文化交流部，对全国的文化艺术事业进行管理；在各个大区设立有同文化交流部相对应的文化主管部门，称为大区文化事务管理局，其机构组成和文化交流部类似，也分设文化遗产、建筑、博物馆、音乐、戏剧等部门，负责本地区文化艺术的创作、产生、推广、培训等。日本采用的是非垂直领导结构，中央政府主要发挥协调、整合、指导和监督职能，各级地方政府负责本区域内的公共文化事业。在中央政府层面，我国界定为公共文化设施的图书馆、博物馆、市民文化中心等在日本被界定为社会教育设施，属于教育行政部门主管。日本对文化艺术创作、文化遗产保护传承、文化艺术表演等则没有做公共与专业的区分，统归文化行政部门主管。到了地方政府层面，分类又略有不同，以东京都为例：东京都政府的公共文化事业分属生活文化局、教育委员会两个部门管辖，其中文化艺术事业归

---

①　朱本军.全球视野下的公共文化学术信息源及其利用研究[J].图书馆建设，2019（5）:6-12.

②　凯文·马希卡.公共文化、文化认同与文化政策:比较的视角[M].何道宽，译.北京:商务印书馆，2017:29-32,65-69.

生活文化局管理，终身学习、社会教育和文化遗产归教育委员会管理。

第二种是以美国、加拿大等为代表的"市场分散"或"民间主导式"模式，市场在文化政策中占有至高无上的地位，公共财政补贴嵌入支持公司企业、非营利组织介入文化活动的减免税规定中，即所谓的"隐形之手文化"。在中央层面，通过国家艺术基金会、国家人文基金会等对艺术人文事业实行经费补助，而非直接管辖；在地方层面，通常由州和地方的文化或艺术／人文委员会对文化与艺术事业进行组织管理，委员会监管的触角一直纵向延伸至社区，鼓励成立社区委员会。那些服务大众、具有极强公益性和一定道德引导功能的文化机构，如公共图书馆、博物馆、美术馆、科技馆、社区中心以及各类历史文化遗产保护机构等，与中国的公共文化机构并无二致，通常会得到政府给予的专门政策性保护和经费支持，为公众提供普遍均等的文化服务。

第三种是以英国、北欧国家（芬兰、瑞典、挪威、丹麦）等为代表的政府与民间共建的"分权化"模式，政府以"一臂之距"与民间"建立伙伴关系"，进行文化资源的分配、文化事务的管理和文化服务的提供。以英国"一臂之距"为例：文化在英国是"大文化"概念，涵盖文化艺术、文化遗产、图书出版、新闻广播、电影电视、体育、旅游、表演艺术、视觉艺术、音乐、舞蹈、戏剧、文学、娱乐、园林、建筑、工艺、时装等方方面面，均由数字、文化、媒体和体育部主管。该部在"一臂之距"结构中位于顶层，主要负责宏观管理、制定文化政策、掌管财政拨款，但不干预文化政策的具体执行。英格兰艺术委员会、英国电影协会、英国电影委员会等在"一臂之距"结构中位于中间层，享有决策咨询权和政策执行权，具体管理文化事务，负责执行本领域文化政策和分配政府对文化事业的拨款，其职责的行使不受上级部门的干预。英国图书馆与情报专家学会、英国博物馆协会等各类行业性协会组织和基层文化机构位于"一臂之距"结构中的底层，负责国家公共文化政策的具体实施，在法律上具有独立性，虽受政府的委托，但能够在接受财政文化拨款的基础上独立履行提供公共文化服务的职能。

然而不同的体制、不同的分类、不同的名称并不意味着事物的本质与发展理念存在中外差异。有别于商业娱乐提供我们之"想要"，公共文化是提供我们之"需要"。各国的公共文化服务都肩负着通过教育、审美多样性以及科学学习来提升公民幸福感的社会责任。例如，美国国家艺术基金会的目标就是通过基金会的赞助，使文化机构把展览、表演等文化活动带到比较小的、不太容易通达的社区，让不同社会、经济和族群背景的人更容易享受到平等文化服务。而对那些曾经被殖民过的国家来说，建设独到的公共文化和特色鲜明的政治文化是其在后殖民时代的主要任务之一。例如南非通过博物馆描绘部落社会的发展历程，把人们和历史相连；墨西哥通过创造壁画来诠释民族历史，突出原住民的贡献。这些都是用公众共同的记忆和认知来唤醒民族情感与文化认同，提升文化获得感。

也就是说，我国统称的"公共文化"、"公共文化服务"及"公共文化服务体系"所包含的内容并不是中国特有的，恰恰相反，许多公共文化设施及服务的发端还在国外，只不过国外没有这样的统称。例如，在近代西学东渐之前，我国并不存在现代意义上的"图书馆"，所谓的"图书馆"则多以"官府藏书"与"私家藏书"的形式出现，但我国从宋元时期就开始与日本、越南等周边国家开展文献交流[①]。1840年鸦片战争后，西方传教士在向我国介绍各种科学文化知识的同时，也带来了与古代藏书楼不同的西方图书馆观念，开办了教会图书馆[②]，而后我国经历从引进图书、模仿管理模式到更新观念的实践过程，逐步完成了从古代藏书楼、近代图书馆到现代图书馆的转变。历史的实践表明，公共文化的国际合作与交流长期存在并发展着，不同国家虽然对公共文化的理解与表达不同，但是这并不影响公共文化国际合作与交流的开展。

1.3.3 "公共文化国际合作"和"公共文化国际交流"

论及"公共文化国际合作与交流"的出处，最权威的莫过于《公共文化服务保障法》第十二条，"国家鼓励和支持在公共文化服务领域开展国

---

① 郭妮.图书馆在我国文化外交中的作用研究[J].图书馆建设,2017(4):95-101.
② 胡俊荣,胡岷.百年回眸:中西图书馆文化交流[J].图书情报工作,2005,49(2):83-86,104.

际合作与交流"。也就是说,在《公共文化服务保障法》中,国际合作与交流既是一个有机统一的整体,"合作"与"交流"又无法互相取而代之。但"合作"与"交流"从字面上来看部分语义是重合的,因此,在具体解释什么是"公共文化国际合作与交流"之前,进一步明晰"公共文化国际合作"和"公共文化国际交流"的异同与关系是非常必要的。

从字面来看,"合作"是指"在同一目的下,做共同的努力","交流"是指"相互来往,彼此影响"。有学者从文化多元内涵的角度揭示文化交流和文化合作的关系,认为不同文化具有各自独特的性质和精神内核,这便是不同文明的根本差异,造成了文化的多样性,而文化的多样性是文化交流与合作的前提。文化交流有时也被表述为文化"对话",异质文化之间的交流和传播是文化发展的动力,但由文化交流和传播引发的文化冲突和对抗是一种普遍现象,也是文化合作必然经历的斗争和解决的过程。因而交流的双方在相互影响过程中,不仅体现出自身的价值和特质,还可以通过合作,改变和完善自身[①]。有学者从文化外交的角度辨析文化合作与文化交流,认为文化合作是指双边和多边文化关系在一般性文化交流的基础上发展得更为紧密。随着国际文化关系的发展,不少国家认识到一般性的文化交流只能停留在文化层面上,而不能深刻影响到国家关系的发展。文化合作则可以使双方相互了解更加深刻、相互影响更加持久[②]。

由此可见,文化合作与文化交流是两个关联相当紧密的概念,在公共文化领域也是如此。无论是公共文化国际合作还是公共文化国际交流,都是国内外两个或多个主体以共同利益为目标所采取的相互协调行为。不同国家和地区之间共建共享公共文化资源、联合开展学术研究以及建立完善协调机制等方面的公共文化合作,可以扩大异国、异文化交流及传播的力度和范围;反之,文物、文艺作品相互展演,学术研讨及人员互访等不同层面的公共文化交流,可以为公共文化合作建立起联系的桥梁,促进合作

---

① 陈平.多元文化的冲突与融合[J].东北师大学报(哲学社会科学版),2004(1):35-40.

② 缪开金.中国文化外交研究[D].北京:中共中央党校,2006:86-87.

的常态化、机制化发展。因此，"公共文化国际合作"和"公共文化国际交流"可以说是一组相辅相成、相依相伴的概念，对某一项活动论证其究竟是"合作"还是"交流"既难以厘清，也意义不大。因而本书沿用《公共文化服务保障法》中的提法，将在公共文化领域开展的所有合作和交流统称为"公共文化国际合作与交流"，意在凸显出公共文化国际合作与交流的根本目的。

首先，公共文化国际合作与交流是为了满足在日益开放的世界中，民众越来越多元化的国际性文化需求。全球化和以互联网为代表的信息技术的迅速发展带来了文化的全球化，民众既需要获取更多的国际经济、政治、文化信息以跟随文化的开放，也需要更多地了解并认同异国、异文化以适应趋向日常化的国际往来。其次，公共文化服务已经进入一个需要由高速增长向高质量发展嬗变的阶段。近20年来，我国公共文化服务体系建设取得了举世瞩目的成就，公共文化服务在国际社会中实现了从追赶、并跑到局部领跑的明显突破。通过公共文化服务的高质量发展继续扩大局部领跑，实现由文化大国向文化强国的转变，是新时代公共文化服务发展的新路径与新要求。公共文化在体系化建设、服务方式与手段、管理与运行机制、社会化发展等方面的改革与创新是全球性的话题，各国都有其特色实践、成功经验和失败教训，公共文化服务的高质量发展需要在国际合作与交流中相互学习、借鉴，不断推动。最后，公共文化作为与民众接触最为广泛、最为贴近的一种文化类型，其国际合作与交流是推动中华文化"走出去"，促进文化认同、民心相通的一个重要且有效的载体。

综上，本书中的"公共文化国际合作与交流"指的是以满足民众国际性文化需求，推动公共文化服务高质量发展，促进不同文明交流互鉴、文化认同为目的，在我国政府主导下，与国外公共文化相关机构、组织和个人围绕公共文化设施、文化产品和活动及其他相关服务开展的各类协作、往来活动。

1.3.4 "公共文化国际合作与交流"和"对外文化交流"

国际传播（International Communication）是指以民族、国家为主体而进行的跨文化信息交流与沟通①。从国家角度出发以文化传播为主的国际传播通常被称之为"对外文化交流"。"对外文化交流"同"公共文化"一样，是一个具有中国特色的概念，在西方学术话语体系中，并没有与之完全相对应的概念，类似的学术表达是"跨文化交流"。随着经济全球化进程的深入，在世界的大舞台上出现了各民族文化间的交融与碰撞，即出现世界多元文化的融合化，这是总体趋势②。而文化的交流和传播正是文化融合的重要途径，其遵循着两个原则：平等和互动，即交流的双方在相互影响过程中，不仅体现出自身的价值和特质，还可以借此改变和完善自身。对外文化交流在表达上有一种主导性、方向性的暗示，似乎与平等和互动的原则相违背。但实际上，对外文化交流的说法源于新中国成立后，面临西方国家全面围堵时寻求突破的一种文化对话，历经70年风雨洗礼，我国的对外文化交流已不再是当时的被动局面，而是与经济交往、政治交往、社会交往彼此适应、协调统一，实现了以官方文化交流为龙头，带动民间特别是商业文化交流整体水平的全面提升，促进政治、经济间的谅解与合作，为世界各国的沟通架起了桥梁③。

无论是从外延还是内涵上来讲，公共文化国际合作与交流比对外文化交流的范围要小，但是二者也不完全是包含与被包含的关系。如果说公共文化国际合作与交流是对外文化交流的一种类型，那就意味着将公共文化与其他文化对立起来，比如简单地以公共文化机构加以区分，图书馆、博物馆、文化馆等开展的就是公共文化国际合作与交流，剩下的则是其他类型的对外文化交流。事实上，公共文化国际合作与交流已经全面渗入对外文化交流的各个层面、各种实践形式中，有些可能是公共文化唱主角，有些可能是做配角，但不能说唱主角的就是公共文化国际合作与交流，做配角的就不是。当然，公共文化国际合作与交流和对外文化交流也不能完全画等号，对外文化交流所涵盖的领域非常广泛，涉及文化产业、旅游、教

---

① 郭庆光.传播学教程[M].北京：中国人民大学出版社，2011：240.

② 曹德本.中国传统文化与世界多元文化[J].清华大学学报（哲学社会科学版），2001，16（4）：2-5.

③ 李怀亮，赵玉宏.四十年来我国对外文化交流的成就[J].人民论坛，2018（35）：130-131.

育、科技、宗教等诸多领域。比如引起广泛关注的汉语国际推广及声名大噪的孔子学院，就是一种对外文化交流，虽然在推广过程中也经常举办各种各样的文化交流活动，但其宗旨和核心业务是汉语教育，这就不属于公共文化的范畴。应该说，公共文化国际合作与交流和对外文化交流的关系在近年来愈发贴近，这也体现出公共文化服务体系建设在逐步完善、公共文化影响力在逐渐提升。

1.3.5 "公共文化国际合作与交流"和"文化外交"

"文化外交"（Cultural Diplomacy）一词最早见诸1934年的《牛津英语大词典》，"英国议会创造了一种新的文化外交手段，就是致力于海外英语教学"，这个概念带有明显的时代局限性[①]。目前国内外学者对文化外交的概念存在一定的分歧。一是从文化先行、文化服务于政治的意义上把握文化外交，如美国学者弗兰克·宁柯维奇（Frank Ninkovich）认为文化外交"首先是在国际政治中运用文化影响的一种特殊政策工具"[②]；国内学者李智认为"文化外交是外交的基础和内核，一般来说，外交活动离不开文化外交因素"[③]。这种观点强调了文化外交作为外交手段在实施国际战略中的重要作用。二是从政治先行、文化作为目的的意义上把握文化外交。英国学者米切尔（J. M. Mitchell）等从发展国际文化关系的角度出发，认为实施对外文化关系的可以是私人或公众机构，也可以是政府组织。前者为民间的对外文化关系，后者为官方的对外文化关系，而一国政府所从事的对外文化关系，就是文化外交[④]。这种观点认为政府推行文化外交的主要目的是对外发展本国的文化。以历史视角看文化外交，不难发现，这两种观点最大的分歧在于对外交目的的理解不同，也就是文化外交的出发点是为

① 缪开金. 中国文化外交研究［D］. 北京：中共中央党校，2006：23.

② NINKOVICH F A. The diplomacy of ideas: US foreign policy and cultural relations, 1938-1950［M］. Cambridge: Cambridge University Press, 1981.

③ 李智. 文化外交：一种传播学的解读［M］. 北京：北京大学出版社，2005：23.

④ TOVELL F M, MITCHELL J M. International cultural relations［J］. International Journal, 1987, 42（3）：625-626.

了服务本国政治利益还是为了对外发展本国文化。

在全球化的背景下，一国的外交越来越把社会利益、民众利益上升到国家利益的高度，国家利益也成为包含众多民众利益的多元混合的结果，而不再是整齐划一的一元化格局[1]。从这个角度上来说，无论文化外交是政治先行还是文化先行，其出发点和公共文化国际合作与交流是一致的，都是为满足社会利益、民众利益而做出努力。但两者不同的是，文化外交归根结底是一种外交形式，因此它的技术性、手段性和即时性较强；相较而言，公共文化国际合作与交流超越了形式的局限，而是综合各种方式和手段来促进世界人民民心相通的一种传播活动，因此其理念性和长效性更突出。随着不同于传统外交的非传统外交范式兴起，并有逐渐替代传统外交的趋势[2]，城市、地方政府等次国家行为体，跨国企业，全球性媒体等机构也可以在国家外交体系之外建立自己的全球伙伴关系网络，设立海外分支机构，开展经济、文化等各领域的交流合作。公共文化国际合作与交流也因而有了更多的机会参与各个层面的文化外交，成为文化外交的中坚力量。

1.4 研究思路与研究方法

1.4.1 理论框架

本书总体上按照"公共文化国际合作与交流研究的意义——历史演进梳理——主要实践分析——提炼特点、影响与存在的问题——新时代深化发展的对策建议"的逻辑顺序展开研究。

首先，公共文化国际合作与交流属于跨文化传播的范畴。跨文化传播的基本理论命题围绕文化与传播、人与人的传播关系、他者的意义等问题

---

① 陈楠. 当代中国城市外交的理论与实践探索 [D]. 上海：华东师范大学，2018：34-35.

② HOFFMAN J. Reconstructing diplomacy[J]. British Journal of Politics and International Relations, 2003, 5（4）：525-542.

展开，其核心是我们应该理解并接受差异性，在差异中理解自我的意义，在对话中建立互意性理解①。公共文化国际合作与交流的各类实践也正是在不同关系的互动组合中求得文化认同。本书围绕公共文化国际合作与交流中体现的文化与文化、文化与社会、文化与人的关系展开论述，因此，社会学、外交学、公共管理学等相关理论也为本书提供了理论支撑。

其次，本书选择海外中国文化中心、国际性文化交流节事、城市文化外交、公共文化机构这四个方面的国际合作与交流实践进行研究，结合理论与实践现状，总结、提炼公共文化国际合作与交流的成效、特点、影响、问题，这是本书的核心内容。对实践的选择主要基于以下两点考虑：

一是上述四个方面基本囊括了公共文化国际合作与交流中的主要关系及其互动形态。海外中国文化中心建设是文化他者的"在地化"传播，国际性文化交流节事是以"触媒"的特性放大了文化与社会的关系，城市文化外交体现的是对城市文化生态的营造与维护，公共文化机构的国际合作与交流则更直接地参与各国各类文化的对话与碰撞。

二是上述四个方面基本覆盖了我国公共文化国际合作与交流实践的主要层级。海外中国文化中心建设和国际性文化交流节事都是以国家为主体开展的合作与交流，后两者分别以城市和行业为主体，从国家到行业的梳理使研究具有一定逻辑性与覆盖面。并且这四个方面通过改革开放以来数十年的积累，无论在理论研究还是实践层面都有一定基础，为本书从中提取主要做法、经验，并从典型案例中发现更多普遍规律、创新点及显著成效提供了可能。

最后，在前述经验、做法的基础之上，本书分析新时代我国推进公共文化国际合作与交流的定位，并根据传播学经典理论拉斯维尔"5W"模式，对公共文化国际合作与交流的实施主体、实施内容、实施方式、实施对象、效果评估五方面提出针对性建议。

① 单波.跨文化传播的基本理论命题［J］.华中师范大学学报（人文社会科学版），2011,50（1）:103-113.

1.4.2　章节内容

第一章为绪论，主要说明本书的缘起，阐述了本书的目的、意义、方法和主要内容，对本书的核心概念"公共文化国际合作与交流"进行了界定，并对相关概念进行辨析。

第二章对我国改革开放以来公共文化国际合作与交流实践发展的不同阶段进行了划分，并对改革开放时期的发展特色和新时代实践的战略背景进行了梳理。

第三章研究海外中国文化中心建设和公共文化国际合作与交流实践。首先从文化"他者"在地化传播的角度对海外中国文化中心与公共文化国际合作与交流实践的关系进行理论分析，而后提炼出全球海外文化中心建设的普遍规律及中国特色，并针对目前海外中国文化中心与相关驻外机构亟待融合发展的现状，借鉴国际经验，提出融合发展策略。

第四章研究国际性文化交流节事中的公共文化国际合作与交流实践。首先对国际性文化交流节事的概念及其"触媒"作用进行理论分析，而后在梳理我国公共文化领域重要的国际性文化交流节事的基础上，具体分析其对公共文化国际合作与交流的"触媒"效应，并根据跨文化传播中文化差异对"触媒"效果的影响，借鉴国际经验，提出优化路径。

第五章研究城市文化外交中的公共文化国际合作与交流实践。首先从城市文化生态发展的角度对城市文化外交与公共文化国际合作与交流实践的关系进行理论分析，而后梳理我国城市外交的三种主要类型和发展特征，提炼出公共文化在城市外交中的共性表现，并进一步分析其对城市发展带来的影响。

第六章研究我国公共文化机构的国际合作与交流实践。首先从文化间性的角度对公共文化机构国际化发展及其进程进行理论阐述，并就图书馆、文化馆和博物馆等我国主要的公共文化服务行业开展的国际合作与交流特色实践进行逐一梳理，进而总结公共文化机构的国际合作与交流成果，揭示公共文化机构国际化对于文化事业高质量发展的丰富内涵与时代价值。

第七章研究我国公共文化国际合作与交流的成就和存在的问题。该章是对第三至六章的概括与提升，通过前文对我国近年来公共文化国际合作与交流的主要实践的梳理、研究、总结，分析其产生的影响和存在的普遍问题。

第八章是本书的"落脚点"，探讨新时代我国公共文化国际合作与交流深化发展的路径。在分析了新时代我国公共文化国际合作与交流发展的前提下，根据拉斯韦尔"5W"模式，提出针对性建议。

1.4.3 研究方法

本文的主要研究方法包括：

（一）**文献研究**。搜集公共文化国际合作与交流相关的研究文献，收集文化部门统计年鉴、公开数据等资料，并以这些资料为基础对我国公共文化国际合作与交流开展的主要情况与成果进行梳理、分析与总结。

（二）**实地调研**。对国内外公共文化机构、设施、活动及代表性国际文化交流节事，"东亚文化之都"当选城市等进行调研，与相关机构负责人和运营人员进行交流，对当地公共文化服务开展情况和公共文化国际合作与交流情况进行调研并形成较为直观的感受，也为本书获得了一手资料和前沿信息。

表1-2 调研情况

调研时间	调研地点
2017年8月—2018年12月	先后调研了青岛、宁波、长沙、哈尔滨、泉州、西安这六座国内"东亚文化之都"当选城市，了解其当选期间开展的重要活动
2018年6月	在日本东京都调研涩谷区社会教育馆、新宿区社会教育馆、东京都写真美术馆、东京玻璃艺术研究所等公共文化设施
2018年12月	在四川省调研崇州市道明镇竹艺村海外艺术家驻留计划，参加第六届成都国际非物质文化遗产节与威尼斯双年展等国际合作与交流实践
2019年3月	在北京市调研朝阳区文化馆"漂亮的兵马俑"海外展演等国际合作与交流实践

续表

调研时间	调研地点
2019年5月	调研泰国曼谷市泰国国家图书馆、泰国文化中心、曼谷中国文化中心、朱拉隆功大学孔子学院，以及芭堤雅市图书馆等公共文化设施
2019年6月	在北京市调研亚洲数字艺术展
2019年6月	在黑龙江省黑河市和俄罗斯布拉戈维申斯克市分别调研爱辉区图书馆、黑河市博物馆、阿穆尔州科学图书馆和阿穆尔州博物馆的运营及开展合作交流的情况
2019年7月	调研烟台市图书馆、深圳图书馆、广州图书馆等"友好城市图书专区"情况
2019年7月—2019年8月	在北京市调研北京韩国文化院、北京西班牙文化中心、北京法国文化中心、北京德国文化中心、北京俄罗斯文化中心等十余家国外驻华文化中心

（三）**专家访谈**。笔者在文化和旅游部国际交流与合作局实习期间，对其相关处室、中外文化交流中心、中国对外文化集团有限公司等的部门领导和工作人员进行了访谈，探析公共文化国际合作与交流的顶层设计。笔者积极参与筹备多项文化交流国际会议，如第四次中英高级别人文交流机制框架下"东亚文化之都"与"欧洲文化之都"合作论坛，第十次中、日、韩文化部长会配套会议2018年哈尔滨"文化之都"国际论坛，2018年、2019年"东亚文化之都评选终审"；同时还参加了日本东京"东亚文化之都有识者"国际学术会议、首届中国——中东欧国家图书馆联盟馆长论坛、第十届中俄文化大集——中俄图书馆学术研讨会、第八十五届国际图联大会等多个国际会议。在会议筹备与召开期间，与国内外专家、学者、主要负责领导和工作人员等进行访谈、交流，不断跟踪、了解公共文化国际合作与交流的最新动态，并挖掘实践过程中的重、难点问题。

（四）**案例分析**。在大量文献研究和实地调研的基础上，本书从海外文化中心、国际性文化交流节事、城市文化外交、公共文化行业开展的国际合作与交流实践四个方面展开，并从中选取典型案例重点剖析公共文化国际合作与交流实践的主要做法、成效等，提升研究的有效性和针对性，从而进一步对公共文化国际合作与交流中国实践的特点、影响与问题进行归纳、提炼。

1.5 研究的难点与创新点

1.5.1 研究难点

一是国内外关于"公共文化"及其延伸概念的差异导致如何界定与选取"公共文化国际合作与交流"实践的困难。由于不同国家对"公共文化"的界定和理解取决于它们政治制度的性质和意识形态的价值,而且文化的合作与交流往往是综合性的,涉及众多领域,因此,本文在对"公共文化国际合作与交流"实践进行研究和分析时,不可避免地会与文化产业、公共艺术、文化遗产、艺术管理、文化旅游等方面存在一定交集。

二是研究对象范围分布较广。公共文化国际合作与交流不是静止的,这就决定了对其研究过程是历时性的、跨地域的,是一个逐步深入、蔓延的动态发展过程。并且,随着全球化程度的不断提高,公共文化国际合作与交流的形式、深度与广度都会随之变化,因此研究的范围和视角也需要不断深入。而目前我国这方面可借鉴的理论研究仍然十分薄弱,研究深度和系统性不够,从而给笔者界定相关概念和构建理论依据,将实践问题上升到理论高度,带来了一定的困难。

此外,由于概念的差异和研究的宽视阈,也会出现统计数据不全、统计口径不一致等问题,尤其一些公共文化国际合作与交流实践涉外,保密层级较高,数据公开度不够,这在一定程度上也增加了本书撰写的难度。

1.5.2 研究创新点

一是从公共文化的角度研究文化领域的国际合作与交流。以往有广义上的对外文化合作与交流、文化外交等方面的研究,也有聚焦在某一公共文化机构开展的国际合作与交流、某一对外文化活动的研究,但缺乏在公共文化视野下对文化国际合作与交流的全面性梳理与总结。《公共文化服务保障法》提出"公共文化国际合作与交流"的命题,启发本书开拓出新的研究视角。

二是对公共文化领域的重要国际合作与交流实践做出理论分析与阐

释。例如，以文化在地化传播理论分析阐释海外中国文化中心，以文化触媒理论分析阐释国际性文化交流节事，以文化生态理论分析阐述城市文化外交，以文化间性理论分析阐述公共文化机构的国际化发展等，在构建公共文化国际合作与交流实践的理论解释方面做出探索。

三是以较为丰富扎实的实地调研为基础，以传播学经典理论拉斯韦尔"5W"为理论框架，对我国公共文化国际合作与交流的实施主体、交流内容、交流媒介、交流对象及效果评估的未来发展提出针对性建议。

2　公共文化国际合作与交流的发展特色和时代使命

本章对我国改革开放以来的公共文化合作与交流进行回顾梳理，并对新时代公共文化国际合作与交流的根本目的、发展背景与实现路径做研判。改革开放以来，我国公共文化服务体系建设与对外文化交流有了全方位、跨越式发展。特别是党的十八大以来，伴随公共文化服务体系建设的不断深化，法律、政策的持续推动，以及公共文化国际合作与交流多元化的深入实践，新时代公共文化国际合作与交流初步构成了以"推动构建人类命运共同体"为根本目的，融入国家重大战略，坚持"民心相通，文化先行"为使命的发展格局。中国文化外交事业的漫漫长路，从为中国恢复联合国合法席位奋斗的22年，到为在国际舞台确立地位而奔跑的40余载，再到争取更多话语权的今天，中国故事历久弥新，公共文化国际合作与交流既见证了历史，也在历史的长河中书写、传承并创新着属于自己的精彩。

2.1　改革开放以来公共文化国际合作与交流的发展历程

2.1.1　第一阶段（1978—2004）：扩大文化开放性

新中国成立后我国的对外文化交流工作也进入了新的时期，我国对外文化交流历经曲折和困难。1978年，党的第十一届三中全会召开，做出把党和国家工作中心转移到经济建设上来、实行改革开放的历史性决策，我国对外文化交流发展受"文化大革命"影响而放缓的脚步又再次大步迈开，并且进入了新的快速发展阶段。1979年10月，中国文学艺术工作者第四次代表大会对文艺政策做了重大调整，为新时期文艺事业的繁荣提供了理论上、思想上和政治上的依据[①]。1980年1月，中共中央发出《认真学习贯彻第四次全国文代会精神的通知》，明确了新时期文艺工作的任务，成为文化领域与政治领域相对"分离"的标志之一，也成为我国当代文化政策史上的一个转折点。从此，"为人民服务，为社会主义服务"成为改革开放后我国文化工作的基本方针。随着文化工作基本方针的转变，对外文化交流的理念也由被动应对逐渐转变为主动选择，明确了中国特色社会主义文化的开放性，即：扩大对外交流，广泛吸收世界各国各民族先进文明成果，博采众长，增强自身活力；同时加快我国文化走向世界的步伐，展示国际形象，提升国际地位。

由此，对外文化交流的新局面逐渐形成并深入发展：

一是文化交流的规模和范围大幅扩大，广度和深度不断提升，与人民群众的日常生活紧密相连。从新中国成立到1991年，中国与外国签订的133个政府间的文化合作协定中，91个是1978年以后签订的；从1980年到1991年，中国和外国签订的文化交流执行计划达253个，范围涉及文化、艺术、教育、科学、卫生、新闻、出版、文物、宗教、青年、广播、电视、图书、博物馆等社会各个方面；1966年前，我国派出和接待的各种文化团体平均每年一二百个、五六百人次，而1978年到1988年间，仅文化部办理的文化交流项目就达7500起项，涉及6万余人次[②]。

二是文化交流形式不断丰富，多边国际文化活动日益增多，逐步满足人民群众日益增长的文化需求。继1982年在北京举办"亚洲地区保护与发展民间和传统舞蹈讨论会"后，我国积极参与或举办多边性文化艺术活动和国际会议，举办了中国艺术节、上海国际艺术节、哈尔滨冰雪节、国际孔子文化节、山东潍坊风筝会、国际图书馆博览会等

---

① 樊锐.中国文学艺术工作者第四次代表大会述略[J].中共党史资料,2008(4):179-184.

② 中华人民共和国文化部对外文化联络局.中国对外文化交流概览[M].北京:光明日报出版社,1993:65.

几十个定期或多次举行且较有影响的国际性文化交流节事。文化交流形式的丰富，尤其是多边文化交流的迅速发展标志着我国逐渐融入世界文化交流的主流。

三是从"单向引进"到"双向交流"的提升，增进了我国人民群众与世界人民之间的了解与友谊。表2-1统计了20世纪90年代我国对外文化交流的情况，在整个90年代，我国对外文化交流繁荣开展。从1993年起，我国每年签订的文化执行计划超过20个；年均文化交流项目从1990年、1991年的700多个，到1995年后基本稳定在1500个左右，翻了一番，其中文化交流项目数量在1998年超过1800个。对比文化交流项目中的"赴外"和"来华"两项数据可以看出，除了1996年，我国每年"走出去"的文化交流项目均多于"引进来"的项目，说明从90年代开始，我国的对外文化交流已经不仅仅停留在"学习""引进"国外文化的阶段，而是进入"输出"与"引进"并行发展的阶段。在这一时期，设立海外文化中心作为我国文化交流"走出去"的重要渠道之一，于1988年开启了其探索之路。1988年7月和9月，首批中国海外文化中心分别在毛里求斯和贝宁落成，通过开展各式各样的文化活动，展示并宣传中华文化，受到了驻在国人民的欢迎和称赞，也为今后海外中国文化中心的建设发展探索和积累了宝贵的经验。

表2-1　20世纪90年代中国历年对外文化交流情况

年份	签订文化协定	签订文化执行计划	文化交流项目		
			赴外	来华	总计
1990	1	14	470	263	733
1991	4	29	509	227	736
1992	13	11	768	413	1181
1993	8	31	1054	480	1534
1994	7	22	775	401	1176
1995	1	28	1147	500	1647
1996	4	22	721	859	1580
1997	1	27	919	527	1446

续表

年份	签订文化协定	签订文化执行计划	文化交流项目		
			赴外	来华	总计
1998	2	23	1199	672	1871
1999	4	31	832	534	1366
2000	2	27	838	595	1433

来源：中华人民共和国文化部计划财务司.2005中国文化文物统计年鉴［M］.北京：北京图书馆出版社，2005：63.

2.1.2　第二阶段（2005—2011）：公共文化兴起

进入21世纪，我国越来越重视文化建设与对外交流，尤其是随着我国国力的日益增强和国际影响力的显著提升，提升国家文化软实力、改善中国国际形象等已经成为新世纪我们国家的战略目标和重要任务之一。21世纪初，我国的文化建设与对外交流有两次重要的飞跃：

一是"公共文化服务体系"的正式提出。2005年十六届五中全会《关于制定"十一五"规划的建议》第一次将文化事业发展战略目标表述为"加大政府对文化事业的投入，逐步形成覆盖全社会的比较完备的公共文化服务体系"，这在党和政府的重要文件中是第一次，也从此拉开了构建公共文化服务体系的序幕。2007年6月，中共中央政治局召开会议，专题研究加强公共文化服务体系建设，提出按照结构合理、发展平衡、网络健全、运行有效、惠及全民的原则，以政府为主导，以公益性文化单位为骨干，鼓励全社会积极参与，努力建设以公共文化产品生产供给、设施网络、资金人才技术保障、组织支撑和运行评估为基本框架的覆盖全社会的公共文化服务体系。紧接着，为落实中央政治局会议精神，中共中央办公厅、国务院办公厅印发《关于加强公共文化服务体系建设的若干意见》，全面部署了一个时期内公共文化服务体系建设的重点任务，公共文化服务体系建设进入跨越式发展的新阶段。

二是"提高国家文化软实力"成为国家战略。虽然在20世纪90年代前后我国已逐渐开展文化"走出去"的实践,在党的十六大报告中也提出将文化"走出去"作为国家"走出去"战略的重要组成之一①,但是党的十七大报告中首次明确将文化作为国家的"软实力"并从全局战略的高度把对外文化交流提高到了空前重要的位置。十七大报告中提到,"加强对外文化交流,吸收各国优秀文明成果,增强中华文化国际影响力","中华民族伟大复兴必然伴随中华文化的繁荣兴盛"②。这表明随着国际形势的变化,文化建设在国家综合国力体系中的分量越发突出,对外文化交流的理念与地位继十一届三中全会后得到再一次跨越式的提升,与国家和整个民族的命运联系在了一起。

可以说,这两次飞跃将我国文化建设与对外传播逐步聚焦到公共文化国际合作与交流上来。而这一转变不仅仅是表述上的变化,更重要的是从功能、结构到发展模式的重构③。从功能的角度来看,比起传统的对外文化交流,公共文化国际合作与交流更强调以保障公民基本文化权利为出发点,尊重并满足人民群众多样性文化需求,弘扬中华优秀传统文化的功能体系;从结构的角度来看,传统对外交流体系表现为相对封闭性的行业系统,而公共文化国际合作与交流体系是一种以契约理论为基础的网络化组织结构,有利于促进资源流通,使交流媒介之间得以互联互通,共同发挥作用;从发展模式的角度来看,在现代公共文化服务体系建设过程中,市场机制和社会力量的进入,建立了一种"政府—市场—公共文化机构"之间良性的互动关系模式,从而提升了公共文化国际合作与交流的品质和效能。

---

① 中共中央文献研究室.十六大以来重要文献选编(上)[M].北京:中央文献出版社,2006:30.

② 胡锦涛.高举中国特色社会主义伟大旗帜为夺取全面建设小康社会新胜利而奋斗——在中国共产党第十七次全国代表大会上的报告(2007年10月15日)[M].北京:人民出版社,2007.

③ 傅才武.当代公共文化服务体系建设与传统文化事业体系的转型[J].江汉论坛,2012(1):134-140.

2.1.3　第三阶段（2012年以来）：政策法律逐步完善

改革开放的前30年，我国经济社会处于激烈的转型期，文化领域积极扩大对外交流，拉开构建公共文化服务体系建设的大幕，较改革开放前发生了翻天覆地的变化。公共文化国际合作与交流的起步是一个承上启下的转折点，既延续了对外文化交流的重要使命，吸收了之前发展道路中的经验与教训，又为改革开放的后10年，特别是党的十八大以来，公共文化国际合作与交流步入新阶段奠定了良好的基础。

2.1.3.1　"人类命运共同体"理念成为公共文化国际合作与交流的重要指导思想

人类命运共同体，顾名思义，"就是每个民族、每个国家的前途命运都紧紧联系在一起，应该风雨同舟，荣辱与共，努力把我们生于斯、长于斯的这个星球建成一个和睦的大家庭，把世界各国人民对美好生活的向往变成现实。世界各国人民应秉持'天下一家'理念，努力建设一个远离恐惧、普遍安全的世界，一个远离贫困、共同繁荣的世界，一个远离封闭、开放包容的世界，一个山清水秀、清洁美丽的世界"①。党的十八大报告中首次正式提出了"人类命运共同体"的概念与理念，而后习近平总书记也多次阐释了"人类命运共同体"思想。

公共文化国际合作与交流是"人类命运共同体"思想的重要实践之一。在构建人类命运共同体的进程中，文化发挥着"根"与"魂"的作用，因为解决当今全人类面临的棘手难题的方法就蕴藏在文化之中，同时，几千年世界所蕴藏的渊博的哲学思想、教化思想、人文精神、道德理念等又成为重要的资源，为治国理政所用②。文化的使命功能，决定了公共文化首先要承担面向所有人传播和内化社会主义核心价值观、提高公民道

---

① 任一林，万鹏.习近平新时代中国特色社会主义思想学习纲要（18）：推动构建人类命运共同体——关于新时代中国特色大国外交［N］.人民日报，2019-08-14（6）.

② 孟庆玲.习近平文化外交思想研究［D］.石家庄：河北师范大学，2017:20.

德和文化素质的使命与功能。公共文化完成这一任务的独特方式在于"它是通过融入老百姓日常生活的喜闻乐见的文化艺术形式去实现，让老百姓在满足精神追求、丰富文化生活的过程中，以充分的自我创造、自我表现、自我服务，潜移默化地受到熏陶，让核心价值观、共有伦理规范、传统文化基因内化于心，这就是公共文化滋润人的心灵、陶冶人的情操、提高人的素养、升华人的境界的独特功能。没有丰富多彩、普遍均等的公共文化服务，社会主义核心价值体系建设、社会主义文化强国建设就失去了基础"①。那么作为社会主义文化强国建设基础的公共文化服务，它的国际合作与交流本质上是使优秀的中华文化为世界所用、世界文明的精粹为我所用，在认识世界、改造世界的过程中为人们提供有益的启迪，促进各国的共同繁荣。

2.1.3.2　开阔现代公共文化服务体系建设的国际视野

党的十八届三中全会提出"建设社会主义文化强国，增强国家文化软实力，扩大对外文化交流，加强国际传播能力和对外话语体系建设，推动中华文化走向世界"；对公共文化服务体系建设也提出了"现代性"的新要求，"要紧紧围绕建设社会主义核心价值体系、社会主义文化强国深化文化体制改革，加快完善文化管理体制和文化生产经营体制，建立健全现代公共文化服务体系、现代文化市场体系，推动社会主义文化大发展大繁荣"②。十八届三中全会是改革过程中一次意义深远的大会，首次明确提出"推动中华文化走向世界"，这标志着现代公共文化服务体系建设要努力营造更加开放、包容的国际化氛围，要有国际视野；"现代性"的提出也意味着"现代性"的构建成为十八届三中全会后我国公共文化服务体系建设的基本目标和战略任务，公共文化国际合作与交流要全面与"现代性"对接，包括现代化的价值取向、现代化的治理理念、现代化的服务内容和现

---

①　李国新. 对我国现代公共文化服务体系建设的思考［J］. 克拉玛依学刊,2016,6（4）:3-15.

②　新华社. 中共中央关于全面深化改革若干重大问题的决定（2013年11月12日中国共产党第十八届中央委员会第三次全体会议通过）［EB/OL］.（2013-11-15）［2019-11-15］. http://www.gov.cn/govweb/jrzg/2013-11/15/content_2528179.htm.

代化的服务方式①。

公共文化国际合作与交流在十八届三中全会后迈入了新的发展阶段：以培育和弘扬社会主义核心价值观为目标，着力塑造与传播体现时代精神、有创造性、积极健康的公共文化；加强制度建设、能力建设和平台建设，提供资金、人才、技术等方面的保障，调动全社会资源参与到公共文化国际合作与交流领域；按照以人民为中心的工作导向，立足世界人民文化需求特点，提供引领时代发展、为海内外人民喜闻乐见的文化产品和多样化的文化内容；并通过文化与科技的深度融合，通过传播方式的变革，实现单纯阵地合作与交流向全时空合作与交流转变。

2.1.3.3　公共文化国际合作与交流走上法制化道路

长期以来，我国的文化立法非常薄弱，民间有"两部半法律治文化"的说法（一部《文物保护法》，一部《非物质文化遗产法》，还有一部《著作权法》只是和文化相关），这与社会主义文化大发展大繁荣、构建现代公共文化服务体系的要求不相适应。2016年12月25日，《公共文化服务保障法》在第十二届全国人民代表大会常务委员会第二十五次会议上通过并公布，并于2017年3月1日起施行。这是我国公共文化服务体系建设进程中的历史性事件，构建起了我国公共文化服务的基本制度体系框架，对构建现代公共文化服务体系具有重要意义和深远影响②。

《公共文化服务保障法》总则第十二条规定，"国家鼓励和支持在公共文化服务领域开展国际合作与交流"。新时期中国特色现代公共文化服务体系建设要加强国际合作与交流，这一要求具有双重意义：一方面通过国际合作与交流，推动优秀群众文化活动成果走出去，在国际舞台上展示中国老百姓的文化创造和文化表现，以文化的民间交流来夯实"民心相通"的基础，建立面向世界讲好中国故事的话语体系和表现体系；另一方面，通过国家合作与交流，把国外优秀的民族民间文化活动成果引进来，既能

---

① 张永新. 现代公共文化服务体系的五个方面 [EB/OL]. (2013-11-15) [2019-09-24]. http://www.ce.cn/culture/gd/201311/15/t20131115_1759266.shtml.

② 李国新. 我国公共文化保障立法的内容、特点与突破 [J]. 图书馆建设, 2016 (12):25-27,36.

活跃和丰富人民群众文化生活，又为吸收和借鉴国外公共文化服务的成果、做法和经验提供样本①。《公共文化服务保障法》的出台将公共文化国际合作与交流提高到法律层次，加大了公共文化服务对外合作交流的保障力度，标志着公共文化国际合作与交流走上法制化道路。

2.2 改革开放以来公共文化国际合作与交流的发展特色

2.2.1 发展与改革交织的生动实践

公共文化国际合作与交流是一次发展与改革交织的生动实践。改革开放前的对外文化交流有着明显的二元对立特征，"非黑即白""非善即恶"的思维使得我国的对外文化交流似乎一直在两极之间奔跑——要么"闭关锁国""夜郎自大"，要么"崇洋媚外""文化失语"；长达20多年的"双轨制"文化体制改革也在实践中与初衷日益脱节。进入21世纪后，我国的国际战略理念以"仁""礼""德""和"等传统思想为基础，强调"和为贵""己欲立而立人、己欲达而达人"的忠恕之道，强调"和而不同"、和谐以共生共长、不同以相辅相成的外交哲学②。在此基础上，公共文化国际合作与交流突破二元对立的发展思维，逐步确立了"政府主导、社会参与、多种方式运作、交流贸易并重"的工作机制，逐渐形成了全方位、多层次、宽领域、多渠道的新格局③。

此外，满足群众文化需求和促进文化"走出去"是我国当代文化建设的两个重要方面，尽管在新时期两者都得到了明显的发展，但在改革开放的前30年往往是分而行之。虽然公共文化国际合作与交流在21世纪初已经起步，然而由于基本国情、市场经济转型及文化发展的规律往往

---

① 柳斌杰,雒树刚,袁曙宏.中华人民共和国公共文化服务保障法解读[M].北京：中国法制出版社,2017:54.

② 门洪华.中国国际战略思想的创新[J].外交评论,2006(1):28-35.

③ 蔡武.新中国成立60年对外文化工作[M].中华人民共和国文化部对外文化联络局.中国对外文化交流年鉴(2010).北京:文化艺术出版社,2012:12.

会造成厚此而薄彼的现象。实际上，国内文化事业发展与对外文化交流、保持文化的民族性与开放性是可以并应该有机统一的。在最近十年，党和国家一系列重要政策及法律文件的出台逐步确立了公共文化国际合作与交流是我国现代公共文化服务体系建设的一个重要内容，指明了现代公共文化服务体系建设是我国建设社会主义强国、增强国家软实力、讲好中国故事的前进方向，使满足群众文化需求与促进文化"走出去"相辅相成、融合并进。

2.2.2 思路和方向更加明确

弘扬中华优秀传统文化是对外文化交流的出发点。在新中国成立后数年的探索与变革后，党和国家深刻认识到，"中华文化是中华民族生生不息、团结奋进的不竭动力"①。因此，以文化为载体和手段，以现代公共文化服务体系建设为重点，坚持面向和影响国外主流社会，使中华文化更具有国际影响力和竞争力，成为我国新时期文化工作和对外传播的主要方针。

与改革开放前对外文化交流和文化外交混为一谈相比，改革开放以来，文化行政主管部门组织协调全国各方力量，整合各方资源，通过开展一系列有针对性的丰富多彩的文化活动向世界宣传推介中国。尤其是公共文化服务体系建设的迅速推进，丰富多彩的群众文化活动给其注入了新的资源、新的元素与新的活力，形成了以"春节""国庆""中国走进课堂""感知中国""今日中国"等富有中国特色的文化符号为载体的文化活动，打造出世界范围内有影响力的文化品牌，例如海外中国文化中心、欢乐春节、上海国际艺术节、亚洲艺术节、东亚文化之都等。同时，公共文化国际合作与交流成为文化外交中的一支重要力量，在官方交流有困难时发挥着不可替代的作用，例如2007年对东欧国家的文化交流中，针对独联体、波罗的海等国家经费不足、难以完成官方交流计划的情况，我国借

---

① 胡锦涛.高举中国特色社会主义伟大旗帜为夺取全面建设小康社会新胜利而奋斗[J].高校理论战线,2007(10):6-18.

助民间力量，促成广东、天津、沈阳、重庆的艺术团体分赴白俄罗斯、马其顿、保加利亚和波罗的海三国的国际艺术交流活动，收到良好效果①。

2.2.3 整体投入与产出比有待进一步提高

改革开放时期大规模文化"走出去"引发了关于传播效果的思考。特别是改革开放的前30年，我国对外文化交流重"宣传"而轻"传播"，能够起到在特定时段、特定场合引起小范围轰动的效果，但难以深入人民大众的生活，难以发挥持续而鲜活的力量②。例如，我国通常以举办大型对外文化交流活动或投放外宣片的方式进行文化传播，虽然对于准确展示中国传统文化及当代时事具有显著作用，但是它们往往因"宣传"色彩浓郁、主题宏大、内容正统、模式固定、地点集中，导致文艺作品存在不贴近生活，受众有限，缺乏趣味性、创新性等问题。尽管这个问题在近十年来有所改善，但整体来看文化交流的投入与产出比还有待进一步提高。

2.3 新时代公共文化国际合作与交流的使命

党的十九大报告明确指出，"中国特色社会主义进入了新时代"③。公共文化国际合作与交流在历经改革开放40年的发展后，迎来了这一承前启后、继往开来的新时代，"这是一个从历史中走来，向着民族复兴伟大梦想进发，一个全体中华儿女勠力同心、奋力实现中华民族伟大复兴中国梦的时代，一个我国日益走近世界舞台中央、不断为人类作出更大贡献的时

---

① 中华人民共和国文化部.中国文化年鉴2008［M］.北京:新华出版社,2009:216.

② 周潞铭.中国对外文化战略研究（2000—2015）［D］.北京:中共中央党校,2015:91.

③ 习近平.决胜全面建成小康社会夺取新时代中国特色社会主义伟大胜利——在中国共产党第十九次全国代表大会上的报告［M］.北京:人民出版社,2017:9.

代"①。公共文化国际合作与交流在新时代也肩负了新的使命。

2.3.1　根本目的：推动构建人类命运共同体

坚持推动构建人类命运共同体，是党的十九大提出的新时代中国发展需要坚持的基本方略之一。2018年3月11日，第十三届全国人大一次会议上通过的《中华人民共和国宪法修正案》将宪法《序言》第十二自然段中"发展同各国的外交关系和经济、文化的交流"修改为"发展同各国的外交关系和经济、文化交流，推动构建人类命运共同体"②，意味着我国从立法的高度明确了发展同各国的外交关系和经济、文化交流的最终目标是推动构建人类命运共同体。"文化是一个国家、一个民族的灵魂。文化兴国运兴，文化强民族强。"③这是党的十九大报告中对文化重要性的深刻论述，突出体现了文化认同对一个国家、一个民族发展进步过程中的巨大凝聚和推动作用。文化之于国家、民族的作用如此，对由多个国家、多个民族共同组成，宏观架构远高于国家、民族之上的人类命运共同体更是如此。只有对不同国家、不同民族及其文化有充分的理解、尊重和认同，人类命运共同体才有魂魄，也才能产生同命共运，形成凝聚力和向心力④。公共文化国际合作与交流正是在寻求文化认同过程中一个重要且必需的环节，只有积极促进世界人民日常文化生活的公共文化的交流与交融，使世界各国、各民族的文化在互动中得到相互认同，构建人类命运共同体才可持续、可发展。

---

① 陈曙光. 新时代的划时代意义 [N]. 人民日报, 2017-10-31 (7).

② 新华社. 十三届全国人大一次会议表决通过《中华人民共和国宪法修正案》[EB/OL]. (2018-03-11) [2019-09-24]. http://www.ccdi.gov.cn/special/qglh2018/tt_qglh2018/201803/t20180312_165992.html.

③ 习近平. 决胜全面建成小康社会夺取新时代中国特色社会主义伟大胜利——在中国共产党第十九次全国代表大会上的报告 [M]. 北京：人民出版社, 2017:32.

④ 中共中央党校（国家行政学院）第71期"推动构建人类命运共同体"研究专题班课题组. 构建人类命运共同体：文化因素与中国智慧——以中国文化和图书出版交流为例 [J]. 中国出版, 2019 (15):5-11.

2.3.2 发展背景：融入国家重大发展战略

国家战略是"综合运用国家战略资源实现国家安全及国际目标的艺术，即一个国家运用自身各种战略资源和战略手段——包括政治、经济、军事、文化和意识形态等——捍卫并拓展本国整体安全、价值观和国家利益等"①。十八大以来，我国以践行社会主义核心价值观为指导思想，以和平发展、互利共赢为原则，以实现中华民族伟大复兴的中国梦为战略目标，主导和参与了一系列重大发展战略，这些战略虽缘起不同，但理念相通、目标一致、相互对接。在新时代，公共文化国际合作与交流积极融入国家重大发展战略，在文化与经济的交融、国家战略与区域定位的契合、带动城市转型与升级的进程中实践成果丰硕。

2.3.2.1 "一带一路"倡议

"一带一路"（The Belt and Road，缩写B&R）是"丝绸之路经济带"和"21世纪海上丝绸之路"的简称，2013年9月和10月由习近平总书记分别提出建设"新丝绸之路经济带"和"21世纪海上丝绸之路"的战略构想。"一带一路"倡议是我国与沿线各国之间开展的一场双赢合作，合作重点包括了政策沟通、设施联通、贸易畅通、资金融通、民心相通这五方面。历史上，由于"丝绸之路"具有在和平时期繁荣、在战乱时期中断的特点，而且商品和文化的交流为沿途各国都带来了共同繁荣，因此，"丝绸之路"成为亲善、繁荣、交流、和平、友谊的文化符号；今天的"一带一路"将千年历史的智慧结晶置于当前的世界格局与中国实际国情之中，"一带一路"不是一条具有空间现象的贸易路线，而是要借"丝绸之路"这一文化符号向世界展现"和平、合作、发展、共赢"的新理念②。

2016年12月9日，文化部发布《文化部"一带一路"文化发展行动计

---

① 门洪华.构建中国大战略的框架:国家实力、战略观念与国际制度［M］.北京:北京大学出版社,2005:41.

② 赵昕."一带一路"战略下中国文化软实力提升研究［D］.兰州:兰州理工大学,2018:15-16.

划（2016—2020年）》，文件指出，在2016—2020年间，在"一带一路"倡议下，文化合作与交流的重点任务是健全"一带一路"文化交流合作机制、完善"一带一路"文化交流合作平台、打造"一带一路"文化交流品牌、推动"一带一路"文化产业繁荣发展、促进"一带一路"文化贸易合作，例如通过推动建立5个文化合作联盟（丝绸之路国际剧院联盟、丝绸之路国际图书馆联盟、丝绸之路国际博物馆联盟、丝绸之路国际美术馆联盟和丝绸之路国际艺术节联盟）构筑"一带一路"文化交流合作机制，加快在"一带一路"沿线国家和地区设立中国文化中心，继续扩大"欢乐春节"品牌在沿线国家的影响，充分发挥"丝绸之路文化之旅""丝绸之路文化使者"等重大文化交流品牌活动的载体作用等①。此外，"一带一路"国际合作高峰论坛领导人圆桌峰会已在我国北京举行了两届，共形成5大类、76大项、270多项具体成果②。应该说，"一带一路"倡议的提出与战略推进给公共文化国际合作与交流带来了前所未有的发展机遇。

2.3.2.2　金砖国家机制

"金砖国家"合作机制是由"金砖四国"这一概念发展而来。这一概念最早出现在金融投资领域，是美国高盛公司的一个经济学家吉姆·奥尼尔（Jim O'Neil）首先提出的。他在研究报告《打造全球更好经济之砖》中首次提出了"金砖四国"这一概念，同时重点研究了新兴经济体国家的发展情况，并大胆预测新兴市场国家将很快赶超欧美等发达国家，尤其是巴西、俄罗斯、印度、中国这四个国家。"金砖四国"（BRIC，引用四国英文首字母）带着这种共同的身份认同走到了一起。2009年6月在俄罗斯叶卡捷琳堡举行了首次领导人会晤，将"金砖国家"从一个经济

---

① 中华人民共和国文化部."一带一路"文化发展行动计划（2016—2020年）[EB/OL]．（2017-01-06）[2019-09-27]. http://www.xinhuanet.com/culture/2017/01/06/c_1120256880.htm.

② 新华社."一带一路"国际合作高峰论坛成果清单[EB/OL]．（2017-05-16）[2019-09-27]. http:// www.china.com.cn/news/2017-05/16/content_40820947.htm.

学概念发展成为一个新的国际合作平台，成为国际社会一支重要力量①，从此拉开了"金砖国家"合作机制化建设的序幕。2011年4月，南非申请加入了金砖四国，同时更名为"金砖国家"（BRICS），完成了"金砖国家"的首次扩员。

公共文化合作与交流在金砖国家机制下获得了良好的发展契机与展示舞台。巴西、俄罗斯、印度、中国和南非在地理位置上分属四大洲，没有共同的区域联系，各成员国的政治制度、文化传统、发展方式以及宗教信仰都各不相同，并不具有地缘基础，这就使得金砖国家间的文化合作与交流需求更为迫切。促进人文交流，加强各国民间沟通，增进各国人民之间的了解，为金砖国家全方位合作打下坚实的社会基础是非常必要的。中国文化和旅游部国际交流与合作局（港澳台办公室）局长谢金英在金砖国家领导人厦门会晤新闻中心举行的发布会上提出"人文交流是金砖国家合作的三大支柱之一"，并总结金砖国家在文化领域交流合作的三个突出特点，佐证了笔者的观点，"一是开放、包容、平等、合作、共赢，尊重文化多样性是金砖国家展现的文化和价值共识，这种内在联系为金砖国家携手谋求经济增长，完善全球治理提供了精神动力；二是金砖国家一致认同文化对社会可持续发展有重要意义，认为文化交流合作将成为经济和社会发展的新动力；三是金砖国家文化交流与合作不断取得实质性进展，为增进金砖国家人民之间相互理解和友谊，夯实民意基础发挥了重要作用"②。截至2019年，金砖国家文化部长会议已举行了三届，在第二届部长会议期间，五国部长签署了《落实〈金砖国家政府间文化协定〉行动计划（2017—2021年）》，并成立了金砖国家图书馆联盟、博物馆联盟、美术馆联盟、儿童戏剧联盟③。

---

① 吴绮敏,张光政."金砖四国"领导人会晤在叶卡捷琳堡举行［N/OL］.人民日报,2009-06-17［2019-09-26］.http://intl.ce.cn/zj/200906/17/t20090617_19335056.shtml.

② 陈悦.中国文化部：金砖国家文化交流合作有三个突出特点［EB/OL］.（2017-09-03）［2019-09-26］.http://www.chinanews.com/cul/2017/09-03/8321424.shtml.

③ 王莹.第二届金砖国家文化部长会议在天津举行 共同签署《落实〈金砖国家政府间文化协定〉行动计划（2017—2021年）》［EB/OL］.（2017-07-06）［2019-09-27］.http://www.xinhuanet.com/local/2017-07-06/c_129648888.htm.

2.3.2.3 "10+3"合作机制

"10+3"合作机制缘起于1997年的亚洲金融危机。1997年12月5日，东盟与中、日、韩三国领导人齐聚马来西亚首都吉隆坡，共同探讨如何加强合作，共同应对金融危机。领导人会议的主要议题是21世纪东亚的发展前景、亚洲金融危机、深化地区经济联系，与会领导人就这些议题达成了多项共识，对加强东亚地区合作发出了明确的政治信号①。以此为契机，"10+3"合作机制逐步建立起来②。

有学者认为东亚地区的宗教文化非常复杂，战略利益冲突严重，历史上积有恩怨，这些因素影响了"10+3"合作机制的建设③。因此，公共文化合作与交流一直是增进与深化彼此互信的基础和有效手段。"东亚文化之都"的创建及与"东盟文化城市"的交流，中国—东盟文化论坛、北京东盟文化之旅、南宁国际民歌艺术节等品牌性节事的多次举办，逐步推动了东盟—中日韩文化一体化的发展，为最终达到消除政治趋向差异，形成稳定的区域经济共同体做出了极大贡献④。时任中国文化部长蔡武在第六次东盟——中日韩（10+3）文化部长会议上的发言对"10+3"文化合作与交流的成果及发挥的作用给予了高度评价，"东盟—中日韩（10+3）文化部长会议自2003年启动以来，'10+3'文化合作从无到有，在各国政府的大力支持和共同努力下迅速发展，不断实践创新，实现了突破，取得了成绩，也积累了经验"⑤。实践再一次证明，只有通过广泛、深入的文化交流与合作，才能够让各国彼此之间更好地了解，才能够让各国人民在享受合作带来的物质利益的同时，也能够切身感受到彼此命运与共的深刻文

① 张蕴岭.未来任一年中国在亚太地区面临的国际环境[M].北京:中国社会科学出版社,2003:268.
② 吴小宪.东亚"10+3"合作机制建设研究——以权力、利益、观念为视角[D].济南:山东大学,2010:15.
③ 孙加韬.东亚一体化的制约因素及发展方向[J].亚太经济,2004(3):57-60.
④ 吴小宪.东亚"10+3"合作机制建设研究——以权力、利益、观念为视角[D].济南:山东大学,2010:2.
⑤ 蔡武.在第六次东盟—中日韩(10+3)文化部长会议上的发言[EB/OL].(2014-05-06)[2019-09-28].http://www.gov.cn/xinwen/2014-05/06/content_2672622.htm.

化根源和现实延续。

2.3.2.4　联合国《2030可持续发展议程》

2015年9月25—27日，"联合国可持续发展峰会"在纽约联合国总部召开，会议开幕当天通过了一份由193个会员国共同达成的成果文件，即《改变我们的世界：2030可持续发展议程》(*Transforming our World: The 2030 Agenda for Sustainable Development*，以下简称《2030议程》)，并于2016年1月1日正式生效。从2001年联合国教科文组织发布的《文化多样性宣言》、2005年《保护和促进文化表现形式多样性公约》的通过，再到出台《2030可持续发展议程》，这十多年是世界各国在文化领域达成共识、推动文化多样性发展的关键时期[①]。与"千年发展目标"(Millennium Development Goals)[②]相比，《2030议程》第一次在全球层面纳入"文化""创意""文化多样性"等关键词，并将文化多样性作为可持续发展的核心推动力量[③]。

根据《联合国教科文组织推进2030可持续发展议程》(*UNESCO moving forward the 2030 Agenda for Sustainable Development*)报告可以看到，联合国教科文组织正在实施且我国积极参与的多个国际文化合作项目与《2030议程》所倡导的理念高度契合。例如，世界遗产评选符合可持续发展目标第11项"建设包容、安全、有抵御灾害能力和可持续的城市和人类住区"中的第4条"进一步努力保护和捍卫世界文化和自然遗产"，"创意城市网络"评选符合第4项"确保包容和公平的优质教育，让全民终身享有学习机会"中的第7条"肯定文化多样性和文化对可持续发展的

---

①　意娜."联合国2030可持续发展议程"下的国际文化创意产业发展趋势[J].广东社会科学,2016(4):70-75.

②　2000年9月,189个国家的领导人在联合国千年峰会上通过《千年宣言》,承诺在2015年之前实现全球贫困人口减半、普及小学教育、促进男女平等、降低母婴死亡率、抗击艾滋病和疟疾、促进环境可持续发展、推动全球合作伙伴关系等8项目标,即"千年发展目标"。

③　意娜.发展与保护:重塑文化政策——联合国推动发展中国家文化创意产业发展之考辨[J].山东大学学报(哲学社会科学版),2016(6):74-81.

贡献"等①。

公共文化的相关国际协会也纷纷回应《2030议程》并陆续发布了相应的倡议或实施办法。例如，国际图书馆协会与机构联合会（简称"国际图联"，International Federation of Library Associations and Institutions—IFLA）认为联合国《2030议程》强调了发展图书馆事业的重要性，可持续发展目标第16条第10项明确了图书馆可以向所有人有效提供跨领域信息，这也正是图书馆可持续发展的关键②。国际图联先后于2015年10月和2016年3月发布了两份文件，表达对《2030议程》的回应③④。2018年8月，在国际图联第84届世界图书馆和信息大会（WLIC）上，《全球愿景报告》（*IFLA Global Vision Report*）正式发布，这是国际图联为落实联合国《2030年议程》的一项重要部署，也是一次具有重要影响力的全球展望报告，我国图书馆界也对这一报告给予了积极回应，表示要更多地参与到"全球愿景"项目中来，让国际图联听到更多的中国声音⑤。

---

① UNESCO. UNESCO moving forward the 2030 agenda for sustainable development[EB/OL].[2019-09-26]. http://unesdoc.org/images/0024/002477/247785e.pdf.

② IFLA. Libraries, development and the UN 2030 agenda[EB/OL].[2019-09-29]. https://www.ifla.org/node/72708.

③ 国际图联图书馆进步发展行动委员会正式发布《国际图书馆协会和机构联合会工具包：图书馆和联合国2030年议程的实施》，文件指出，图书馆对于社会的发展和进步发挥着重要的作用，工具包旨在支持各国将图书馆和信息获取纳入国家和地区发展计划，从而证明图书馆对联合国《2030年议程》的推动作用。引自：IFLA. IFLA launches new toolkit to support immediate advocacy for access to information in national development plans[EB/OL].[2019-09-27]. http://www.ifla.org/node/9989.

④ 为确保国际图书馆界对《2030年议程》推动的积极参与，国际图联持续发布《图书馆与2030年议程的倡导和实施》，推广信息获取最佳实践模式，并提倡将图书馆发展与国家发展议程相连接。引自：IFLA. Libraries, advocacy and the implementation of the 2030 agenda[EB/OL].[2019-09-27]. http://www. ifla.org/node/10343.

⑤ 孙一钢，程焕文，吴建中，等. 创建强大而联合的图书馆，推动信息互通的文明参与型社会的发展——2018国际图联第84届"世界图书馆和信息大会"专家笔谈[J]. 图书馆杂志，2018，37（9）：4-12.

2.3.3 时代使命：民相亲促进心相通

2017年5月14日，国家主席习近平出席"一带一路"国际合作高峰论坛开幕式并发表主旨演讲，在谈到"五通"中的"民心相通"时，他指出，"国之交在于民相亲，民相亲在于心相通"①。从古到今，民心通则事顺通，无论从政治、经济、文化哪一方面来看，"民心相通"都能使合作向更深、更广的层面拓展，通过交流互鉴、相互启迪，也可以实现共同进步、共同繁荣。

纵观公共文化国际合作与交流的历史演进与时代发展，我们可以看到，公共文化国际合作与交流往往是国家开展外交关系和国家战略实施过程中的"先遣兵"。开展公共文化国际合作与交流对于打通交流障碍、拉近各国民众的心理距离具有重要意义。由于公共文化本身就是一种从人民中来又服务于人民的文化生态，与人民的日常文化生活紧密相关，因此在"民心相通"这一命题上具有明显的优势。只要找对了方向，理清了思路，选准了模式，用受众听得懂的语言，用能够听得进的方式，用一个个能够引起共鸣的故事，用一个个鲜活的文化交流活动，就能够把中国故事说好，就能把中国文化传播，就能将文化与社会、经济贯通发展；同样，其他国家如果要向中国介绍他们的文化，这也是他们可以借鉴和参考的一条路。因此，习近平总书记所提倡的"民心相通"既是"一带一路"倡议的重要内容之一，也是推动构建人类命运共同体的民意基础，更是公共文化国际合作与交流在新时代所肩负的使命。

在新时代背景下，公共文化国际合作与交流要高举推动构建人类命运共同体旗帜，切实弘扬中华优秀传统文化，大力加强中外文化交流，在"一带一路"、金砖国家机制、"10+3"、"联合国2030"等框架下积极推动政策沟通，推进交流合作，注重以心暖人、以情动人、以民相亲促进心相通，推动形成具有鲜明中国特色的公共文化国际合作与交流格局。

---

① 习近平. 习近平在"一带一路"国际合作高峰论坛开幕式上的演讲［EB/OL］.（2017-05-14）［2019-09-28］. http://www.xinhuanet.com/2017/05/14/c_1120969677.htm.

3 海外中国文化中心建设中的公共文化国际合作与交流实践

本章以海外中国文化中心建设为观察视角切入对公共文化国际合作与交流的研究。海外文化中心建设是世界各国普遍采用的一种"文化他者在地化传播"方式，旨在使驻在国人民有机会近距离接触他国的历史文化，全方位了解他国的政治、经济和社会环境等。从各国海外文化中心建设的实践来看，有其普遍规律，但每个国家的侧重又有所不同。随着我国现代公共文化服务体系建设和中华文化"走出去"战略的不断深入，海外中国文化中心在理论、实践等方面进一步丰富了公共文化国际合作与交流的内涵及外延，这为本书提供了研究基础及实证支持。纵观全球，第一个海外文化中心的出现可追溯到百年前，但我国海外文化中心的发展至今仅有30多年的历史，2012年之后才驶入发展的"快车道"。特别是通过近几年的发展，海外中国文化中心探索形成了中国特色与中国经验，取得了长足的进步，但与其他国家海外文化中心建设的上百年经验相比，仍有进一步完善、创新的空间，尤其是在亟待与相关驻外机构融合发展的背景下，国际上的成功经验值得我们进一步学习、借鉴。

3.1 文化"在地化"传播理论与海外中国文化中心建设

3.1.1 "文化他者在地化传播"理论

20世纪90年代以来，"globalization"作为风靡全球的流行术语，频繁出现在经济学、政治学、社会学、人类学等诸多研究领域，其中文化交往是全球化进程中重要的组成部分，全球化的发展与人类的文化交往是相互影响、相伴而生的。信息技术的变革给人类交往带来了翻天覆地的变化，信息得以快速传播，从而推动了文化在全球范围内的互相交织，全球化进程也得以显著加速；而随着全球化的发展，全球制度化建设、全球组织与机构的建立又促进了文化交往的频繁发生和广泛发展①。但在全球化与文化交往相互作用的这一过程中，往往会出现相对立的现象，即全球化的趋势愈明显，则地域特色也愈明显地彰显出来。对此，罗兰·罗伯逊（Roland Robertson）和扬·阿特·肖尔特（Jan Aart Scholte）在《全球化百科全书》（*Encyclopedia of Globalization*）中指出：

> 不同的地域、社区意识和文化的交流，会不可避免地出现对不同文化与社会的"他性"感，或者说是"他者"性。任何一个拥有自身明显特征和文化疆域的社会文化，"作为一种包容力量"，它更倾向于产生一种排斥外部的概念。但是全球化的特性决定了其必须压缩国家与国家之间、社会与社会之间的空间关系，因此，文化的"他性"问题被全球化的通讯、交通和移民体系放大。②

这种现象促使了一对世界范围内的重要矛盾的产生，即具有混杂性、连通性、依存性的全球化和具有外部排斥意识——"他者"性的文化主体之间的复杂矛盾关系③。"文化他者"现象带来一个问题就是"文化折扣"。霍斯金斯（Colin Hoskins）和米卢斯（R. Mirus）在1988年发表的论文《美国主导电视节目国际市场的原因》（"Reasons for the U.S. Dominance of the International Trade in Television Programmes"）中首次提出"文化折扣"（Cultural Discount）的概念，即任何文化元素、产品及活动都源于某种文

———————

① 刘鹤. 全球化视阈下文化交往战略研究[D]. 长春：东北师范大学，2018：30-36.

② 罗兰·罗伯逊，扬·阿特·肖尔特. 全球化百科全书[M]. 王宁，译. 南京：译林出版社，2011：17.

③ 谢雨子. 全球化背景下的"在地化"与"本土化"设计策略之变[D]. 北京：中央美术学院，2014：16.

化，因此对于那些生活在此种文化之中以及对此种文化比较熟悉的受众有很大的吸引力；而当此种文化传播向那些不熟悉它们的受众，由于文化差异和文化认知程度的不同，在接受不熟悉的文化内容时，其兴趣、理解能力等方面都会大打折扣，无法产生共鸣，导致吸引力降低，这就是所谓的"文化折扣"①。然而，文化内部或者是文化自身拥有多样性的特征，这种特征不仅体现在文化通过不同的表现形式来实现人类文明的弘扬和传承，更在一定程度上决定了文化具有较强的包容性②。这种文化的包容并不是整合形成单一的另外一种文化，而是一个在与"他者"文化的不断融合中赋予原有文化生命力和发展动力的有层次性的互动过程。那么如何使"自我"与"他者"更好地融合在一起、创造什么样的条件使当地受众更容易接受"他者文化"，便是文化"走出去"并且"走入人心"的关键。

J.斯特劳哈尔（Joseph Straubhaar）在1991年发表的学术论文《超越媒介帝国主义：不对称的相互依赖与文化接近》（"Beyond Media Imperialism：Asymmetrical Interdependence and Cultural Proximity"）中首次提出"文化接近"（Cultural Proximity）概念，强调贴近或符合当地既有的文化是外来文化在本地生根发芽的先决条件③。因此，"文化他者"的"在地化"传播对于提升"文化他者"的传播效果就变得尤为重要。

3.1.2 海外文化中心建设的普遍规律

建立海外文化中心是"文化他者在地化传播"理论在公共文化国际合作与交流领域的一种实践应用。通常由一国政府向世界其他国家派驻文化机构，宣传推广本国文化，受众对象是驻在国民众。法国率先于19世纪80年代起在本土以外设立语言文化推广机构，20世纪尤其是二战以后，

---

① HOSKINS C, MIRUS R. Reasons for the U.S. dominance of the international trade in television programmes[J]. Media, Culture & Society, 1988, 10（4）：499-515.
② 谢雨子.全球化背景下的"在地化"与"本土化"设计策略之变［D］.北京：中央美术学院,2014:16.
③ STRAUBHAAR J D. Beyond media imperialism: asymmetrical interdependence and cultural proximity[J]. Critical Studies in Media Communication, 1991, 8（1）：39-59.

各国纷纷效仿①。截至2018年底，美国、英国、法国和德国在世界各国开
设有上百家海外文化中心，中国、韩国、日本、俄罗斯等也分别在数十个
国家设有海外文化中心，表3-1为部分国家海外文化中心设立情况。

表3-1　部分国家海外文化中心设立情况

机构名称	国家和地区	数量	宗　旨
中国文化中心	37	37	增进驻在国民众对中国文化的认识，同当地机构建立伙伴关系开展活动，促进两国文化交流、交融；向驻在国民众提供高质量的文化服务和文化活动；面向社会各界人士，欢迎不同年龄段、不同职业的民众参与活动
美国空间	141	659	了解美国文化的窗口，就美国历史、政治、社会、文化等话题开设讲座、座谈、电影放映等形式的活动
英国文化教育协会	100+	230+	加强英国与驻在国的文化联系，同时，保持后者国内英国文化传播的历史使命
德国歌德学院	98	157	促进国外的德语语言教学并从事国际文化合作；通过介绍有关德国文化、社会以及政治生活等方面的信息，展现一个全面的德国形象；通过文化和教育活动，为学术对话和文化合作提供支持，并借此强化公民社会结构，促进世界范围内的交流
法国文化中心（法国学院）	98	100	促进法国文化在驻在国的传播和跨文化对话
俄罗斯文化中心	80	93	全面增进俄罗斯联邦和驻在国人民之间相互了解，推动友好关系的发展，促进俄罗斯联邦与驻在国在人文领域的交流与合作
韩国文化院	27	32	以文化为纽带，加深驻在国人民对韩国的理解，促进两国交流合作，增进两国人民友谊

① 温红彦,杨雪梅.海外中国文化中心一瞥［N/OL］.人民日报,2012-06-08［2019-10-02］.http://www.scio.gov.cn/m/zhzc/35353/35354/document/1502771/1502771.htm.

续表

机构名称	国家和地区	数量	宗　旨
日本国际交流基金会	21	22	通过文化交流，致力于激发日本与驻在国人民之间的共同感知；尊重日本与驻在国文化，致力于建立相互认识并加深相互理解；立足中长期视野，致力于创建人与人之间的深远关系

注：美国空间和日本国际交流基金会数据更新至2017年底，其余国家海外文化中心数据更新至2018年底。中国文化中心资料来源于http://cn.cccweb.org/portal/site/Master/index.jsp；美国空间资料来源于https://americanspaces.state.gov/；英国文化教育协会资料来源于https://www.britishcouncil.org/；德国歌德学院资料来源于https://www.goethe.de/de/index.html；法国文化中心资料来源于https://www.institutfrancais.com/fr/offre；俄罗斯文化中心资料来源于http://chn.rs.gov.ru/ru；韩国文化院资料来源于http://www.kocis.go.kr/eng/main.do；日本国际交流基金会资料来源于http://www.jpf.go.jp/j/index.html。

　　笔者结合专家访谈、实地调研与网络调研，对各国驻华文化中心进行研究后发现，部分国家的文化中心是由使馆文化处延伸、扩展而来，独立于使馆外设置，向公众免费开放，如日本、韩国；部分国家的文化中心与使馆文化处合二为一，中心在使馆内，图书馆和举办活动的场所向公众开放，如美国、意大利；还有的国家目前还没有成立文化中心，由使馆文化处代行其职能，不向公众开放。使馆文化处和文化中心的区别在于，文化处是外国驻华使馆的一部分，主要负责政府间的文化交流项目、维护和促进双边协议等工作；文化中心是在使馆文化处基础上设立的公共文化机构，以举办文化活动为主，同时提供教育培训和信息服务，它既要面向政府，又要面向社会，更加亲民。本书从公共文化的视角出发，主要聚焦各国海外文化中心建设，因而收录了向公众开放的16家驻华文化中心的基本情况（详见附录A），并结合表3-1认为，各国海外文化中心的建设具有以下共同特性：

　　（一）代表国家形象，传播核心价值观。

　　（二）本国文化宣传展示的窗口与语言学习推广的阵地。

　　（三）广泛接触驻在国民众，争取文化认同。

　　（四）搭建国内外文化机构合作桥梁。

　　（五）提供关于本国的信息咨询服务。

海外文化中心从事的文艺表演、文化推广和海外语言教育等活动，其出发点是"国之交在于民相亲"，由国家支持、政府主导，是借助公开的文化平台、以公众为对象甚至以公众为使者进行的传播活动①。因而可以说，海外文化中心是一种公共文化国际合作与交流的实践形式。当然，公共文化国际合作与交流的实践形式非常丰富，而海外文化中心的独特之处在于，其设立从空间上直接拉近了与驻在国民众间的社会心理距离②，以当地民众容易接受的风格、价值、信仰、行为模式等提升吸引力，降低"文化他者"在异文化环境中的"文化折扣"，这是其他实践形式所无法比拟的。因此，海外文化中心的设立可以说是"文化他者在地化传播"理论的成功实践，并且无论对于设立海外文化中心的国家或是驻在国本身来说，这种"自我"与"他者"文化之间的碰撞、借鉴与接纳，其实都是人类文明在全球化背景下获得发展空间的一种生存模式。

3.1.3 海外中国文化中心的起源、发展及与公共文化的联系

从1978年改革开放到1988年的10年间，随着我国经济的快速发展和对外开放的逐步深入，在这个"中国必须了解世界，世界也很想了解中国"的对外文化工作大发展时期，1978年9月，国务院下达《关于对外文化交流工作由文化部归口管理》的文件，1982年，第五届人大五次会议把发展同各国文化交流的内容写入宪法，为我国不断扩展对外文化交流提供了法律保障。在此背景下，毛里求斯和贝宁两个中国文化中心应运而生。海外中国文化中心作为中华文化"走出去"的重要载体，是中国政府派驻境外的官方文化机构，以两国政府签署政府文件或互换外交照会的方式予以设立，以优质、普及、友好、合作为原则，统筹资源，形成布局合理、

---

① 郭镇之,李梅. 公众外交与文化交流:海外中国文化中心的发展趋势[J]. 对外传播,2018(2):47-49.

② 社会心理距离指的是:"作为社会成员个体的心理及行为总是打上本民族心理影响的烙印,这时,作为社会人之间的社会心理距离也往往会体现为两个民族之间的心理距离。"来源于PARK R E. Sociology and the social sciences[J]. American Journal of Sociology, 1921(4): 401-424.

功能聚焦、内容丰富的中华文化海外展示、体验并举的综合平台①。截至目前，根据驻在国的具体情况，海外中国文化中心的性质有外交机构、慈善机构、非营利组织、上市公司等②。

　　虽然建设文化中心是发达国家实践了上百年的文化传播方式，但通过设立海外阵地传播中华文化，对改革开放初期的中国来说还是一个崭新的课题。自1988年首批海外中国文化中心建成并对外开放以来，经过30多年尤其近十年来的发展，海外中国文化中心建设取得了显著的进展，截至2018年底，我国已经在海外建立37个中国文化中心，常态化开展高水平、专业化、符合驻在国受众欣赏习惯的各类文化活动。2012年是海外中国文化中心发展历程中极为重要和关键的一年，当年12月12日国务院正式批复《海外中国文化中心发展规划（2012—2020年）》，明确我国海外文化中心的建设目标为"争取到2020年在全球建成50个海外中国文化中心，每年平均新建5个文化中心"③，这一战略部署有利于加快海外中国文化传播阵地的布局，形成覆盖全球主要国家和地区的传播和推广中华文化的主干系统④。图3-1为海外中国文化中心近20年建设情况。

　　分析图3-1可见，在2012年和2015年掀起了两次海外中国文化中心建设高潮，即2012年《海外中国文化中心发展规划（2012—2020年）》的颁布带来的建设高潮和"一带一路"倡议的提出带来的2015年海外中国文化中心在"一带一路"沿线国家建设的加速推进。截至2018年底，投入运营的海外中国文化中心已达37个，遍布五大洲，其中26家辐射"一带一路"区域。

---

　　① 中华人民共和国国务院新闻办公室. 国家"十二五"时期文化改革发展规划纲要 [EB/OL].（2012-05-16）[2019-10-03]. http://www.scio.gov.cn/xwfbh/xwbfbh/wqfbh/2012/0719/xgzc/Document/1190119/1190119_4.htm.

　　② 中华人民共和国文化部. 文化部2015年第一季度例行新闻发布会[EB/OL].（2015-02-16）[2019-10-03]. http://www.scio.gov.cn/xwfbh/gbwxwfbh/xwfbh/whb/Document/1395946/1395946.htm.

　　③ 蔡武. 着力创新　深化改革　扩大开放　努力开创对外文化工作新局面[N]. 中国文化报,2014-01-09（1）.

　　④ 阮耀华. 海外中国文化中心运行模式、困境与发展对策研究[D]. 北京:对外经济贸易大学,2015:8.

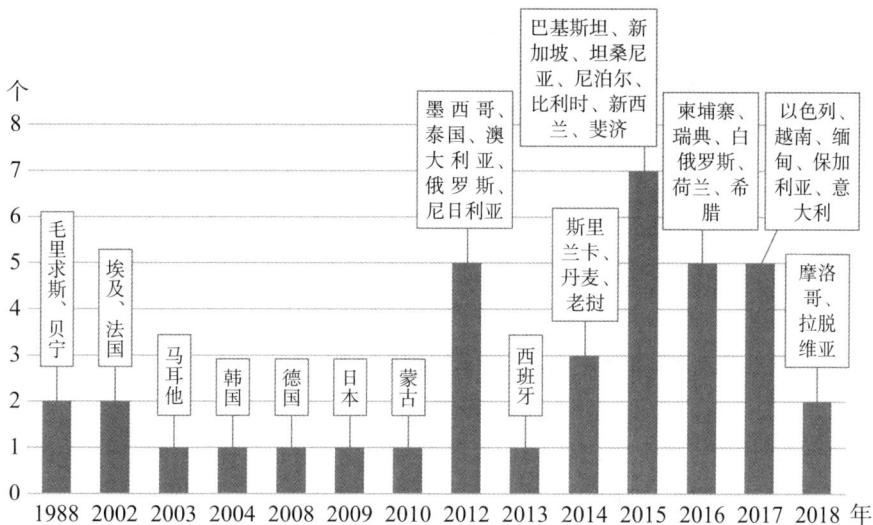

图 3-1　海外中国文化中心的建设情况

　　海外中国文化中心作为国家派驻境外的官方文化机构，以文化艺术柔性的表达方式发挥软实力资源应有的润滑油作用①。因此，海外中国文化中心的发展核心是利用文化宣传阵地和展示窗口，着力加强我国民众与驻在国民众的联系，通过走进民众生活的公共文化交流，拉近彼此的距离。近年来，海外中国文化中心依托中华优秀传统文化资源，借助现代公共文化服务体系建设，打造了一系列受到驻在国政府肯定和民众欢迎的活动。以2018年为例，海外中国文化中心举办近3300场文化交流活动，平均每个文化中心举办活动近百场，直接受众达800余万人次，驻在国副部级以上官员出席文化中心举办的活动近390场，驻在国主流媒体对活动进行了大量报道，这些活动给外国公众留下了一个更加亲和的中国形象，建立了一种更加友好的民间感情。马耳他总统普雷卡、毛里求斯总理贾格纳特、泰国公主诗琳通等政要多次参加中国文化中心主办的活动，产生了较大影响②。

———————————

　　① 郭镇之，张小玲.海外中国文化中心发展策略思考——以孔子学院为镜鉴［J］.新闻春秋，2016（2）:4-9.

　　② 宋佳烜.海外中国文化中心:三十年,恰是风华正茂——访文化和旅游部国际交流与合作局相关负责人［EB/OL］.（2019-01-29）［2019-10-03］.https://baijiahao.baidu.com/s?id=1623973705772360154&wfr=spider&for=pc.

综上分析可见，海外中国文化中心是公共文化国际合作与交流的重要组织形式和交流渠道，也是公共文化合作与交流的实践者和助推器，它的完善与发展对公共文化国际合作与交流具有极大的推动作用。

3.2　海外中国文化中心的组织结构与运行模式

3.2.1　海外中国文化中心的组织结构

海外中国文化中心由文化和旅游部国际交流与合作局管理，国际交流与合作局负责海外中国文化中心建设的总体布局、建设及管理工作，包括建设前期的调研、签署中外文化合作战略协议，建设阶段的规划、选址、开工等环节，以及运营阶段的交流计划拟定、运营管理、资源支持、监督考核等工作。人事司负责人事任免和组派官员赴中国文化中心任职，财务司负责批复预决算和经费拨付。此外，海外中国文化中心还同文化和旅游部多个下属事业、企业单位有业务管辖、业务合作等关系，图3-2为海外中国文化中心组织结构。

文化和旅游部的中外文化交流中心作为专门从事中外文化交流工作的事业单位，主要负责组派文化艺术团体出国演出，制作外宣多媒体节目，设计制作各类文化艺术品，举办各类文化艺术交流活动以及承办国内外大型活动的公关宣传、媒体推广等。

海外文化设施建设管理中心主要负责中国文化中心的基本建设工作，承担相关制度和技术标准拟定，海外文化设施建设、维修改造的组织管理，固定资产的管理和运营维护，相关技术研究、咨询、交流与培训。

中国对外文化集团公司作为一家专业从事国际表演艺术、文化旅游、艺术展览以及经营演出的中外文化公司，也参与策划并承办了海外多地的文化活动。

另外，中国驻外大使馆以及下属的文化处对驻在国的中国文化中心的工作予以指导，文化中心经常和使馆共同举办一些重大的节日文化活动。

海外中国文化中心的内设机构有项目活动组、信息咨询组、教育培训组、财务后勤组等，中心主任负责中心的全面工作。海外中国文化中心的组织结构无论从层次结构还是部门结构上看都与行政机构的结构形式一致，从总体运行过程看属于职能制组织结构，从文化中心本身构成看属于直线型组织结构。直线职能型组织结构有着营运效率高、责任清晰、有利于保持项目技术连续性等优势，但也存在着工作人员容易将职能目标置于组织目标之上，各部门之间的横向联系较弱等问题[①]。

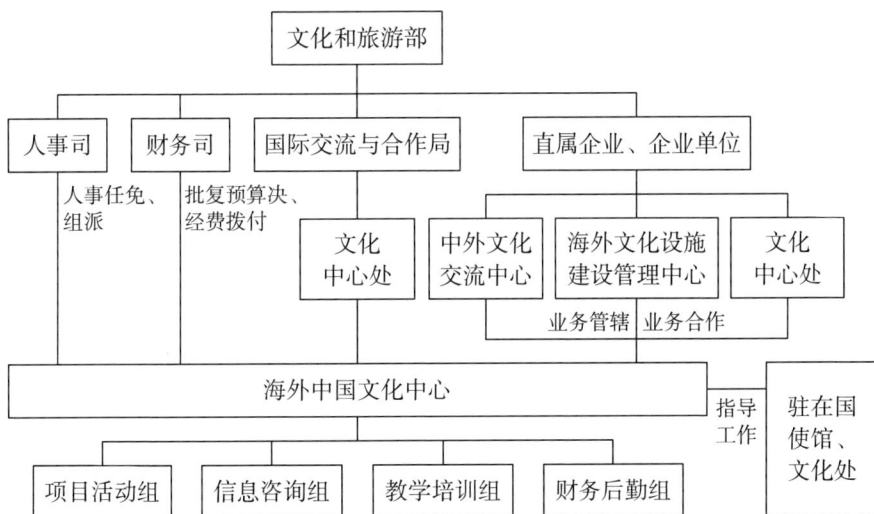

图3-2　海外中国文化中心组织结构图

3.2.2　海外中国文化中心的运行模式

3.2.2.1　设施建设

海外中国文化中心的设施是文化中心开展活动的基础和平台，建设基本规模在2000—5000平方米左右，主体功能包括公共活动区、教学区、办公区和附属用房，主要场馆包括多功能厅、展厅、图书馆、电子阅览室、培训教室和办公用房，具体面积根据筹建模式和两国文化交流的实际

---

①　迈克·史密斯. 管理学原理［M］. 刘杰, 徐峰, 代锐, 译. 北京:清华大学出版社, 2015:111-112.

情况合理确定。需要说明的是，海外中国文化中心的活动不局限于在中心的设施开展，各个文化中心还会依托这个平台，到所在城市的其他文化场馆、其他城市甚至邻国开展文化交流活动。

海外中国文化中心设施的建设模式主要有三种：一是置地建房，在已经投入运行的中心中，毛里求斯、贝宁、开罗、柏林、曼谷、墨西哥这六个海外中国文化中心采用这一模式，该模式优点是可以完全按照文化中心的功能和需求来建设，最大限度地满足中心开展活动的需要，缺点是建设周期较长；二是购置现房，巴黎、马耳他、首尔、马德里、莫斯科、哥本哈根这六个海外中国文化中心采用这一模式；三是租用现房，东京、乌兰巴托、尼日利亚、悉尼、斯里兰卡、老挝、巴基斯坦、尼泊尔这八个海外中国文化中心采用了这一模式。根据文化中心建设的需要，也会多种模式并存，例如巴黎中心购置房产后又进行扩建，老挝中心租用现房后继续开展新选址的建设工作。具体采取哪一种模式是根据不同国家的特点和海外中国文化中心的需求确定的，总体上按照"因地制宜，实事求是"的原则[①]。

3.2.2.2　项目开展

海外中国文化中心主要负责中华优秀文化的推广和介绍，推动当代文化艺术交流发展。海外中国文化中心的交流项目分固定项目与自主项目，固定项目多由国内统一组织实施，具体由文化中心与国内团组协商执行；自主项目多由中心根据驻在国情况结合自身资源组织实施[②]。这种规定动作加自选动作的组合模式一方面体现出了文化中心的规范性和统一性，另一方面也体现出文化中心"在地化"传播的机动性和差异性。具体来说，各文化中心开展的项目主要涵盖以下三方面：

（1）文化活动。举办由文化和旅游部统一策划、组织的公共文化品牌活

---

① 中华人民共和国文化部. 文化部2015年第一季度例行新闻发布会[EB/OL].（2015-02-16）[2019-10-03]. http://www.scio.gov.cn/xwfbh/gbwxwfbh/xwfbh/whb/Document/1395946/1395946.htm.

② 阮耀华.海外中国文化中心运行模式、困境与发展对策研究[D].北京:对外经济贸易大学,2015:13.

动，与对口合作省（市）举办地方文化展演。此外还举办包括中国电影展播、世界太极日活动、儿童绘画比赛、中秋体验活动等在内的各种文化活动。

（2）信息服务。文化中心一般设有图书馆，向驻在国公众提供文献服务，介绍中国的历史、文化、发展和当代社会生活，联合各地开展旅游推介、文创产品推介，举办展览、讲座、读书月等活动。

（3）教学培训。教学培训以汉语教学为主线，常年开设初、中、高级语言培训以及举办面向单位的定向语言培训，为驻在国民众提供学习中文的便捷渠道。另外，还开设具有中国特色的文化艺术培训，比如武术培训、国画培训、书法培训、中国厨艺培训、中国结培训、掐丝培训、剪纸培训等。通过培训使驻在国公众更深入地了解中国文化。

据笔者访谈及网络调研统计，2015—2019年期间，各海外中国文化中心举办重要活动1.3万多个，参加中心汉语、武术、舞蹈等各类教学培训的学员10.5万人，参加活动的公众人数达172万；各个文化中心图书馆馆藏资源总量达16.2万册，数字图书馆提供的资源包括1万种古籍、4.2万种现当代图书、260种最新期刊、1.5万幅图片、5000余种音视频、320个网络资源、60个精品展览等，资源总量超过9万种，数据量超过10TB。

3.2.2.3　部省（市）合作

"部省（市）合作"是国务院各部门与地方省区市之间就某领域开展合作的创新机制。"部省（市）合作"机制应用于海外中国文化中心建设发展是一次成功的尝试。海外中国文化中心启动部省对口年度合作始于2011年，天津、内蒙古、上海、福建、河南、陕西、青海7个省区市在部省（市）合作下派出交流团组共计64个、600多人次；接待来访团组27个，106名各国学员、艺术家来华参加人文交流活动；在国外举办了89场活动，出席活动的公众人数超过了6万人[①]。2012年，《国家"十二五"时期文化改革发展规划纲要》中提到，"要建立健全部省合作机制，充分发挥地方的资源优势，为地方搭建长期稳定的工作平台，促进地方与国外文化、旅

---

① 叶飞. 部省合作助力海外中国文化中心［J］. 中外文化交流, 2015（7）:85-86.

游和经贸往来，为地方文化走出去服务"①。文化部与北京、重庆等11个省区市启动了对口合作，进一步强化了部省（市）合作机制。

部省（市）合作初期，海外中国文化中心与各省区市的合作方式是由海外中国文化中心提供展示和演出场地，国内各省市文化部门提供展览、演出、讲座、报告会等项目。例如，曼谷中国文化中心举办的"河南文化年""美丽浙江文化节"系列活动、毛里求斯中国文化中心组织辽宁非遗展演团参加的唐人街美食文化节、乌兰巴托中国文化中心与安徽共同推出的"文化安徽"交流活动等，这些活动在拓展、丰富中心传播内容与形式的同时，让海外民众得以了解中国不同地域的特色文化和当代精神风貌。

随着海外中国文化中心建设的发展，部省（市）合作已经由浅入深，合作内容从项目合作扩展至资金、人员等全方位合作，直至探索部省（市）合作共建海外中国文化中心。文化部与天津市合作共建的斯里兰卡文化中心是第一家部省（市）合作共建的海外中国文化中心，于2014年9月开放运行，天津市还承担了中心日常项目的支持与保障。斯里兰卡中国文化中心成立后的首场活动"记忆·天津"——中国非物质文化遗产展在该国首都科伦坡班达拉奈克国际研究中心举办，斯里兰卡总理贾亚拉特纳、斯里兰卡国家遗产部部长巴拉苏里亚等政要悉数出席活动。部省（市）合作共建文化中心及开展对口合作，一方面有利于加强资源整合，扩大对外文化交流水平，另一方面也为地方文化走出去拓展了渠道。截至2019年6月底，"部省（市）合作"模式下合作共建海外中国文化中心已建、在建或进入协调程序拟建的已达15家。表3-2是部省（市）合作建立海外中国文化中心的总体情况。

① 中华人民共和国国务院新闻办公室. 国家"十二五"时期文化改革发展规划纲要［EB/OL］.（2012-05-16）［2019-10-03］. http://www.scio.gov.cn/xwfbh/xwbfbh/wqfbh/2012/0719/xgzc/Document/1190119/1190119_4.htm.

表3-2　海外中国文化中心部省（市）合作共建情况

设立地点	投入运行时间	合作省（市）及机构
斯里兰卡	2014年9月	天津市
布鲁塞尔	2015年9月	上海市
惠灵顿	2015年12月	湖北省
首尔	2016年10月	湖北省图书馆
金边	2016年10月	云南省新知集团
雅典	2016年10月	北京市
海牙	2016年11月	江苏省
仰光	2017年11月	云南省
河内	2017年11月	广西壮族自治区
索菲亚	2017年11月	宁波市
毛里求斯	2018年4月	山西省图书馆
布达佩斯	2016年3月签约，在建	苏州市
贝尔格莱德	2016年10月签约，在建	山东省
里斯本	2018年3月签约，在建	江西省
奥克兰	2019年6月协调会召开	湖北省

3.2.2.4　资金管理

　　海外中国文化中心的资金来源中，中央财政资金占主要部分，为增加资金来源，鼓励国家对外援助项目、地方政府、企业和其他社会力量积极助力海外文化中心建设，并接受捐赠[①]。海外中国文化中心的经费运作主要按照行政事业单位财务管理制度执行，实行收支两条线，收入需纳入决算上缴。财务人员由文化和旅游部派出，负责编制预算，协助中心执行预算，对资金的使用进行管理和监督，年终编制决算上报[②]。表3-3是2012年

---

①　中华人民共和国文化部. 文化部2015年第一季度例行新闻发布会［EB/OL］.（2015-02-16）［2019-10-03］. http://www.scio.gov.cn/xwfbh/gbwxwfbh/xwfbh/whb/Document/1395946/1395946.htm.

②　阮耀华. 海外中国文化中心运行模式、困境与发展对策研究［D］. 北京:对外经济贸易大学,2015:20.

至2018年我国文化部门驻外机构的收支情况，需要说明的是该收支主要反映实行经费独立核算的驻外文化处和驻外文化中心人员经费、机构运转经费以及开展相关业务活动的支出及营收。

表3-3　2012年至2018年我国文化部门驻外机构收支情况

时间	收入（万元）		支出（万元）	
	财政拨款	其他收入	基本支出	项目支出
2012年	22366.73	77.40	8645.87	7752.82
2013年	35586.73	202.55	10643.31	16247.56
2014年	35986.73	156.75	9032.14	11574.53
2015年	44117.73	488.41	8259.76	18023.73
2016年	47617.73	6.61	8328.28	35658.06
2017年	48117.73	0	9159.92	26154.28
2018年	48617.73	0	9403.40	32440.48

数据来源：2012年至2016年文化部门年度决算表，http://zwgk.mct.gov.cn/。

　　分析表3-3可见：一是2012年至2018年海外中国文化中心财政拨款逐年增长，特别是2013年我国文化部门驻外机构的财政拨款数额比上一年度增长13220万元，增幅达59.11%；从2016年开始，财政拨款基本稳定在每年增长500万元，表明2012年《海外中国文化中心发展规划（2012—2020年）》和《国家"十二五"时期文化改革发展规划纲要》的颁布大力促进了我国海外文化中心建设。二是2012年至2016年驻外机构均有一定的其他收入，也说明海外文化中心在接受政府资助的同时，通过授课培训班学费、会员费、赞助等形式自筹了部分资金。三是从驻外机构的支出情况来看，2012年至2018年间，海外中国文化中心的基本支出相对稳定，项目支出逐年提升，这在一定程度上反映了海外中国文化中心良好的运营状况，尤其从2013年起，海外中国文化中心的项目支出大幅增加，表明中心活动规模日益扩大。

3.3 海外中国文化中心的活动特色

我国的海外文化中心建设在遵循国际海外文化中心建设普遍规律的基础上，贯彻落实弘扬中华优秀传统文化的精神，充分发挥国家体制机制在统筹、协调方面的优势，推动了我国在驻在国搭建推介平台，为进一步开展全面、系统、持续的公共文化国际合作与交流奠定了基础。本节以海外中国文化中心近年来开展的较有影响力的公共文化品牌活动如海外中国文化中心数字图书馆、中国非遗文化周、中国旅游文化周、海外中国文化中心优秀学员访华活动等为主要样本，分析和总结我国海外文化中心的活动特色。

3.3.1 统筹数字资源

近五年的海外中国文化中心建设着力加强数字资源平台建设。通过整合优质资源，开展海外中心资源体系建设，为进一步提升海外公共文化服务供给水平提供了保障，既有利于资源质量的提升，又丰富了资源，提高了资源的有效配置。海外中国文化中心项目资源库平台建设和中国文化中心数字图书馆的首批内容建设工作于2016年年底完成，这"一库一馆"可以说是海外中国文化中心资源建设的国家队，为其交流常态化输送了高品质资源。

海外中国文化中心项目资源库由中外文化交流中心负责管理、运营。中外文化交流中心在文化和旅游部国际交流与合作局及财务司指导下完成项目资源库建设，每年向各省（市）文化厅（局）发函征集优秀项目，经筛选后的项目入选项目资源库并向各海外中国文化中心输送。2018年共有438个项目进入资源库①，这些项目涵盖不同艺术类别，以交流各领域文

---

① 中外文化交流中心.关于征集海外中国文化中心项目资源库项目的函［EB/OL］.
［2019-10-08］. http://jnswgxj.jinan.gov.cn/module/download/downfile.jsp?classid=0&filenam
e=ffbae9d33e1b4799a424032ce41042f2.pdf.

化特色、弘扬中华优秀文化和当代中国价值理念、展示中国建设成就为主题，入选的项目是能够代表国家水准和多民族特色的高品质文化项目。除了向各地征集优质项目外，资源库的大门还积极向社会各界打开，2018年4月，文化和旅游部国际交流与合作局会同国家民族事务委员会国际交流司召开专题座谈会，达成文化和旅游部与民委联合共建资源库的共识，将充分发挥国家民族事务委员会在展示各民族文化方面具有的独特优势，进一步将海外中国文化中心和项目资源库打造成为对外宣传展示中华民族文化的一个窗口[①]。

中国文化中心数字图书馆由文化部外联局与国家图书馆于2015年签署战略框架协议合作共建，2016年12月29日，中国文化中心数字图书馆在北京正式上线提供服务。根据资源内容设立专栏，以主题分类、资源导航、资源推荐等形式为用户提供检索、浏览、在线阅读等一站式资源信息服务[②]。与之相比，海外中国文化中心图书馆由于其长期以来存在着图书更新周期较长的问题，个别图书馆甚至从首次配书后就再无更新，而且图书从购买到上架的周期也较长，降低了图书的时效性[③]。图书馆资源建设的滞缓难以充分保障海外中国文化中心有效开展信息服务，不能及时使驻在国民众感知、认识中国的最新发展和变化。中国文化中心数字图书馆的建成正是对海外中国文化中心内设的实体图书馆的有效补充。一方面，国家图书馆充分发挥其专业优势和资源优势，与文化部外联局联合共同为中国文化中心图书馆提供图书文献采选与加工、图书馆自动化系统建设、图书馆业务培训与现场指导等服务，提高了中国文化中心图书馆的专业化水平。另一方面，随着全球信息化水平和图书馆数字化建设的发展，中国文化中心数字图书馆拓展了海外中国文化中心的信息服务渠道，更加方便驻在国

---

① 中华人民共和国教育部国际合作与交流司. 国际交流司举办"海外中国文化中心"专题座谈会［EB/OL］.（2018-04-28）［2019-10-10］. http://www.seac.gov.cn/seac/xwzx/201804/1017116.shtml.

② 应妮. 国家图书馆上线"中国文化中心数字图书馆"［EB/OL］.（2016-12-30）［2019-10-10］. http://www.wenming.cn/book/srss/201612/t20161230_3978321.shtml.

③ 武学良. 海外中国文化中心图书馆发展模式探究［J］. 图书馆工作与研究,2018（4）:11-16.

民众通过海外中国文化中心数字图书馆检索数据信息、阅读电子图书、欣赏电子音乐、观看在线讲座，借助现代化、信息化的手段了解中国、感受中国。

综上分析可见，海外中国文化中心项目资源库和中国文化中心数字图书馆的建设，一方面，体现在政府、社会机构、民间文化等多方资源的融合，其中既包括了项目、管理的融合，更包括了理念、目标的融合；另一方面，从传统文化资源到现代数字文化资源要经过创造性转化和创新性发展，这个转化过程突出体现于文化和科技的深度融合，呈现出以跨界融合、模式创新、场景体验为核心特征的"数字+"文化，这不仅成为公共文化国际交流的新增长极，而且直接推动了公共文化服务结构优化升级，进一步提升了公共文化服务的科技创新能力。

3.3.2　活动跨国联动

从2016年开始，全球海外中国文化中心开始联动举办"中国文化周"活动，成为近年来发挥其阵地功能的重要抓手。跨国联动活动由文化和旅游部每年确定一个统一的主题，统一活动举办时间，组织分布于世界各地的海外中国文化中心根据自身情况设计活动形式，联动举办文化交流活动。

2016年9月—12月，海外中国文化中心首次举办全球联动活动，主题是"汤显祖与莎士比亚400周年纪念活动"。该纪念活动是为落实习近平总书记于2015年访问英国时提出的共同纪念莎士比亚和汤显祖，推动两国人民交流、加深相互理解的倡议[1]，首尔、尼泊尔、悉尼、开罗、布鲁塞尔等20多个海外中国文化中心围绕该活动主题同期联动举办了艺术表演、影视放映、学术讲座、研讨会、朗诵会及多媒体展示等文化交流活动。这次主题活动由文化部统一制作了题为《跨越时空的对话——纪念文学巨匠汤显祖和莎士比亚》的高质量展品作为海外中国文化中心举

---

① 央广网. 习近平提议中英两国共同纪念莎士比亚与汤显祖逝世400周年［EB/OL］.（2015-10-22）［2019-10-12］. http://politics.people.com.cn/n/2015/1022/c1001-27728269.html.

办活动的基本资源配置，同时全球各海外中国文化中心根据驻在国情况策划举办配套活动①。

2017年，海外中国文化中心以"中华优秀传统文化走出去"为主题，于6月—7月在全球29个海外中心同期联动举办"传承与创新——中国非遗文化周"系列主题活动共计160余场②。通过非遗展览、传承人讲座、现场展示、演出和文创产品推介等丰富多彩的活动形式，让非物质文化遗产走近国外民众，突出展示我国在非遗保护、传承、实践和发展中的丰硕成果，展现我国非遗传统文化及当代艺术魅力，彰显古老中国深厚的文化基因和生生不息的创造力。

2018年，海外中国文化中心再次发挥平台优势，在全球开展"中国文创产品展示周"活动，宣介近年来中国文化创意产品开发的成果。"文创产品展示周"展出的有来自文化和旅游部直属单位开发的文创产品，也有各地代表性的文博机构、创意设计机构以及相关文创企业的文创产品。展示周期间，35个海外中国文化中心组织各类活动86项、164场次，参与人数累计近58万，200余家中外媒体对活动进行了报道，有效覆盖超过1000万人次③。通过举办文创产品展示周活动，促成了一系列中外文创领域合作意向和合作项目，推动中外文化产业合作，促进优秀文化创意产品走出去，满足驻在国公众对中国文化创意产品的需求。

2019年，以"文化和旅游融合发展"为核心，以"美丽中国"为主题，以"超乎想象的中国"为口号，全球34家海外中国文化中心和19家驻外旅游办事处在5月中旬至6月底再次开展"中国旅游文化周"活

---

① 周玮.文化部举办"跨越时空的对话"主题活动——纪念文学巨匠汤显祖和莎士比亚［N］.深圳特区报,2016-09-07（B01）.

② 中国文化中心."传承与创新——中国非遗文化周"系列主题活动简介［EB/OL］.［2019-10-09］.http://cn.chinaculture.org/portal/site/wenhua/special_report/2017/2017fywh/index.jsp.

③ 宋佳烜.海外中国文化中心：三十年,恰是风华正茂——访文化和旅游部国际交流与合作局相关负责人［EB/OL］.（2019-01-29）［2019-10-03］.https://baijiahao.baidu.com/s?id=1623973705772360154&wfr=spider&for=pc.

动，先后举办各类文化和旅游交流活动共计250余场[①]。"中国旅游文化周"着力展示了中国文化和旅游产品、服务的升级成果，通过旅游推介和人文交流重点讲好当代中国故事，以文化提升旅游品质，以旅游促进文化传播。

纵观海外中国文化中心近四年举办的跨国联动活动，充分展示了当代中国所取得的发展成就，展现了真实、立体、全面的中国，从而提升了中华文化的感召力与影响力，这正是文化交流跨国联动的独特优势，也是其意义所在。37个海外中国文化中心分布在全球的不同区域点，每个中心区域点的文化交流所产生的文化影响力极为有限，存在"孤掌难鸣"的问题，各个中心分散的交流活动形不成连续性和凝聚力。但海外中国文化中心跨国联动品牌的成功举办使得这一个个区域点被串联了起来，各个点在共同的主题下相互呼应，各扬所长，延伸了每一个点在世界人民面前曝光的时间与空间范围，形成了一定规模的全球效应。应该说跨国联动的方式创新了全球海外文化中心传统的活动模式。

3.3.3 参与主体多元

海外中国文化中心力求有效发挥地方优势，积极探索多元主体参与合作，表3-4为多元主体合作开展活动的示例。分析表3-2、表3-4可见，"部省（市）合作"机制贯穿于海外文化中心建设的方方面面，从共建、合办再到参与资源库建设，地方在海外中国文化中心建设中发挥了极大的促进作用。而且，海外中国文化中心合作的单位来自不同主体，涵盖了政府、公共文化机构、专业剧团及其他社会机构等多种类型，也包括掌握优秀文化技能的个人，比如非物质文化遗产的传承人等。

---

① 王洋. 推动交流互鉴 展示美丽中国——2019年"中国旅游文化周"活动硕果累累［EB/OL］.（2019-07-09）［2019-10-09］. http://news.ctnews.com.cn/zglyb/html/2019-07/09/content_354131.htm?div=-1.

表3-4　多元合作开展活动示例

举办机构	合作单位	活动内容
省（市）人民政府、文化和旅游厅（局）		
开罗中国文化中心	新疆维吾尔自治区人民政府	"多彩新疆"摄影图片展、"霓裳之魅"民族服饰展、"天山琴韵"民族乐器展、新疆题材电影展映、新疆歌舞表演
新加坡中国文化中心	江苏省文化和旅游厅、苏州市文化广电和旅游局	美丽苏州图片展、苏州非遗体验及文创产品展、苏州旅游推介会和苏州文化会演等；活动展厅设计富有苏州特色
公共文化机构		
巴黎中国文化中心	浙江省文化馆、丽水市莲都区人民政府	"古堰画乡——浙江特色小镇海外推广展"及丽水地区特有的民间表演
巴黎中国文化中心	恭王府博物馆、上海博物馆、浙江省博物馆、广东省博物馆、四川博物院	品味幸福－—博物馆文创精品巴黎展暨恭王府福文创体验展
专业剧团		
科伦坡中国文化中心	陕西木偶皮影剧团、天津京剧院	皮影和木偶演出、中国非遗项目京剧讲座与演出、苏绣、蛋雕、面具等手工艺展示
其他社会机构		
特拉维夫中国文化中心	四川航空	"熊猫家园·美丽四川"文化和旅游推介会，将开设中国—以色列直航航班

　　海外中国文化中心创新性地实施多元主体参与合作的模式，彰显了中国特色社会主义制度的优越性，以全国资源推动中华文化走向世界。一方面，多元主体参与充分调动了各行各界参与公共文化国际合作与交流的积极性，为地方文化"走出去"提供了平台；另一方面，在多元主体参与合作的过程中，也培育、生产和输出了更丰富、更优质的公共文化国际交流项目。

3.3.4　双向同频共振

　　海外中国文化中心虽然是官方的驻外机构，但是作为文化交流，更应是亲民的、友善的与公众"结交朋友"的活动①。那么如何使海外中国文化中心更加贴近驻在国民众的现实生活、展示与宣传的中华优秀传统文化如何与中国现代化发展联系在一起，是其面临的新挑战。海外中国文化中心以问题为导向，不断探索创新，"优秀学员访华行动计划"是其中较成功的尝试。

2003年，文化部策划、组织"奖学之旅——海外中国文化中心优秀学员访华"活动，主要邀请每年在海外中国文化中心学习的优秀学生来华旅游，给他们创造现场体验的机会，旨在让五大洲优秀学员在学习中国文化艺术、汉语、中医、武术等各项技能的同时，来华体验、感受和交流现实的中国，加深对中国的认识和了解，增进中国和各国人民之间的友谊②。经过16年的积累提升，该活动已经成为海外中国文化中心全球联动品牌活动，受到国内外民众的广泛关注和好评。目前，"海外中国文化中心优秀学员访华"活动已经成功举办15届，共有数百名学员来到中国进行深度的文化交流。表3-5是近五年海外中国文化中心优秀学员访华活动的情况。

表3-5 近五年"海外中国文化中心优秀学员访华"活动情况

年份	人数	团组构成	主要活动
2015	近60	毛里求斯、开罗、巴黎、柏林、首尔等16个海外中国文化中心	访问北京和河北吴桥，并分赴辽宁、黑龙江、湖北、云南、四川、广东、青海等15个省区市进行文化交流
2016	46	开罗、巴黎、柏林、悉尼、毛里求斯等18个海外中国文化中心	在老舍茶馆体验书写春联、编织中国结和捏泥人等传统的老北京技艺，欣赏大碗茶表演、皮影戏、杂技以及变脸等传统中国绝活；"汤莎小剧本"排练

① 郭镇之,李梅.公众外交与文化交流:海外中国文化中心的发展趋势[J].对外传播,2018(2):47-49.
② 周玮.文化和旅游部启动:2018文化中国行——海外中国文化中心优秀学员团访华计划[EB/OL].(2018-08-20)[2019-10-10].http://www.xinhuanet.com//politics/2018-08/20/c_129936523.htm.

续表

年份	人数	团组构成	主要活动
2017	65	莫斯科、新西兰、海牙、曼谷、马德里、墨西哥、悉尼、巴基斯坦等23个海外中国文化中心	观赏梨园京剧表演，参加京剧知识讲座，游览慕田峪长城、鸟巢、水立方，体验香囊制作、青花瓷绘制等非遗文化活动，在老舍茶馆参与老北京民俗手工艺制作
2018	48	巴黎、新西兰、老挝、曼谷、马德里、墨西哥等18个海外中国文化中心	参加"一带一路"相关讲座，体验草木染布、宋代点茶等非遗活动，参观故宫博物院等具有代表性的公共文化机构
2019	76	首尔、老挝、尼泊尔、新加坡、东京、曼谷、马德里、马耳他、海牙、尼日利亚、贝宁、坦桑尼亚、墨西哥、新西兰等23个海外中国文化中心	参观北京世界园艺博览会，游览长城和故宫，走访中新天津生态城·国家动漫产业园和滨海新区文化中心等；来访学员将在长城参与快闪活动，共同歌唱"我和我的祖国"，将展出学员们的40幅书画摄影作品及学员们在各海外中国文化中心学习汉语、舞蹈、武术和书画的成果

注：笔者通过与文化和旅游部国际交流与合作局相关处室、中外文化交流中心等部门工作人员访谈，并结合文献资料整理得到本表内容。

分析表3-5可见，海外中国文化中心优秀学员访华团的规模在近五年来基本稳定，每个参与访华团的中心平均分配有3—4个名额，且每年均有超过一半以上的中心可以参与到访华活动中，已初具规模效应，也反映出我国对海外中国文化中心建设，尤其是促进世界人民文化交流的重视及决心。

研究表明，学员访华团交流活动聚焦4个特点：其一，参观我国具有代表性的公共文化机构和地标式景点，如故宫博物院、国家图书馆、"鸟巢"、长城等，使学员们身临其境观看在文化中心展览图片中看到的景观；其二，体验丰富多彩的非遗活动和传统文化技艺，如点茶、杂技、川剧变脸等，让学员们在文化中心观赏到中华民族丰富的传统文化表演；其三，参观我国现代公共文化体系建设与文旅产业发展的优秀案例，如国家动漫产业园、滨海新区文化中心等，意在展示我国文化的现代化发展和成效；其四，海外学员们的优秀作品进行展演，通过快闪、书画展等形式，给学员们以展示和互动的机会，提升其参与度和荣誉感。

"海外中国文化中心优秀学员访华"活动是海外中国文化中心讲好中

国故事的模式创新，突破了关注境外办活动、做宣传的思维定式，将朋友"请进来"，使得公共文化国际交流实现了双向同频共振的向好态势。

3.3.5　多样展现推广

21世纪信息时代的到来使得电视、广播、报纸、书刊、网络等媒体传播方式迅速向社会的各个领域延伸和覆盖，形成了现代社会的一种特殊环境——媒介环境，这使得现代人无一不处在媒介环境之中[①]。海外中国文化中心担负着传播中国文化的使命，它既处在媒介环境之中，本身又是一种媒介。面对信息爆炸的时代，要使人们留下印象并选择吸纳，就必须对媒介本身进行强化。近年来，海外中国文化中心逐渐意识到自我宣传的重要性，尝试通过拍摄专题片、打造地标式中心建筑等方式，提升世界对海外中国文化中心的关注度。

其一，主动展现。2015年，由文化部、中共北京市委宣传部、北京市文化局、北京电视台共同主办，北京电视台文艺节目中心拍摄了8集大型文化专题片《窗口·海外中国文化中心》，中央电视台据此剪辑出3集系列片，成为中华文化走出去的"国家品牌计划"[②]。摄制组选取了法国、德国、西班牙、俄罗斯、蒙古、马耳他、毛里求斯、埃及、韩国、日本、泰国11个国家的海外中国文化中心为主要拍摄地，采访并拍摄记录驻在国的政要、海内外文化学者和学员、我驻外使领馆人员、文化参赞等数百人，拍摄素材达1700多分钟，纪录片总时长160分钟[③]。

《窗口·海外中国文化中心》是首部对遍布五大洲的海外中国文化中心进行全景式系统展现的专题片，该片以海外人士知中国、爱文化的故事为主线，展现了中华文化"走出去"的历程与精彩，同时也呈现出海

---

① 郑永廷.论现代社会的社会动员［J］.中山大学学报（社会科学版），2000，40（2）:21-27.

② CCTV-4亚洲中文国际频道.窗口·海外中国文化中心（共三集，45分钟/集，2015年12月14日、15日、16日播放）［EB/OL］.［2019-10-15］. http://tv.cctv.com/2016/09/23/VIDARhMTbHl5HB268nk6M2p4160923.shtml.

③ 苗春.讲述外国人热爱中国的故事［N］.人民日报海外版，2015-11-23（7）.

外中国文化中心受到驻在国民众欢迎和喜爱的良好局面。例如专题片中讲述的埃及杂技家娜哈莱的故事，她从小被送到中国学习杂技，开罗中国海外文化中心的建立，仿佛让她对中国的一份情愫有了承载的平台，她几乎参加中心所有的活动，是铁杆粉丝。专题片还展现了许多既非华裔又非"中国通"的普通民众对中国文化中心的浓厚兴趣，例如在专题片中坚持担任翻译的韩国志愿者。应该说，这部专题片会让许多不够了解中国文化中心的海外民众借这一平台感知、了解中国文化，也会吸引那些尚未走进文化中心的海外民众有兴趣去亲身感受中华文化的魅力。正如专题片的导演在接受记者采访时所说的，"这部专题片在北京电视台播出后，引起海内外人士的关注和赞扬"①，这确实是一种直接、快速传播中华文化的方式。

其二，地标建筑。海外中国文化中心尝试通过打造地标式建筑来树立名片，塑造中国形象。比较有代表性的是曼谷中国文化中心。曼谷中国文化中心占地8222平方米，建筑面积约7900平方米，是目前规模最大的海外中国文化中心。建筑继承了中国经典的梁柱建构精神，并采纳了泰国殿宇的密檐形态语言，将中泰两国经典建筑文化内涵融为一体。曼谷中国文化中心地标建筑整体由两组建筑单元组成，错动连接"Z"形体块构成两个外部空间：一个外向型面向社会和民众的广场，一个内向型静谧的中国园林，通过内外空间不断地过渡与转化形成具有"东方时空"理念的场所。笔者在对曼谷中国文化中心主任顾洪兴进行访谈时，顾主任特别强调，"曼谷中国文化中心逐渐成为中外旅客的'网红打卡'地，许多学员是先被中心的地标建筑吸引进来的"。

其三，选址适配性。海外文化中心的选址与当地文化、民俗的适配性尤为重要。曼谷中国文化中心的选址颇为巧妙，毗邻泰国文化中心和泰中文化艺术交流中心（见图3-3），三所文化中心鼎立，形成了聚集效应。从泰国文化中心的布局和功能来看，其类似于我国的文化馆，有图书室、语言学习室、多媒体室、会客室等功能分区。笔者对泰国文化中心的负责人桑迪（Sandy）访谈时了解到，曼谷中国文化中心和泰国

---

① 苗春.讲述外国人热爱中国的故事[N].人民日报海外版,2015-11-23(7).

文化中心常有业务合作，联合举办活动。中国有一条古自有之的经营之道，"同行密集客自来"，曼谷中国文化中心的选址也在无形中为自己营销造势。

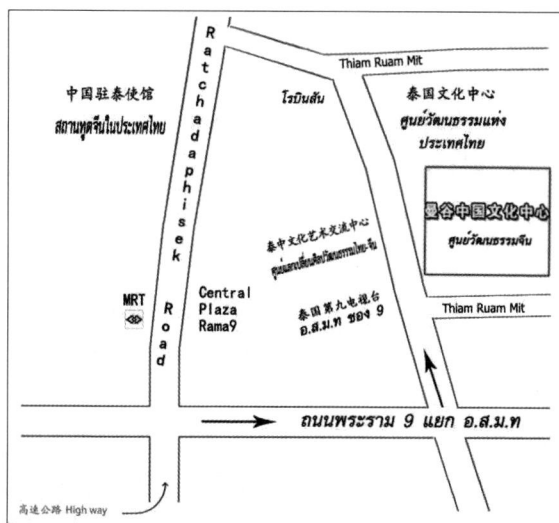

图3-3 曼谷中国文化中心地理位置示意图

来源：曼谷中国文化中心［EB/OL］.［2019-10-14］. http://www.cccbangkok.org/zh_cn/article/detail?id=1510221120009761.

再如，莫斯科中国文化中心分部——中共六大会址常设展览馆，由于其特殊的历史意义，也使得莫斯科中国文化中心受到中外民众的格外关注。中共六大是中共历史上唯一一次在境外召开的全国代表大会，2016年7月，中共六大会场永久性展厅竣工，许多珍贵资料，包括六大通过的政治决议以及关于军事、组织、苏维埃政权、农民等问题的决议等，第一次在其召开地点被集中展示，中共六大会址常设展览馆已成为重要的海外红色旅游基地和爱国主义教育基地，开放不到一年时间，已接待中俄两国游客共计5223人、团体222个，讲解215场，其中，前来参观的俄罗斯游客人数不断增加[1]。

---

① 华迪.中共六大会址展览馆馆长：中俄友谊的种子已落地生根［EB/OL］.（2017-05-13）［2019-10-11］. http://world.people.com.cn/n1/2017/0513/c1002-29273034.html.

3.4 海外中国文化中心与相关驻外机构融合发展探索及国际经验借鉴

中共中央办公厅、国务院办公厅印发的《关于实施中华优秀传统文化传承发展工程的意见》指出，"充分运用海外中国文化中心、孔子学院，文化节展、文物展览、博览会、旅游推介和各类品牌活动，助推中华优秀传统文化的国际传播……依托我国驻外机构、中资企业、与我友好合作机构等，讲好中国故事、传播好中国声音、阐释好中国特色、展示好中国形象"①。中央全面深化改革领导小组审议通过《关于进一步加强和改进中华文化走出去工作的指导意见》，强调"要坚定'四个自信'，加强顶层设计和统筹协调，创新内容形式和体制机制，拓展渠道平台，创新方法手段，向世界阐释更多具有中国特色、体现中国精神、蕴藏中国智慧的优秀文化，提高国家软实力"。可以看到党和国家对于加强中华文化"走出去"渠道平台建设的高度重视，尤其强调对这些平台的科学、合理、统筹利用。

孔子学院、驻外旅游办事处、乡愁书院等相关驻外机构和海外中国文化中心一样，都肩负着传播中华文化的使命。因此，研究此类驻外机构和海外中国文化中心的相互关系及融合发展是公共文化国际合作与交流走深走实的关键所在，是助推中外文化交流互鉴的迫切需要，也是服务于提高国家软实力战略的必然选择。

3.4.1 海外中国文化中心与孔子学院

3.4.1.1 文化传播和语言表达的并行困境

孔子学院是当代中国"走出去"的文化符号，是世界认识中国的重

---

① 中华人民共和国国务院新闻办公室. 中共中央办公厅 国务院办公厅印发《关于实施中华优秀传统文化传承发展工程的意见》[EB/OL].（2017-01-25）[2019-10-09]. http://www.scio.gov.cn/xwfbh/xwbfbh/wqfbh/39595/40355/xgzc40361/Document/1653913/1653913.htm.

要窗口。从2004年全球第一家孔子学院在韩国首尔成立以来，孔子学院发展迅速，国际影响力日渐增强，截至2019年12月底，全球已有162个国家（地区）设立了545所孔子学院和1170个孔子课堂[①]，十几年间孔子学院经历了跨越式的发展。孔子学院的主要功能是汉语教学和文化传播。长期以来，孔子学院在承担汉语国际推广的同时，发挥语言文化的情感纽带作用，积极弘扬中华优秀传统文化，"润物无声"地说好中国故事、传播好中国声音。孔子学院通过与海外民众的平等沟通与交流互动，在维护良好的大国形象、拓展公共外交等方面做出了积极贡献。资料显示，2015年至2017年全球新增孔子学院仅50所，可见近年来新建孔子学院的速度明显放缓。2018年1月23日，中央全面深化改革领导小组第二次会议审议通过了《关于推进孔子学院改革发展的指导意见》，体现出新时代党中央对孔子学院深化改革创新的要求，国家对孔子学院的发展定位已经从规模的提高转移为质量的提升，明确提升质量才是实现其可持续发展的关键。

　　海外中国文化中心与孔子学院在快速发展的同时也遇到了发展瓶颈，目前，双方均存在文化资源整合不足、文化交流形式不够丰富、功能交叉但特色不明显等问题。同为驻外文化传播机构的它们在新时代肩负着同样的使命，那就是致力于弘扬汉语与中华优秀传统文化，提高国家软实力；传播并践行"构建人类命运共同体"思想，推动构筑周边命运共同体，建设和谐世界。因此，如何使海外中国文化中心与孔子学院发挥优势，同向发力，共同发展，以担负起新时代公共文化国际合作与交流的新使命，这一命题亟待破解。

3.4.1.2 法国经验——以法语为基石的网络化推广

　　法国是将文化传播和语言表达完美融合的典范。用文化的辉煌投射国家的威望一直是法国的特征，而法语则是法国文化外交的基石。法语曾经是头号国际语言和外交语言，是法兰西民族的骄傲。两次世界大战

---

　　① 孔子学院总部/国家汉办. 关于孔子学院/课堂［EB/OL］.［2019-12-31］. http://www.hanban.org/confuciousinstitutes/node_10961.htm.

后，法语伴随着法国国际地位的下降而衰落，虽继续保持着国际通用语言的身份，但其使用者和使用范围都逐步减少。语言的衰败折射着国力的减退，因此，法国人认为，振兴法国需从复兴法语做起。法语在法兰西民族的形成过程中发挥过重要作用，是法兰西共和国的认同符号。语言是文化的载体和交流的工具，是最好的黏合剂，所以法国人认为，讲法语者必然容易认同法国的文化和思想观念、认同法国，从而有助于提高法国的国际影响力①。

法国建有庞大的对外文化宣传网络，该网络由两部分组成：一是法语教学网络，二是文化宣传网络。法语教学网络主要由法语联盟组成。法语联盟自1883年成立以来，一直是法国文化外交的基石"推广法语"的主要执行机构，是法国海外法语教学的主力军。其总部设在巴黎，在外交部的大力资助下，目前在140个左右的国家和地区建有1000余所分校，形成了一个遍布全球的、庞大的法语教育网。法语联盟一直致力于在更多的国家和地区建立更多的分校。文化宣传网络由法国文化中心和文化学院构成，这两种机构除去名称的不同外，几乎没有差别，文化中心的历史更久远一些，在行政上与法语联盟一样，均隶属外交部，但是拥有财政自主权。假如将法语联盟比作法国文化外交的左手，那法国文化中心和法国学院则是其右手，是法国文化海外推广的标志性组织，是法国文化外交政策的重要实施机构，也是一个综合性的文化传播机构。截至2018年，法国在全球约100个国家和地区建有98所文化中心和学院，其中近一半在欧洲，其次是非洲，亚洲和美洲最少。这个庞大的文化宣传网络的主要任务是推广促进法国文化，推广影视、图书，还包括法国思想文化以及先进科技，也包括对法语事业的支持，它被视作法国软实力的核心体现，是法国的"橱窗"，使命是展示法国形象。

法语联盟和法国文化中心/学院的协同发展关系，体现在二者共同遵循"法语是法国文化推广基石"的核心理念，既相互扶持，又有各自发展的主战场。在尚未设立法国文化中心/学院而有法语联盟的国家，

---

① 彭姝祎.试论法国的文化外交[J].欧洲研究,2009(4):107-122.

由法语联盟代行文化中心/学院的职能①。而在二者均有的国家，文化中心/学院更多地与所在国文化机构以及国际组织联合开展活动，加强与欧洲同质文化机构的战略合作也已成为文化中心的重要工作方向，继2011年10月18日与德国歌德学院签订合作协议之后，2012年4月12日，法国文化学院与英国文化协会也通过签订合作协议方式结盟，实现"强强联手"；法语联盟则更倾向于与所在国大学、企业和地方政府间开展交流与合作。

为使双方的影响力都得到进一步提升，文化中心和法语联盟还会开设在一起，例如北京法国文化中心和北京法语联盟，文化中心的一层设置有图书馆、虚拟博物馆、放映厅、休闲空间等区域，二层则为法语联盟区域，分为咨询台、办公区和教学区；一层对外开放，二层需持法语联盟学员证进入。笔者通过对北京法语联盟工作人员的访谈了解到，"在北京语言大学还有一个法语联盟，不过两个法语联盟面向的群体不同，北京语言大学的法语联盟主要面向的是热爱法语的大学生群体，而这里的法语联盟主要为法国文化爱好者及在华法籍人员子女提供服务，许多学员是被楼下（文化中心）图书馆、博物馆吸引后，想要学习法语从而更好地了解法国文化"。由此可以看到，法国文化中心/学院和法语联盟的发展模式取得了互惠互利、优势互补的"双赢"效果。

3.4.2 海外中国文化中心与驻外旅游办事处

3.4.2.1 文化交流和旅游推介的同轨挑战

伴随党和国家行政机构改革任务的完成，深化文旅融合成为新时代文旅事业发展的重点任务，也成为海外中国文化中心建设的新命题。原国家旅游局为开展国家旅游形象宣传，推动入境旅游发展，截至2019年底，已在中央财政旅游发展基金的支持下，在全球18个国家（地区）先后设立了21个驻外旅游办事处，专门负责拓展入境旅游市场。海外文化中心

① 彭姝祎.试论法国的文化外交[J].欧洲研究,2009（4）:107-122.

和驻外旅游办事处作为原先文化部和旅游局架构未合并时各自设立的驻外机构，都服务于国家"走出去"战略，加之公共文化服务和旅游公共服务在基础设施、公共信息服务、全域旅游环境中的文体活动等方面有相互借力、融合发展、互促共赢的空间[①]，因此，海外中国文化中心和驻外旅游办事处的统筹合作成为文旅融合全球行动的重点任务之一。目前海外中国文化中心和驻外旅游办事处的融合主要在两个方面开展：

一是文化中心开展旅游公共信息服务。尽管一些文化中心在成立之初便学习、借鉴国际经验，提供了旅游指南性信息服务，但总体来看仍处于初步的、零星的、偶发的状态。

二是合作开展活动。例如2019年"中国旅游文化周"全球联动活动就是海外中国文化中心和旅游办事处的首次合作，虽然活动举办得较为成功，产生了较大影响，但其未来的发展形势不容乐观。古老的中国故事、传统的中国文化固然引人入胜，但是随着时代的发展，世界人民更迫切地想要了解当代中国的面貌，欣赏富有当代气息的艺术创作，体验最新的文化科技应用。中外文化交流中心、文化和旅游部海外文化设施建设管理中心主任段周武认为，"海外中国文化中心目前普遍存在的问题是文化科技的应用跟不上，不是没有技术，而是不知用在哪里，这导致我们展现中国的形式单一，无法保持长久持续的吸引力，我们需要改变、需要转型升级"[②]。

因此，海外中国文化中心与驻外旅游办事处的融合发展仅走传统文化展演的老路子可能无法真正发挥其作为宣传、推介文化和旅游海外前哨的价值，如何通过互联网技术使公共文化服务和旅游公共服务深度地结合在一起，如何使旅游公共服务在海外文化中心全面铺开、深入发展，逐步上升到常态化、制度化合作，这是需要我们进一步思考和学习的。

---

① 李国新,李阳. 文化和旅游公共服务融合发展的思考[J]. 图书馆杂志,2019,38（10）:29-33.

② 笔者于2019年11月22日对段周武主任访谈时所记录。

3.4.2.2　韩国经验——新媒体技术打造沉浸式体验

韩国文化体育观光部（Ministry of Culture，Sport and Tourism）是韩国中央政府主管文化、体育和旅游的行政机构。其宗旨是通过文化、体育和旅游的普及、发展，促进国民幸福，主要目标与职责是传播文化艺术，发展体育、观光事业。1998年韩国中央政府的文化部和旅游部就合并在一起，文旅融合已经发展了20多年。加之韩国流行文化从20世纪90年代初开始在亚洲风靡，催生出了兴旺的韩国旅游市场[①]。韩国设立的海外文化中心称为"韩国文化院"，隶属于韩国文化体育观光部，致力于通过宣传韩国艺术、文化遗产、体育和流行文化来塑造韩国国家形象，提升韩国文化影响力。韩国文化院是一个集公共文化服务、文化产业、旅游公共服务于一体的综合性平台，以驻华韩国文化院为例，充分体现了"宜融则融、能融尽融"的文旅公共服务融合发展特征。

具体来说，驻华韩国文化院的一层设有文化旅游体验区、韩屋体验区、韩服展示区、韩国文化产业展示区等多个体验空间。以文化旅游体验区为例，其内放置一台多媒体触摸屏，观众可以与屏幕上显示的韩国EXO流行团体或其他韩国明星实现AR互动拍照，还可以通过VR影像欣赏韩国实景。在文旅体验区旁边，便是旅游咨询服务台和韩屋、韩服体验区。文化院体验区的设计利用新媒体技术和韩国传统文化、流行文化等多种元素，调动起观众参与体验的积极性，并将这种可能转瞬即逝的兴趣立刻转化为便捷的咨询服务，进一步吸引观众了解韩国文化并赴韩旅游。此外，"体验"不只在韩国文化院的一层，还渗透在了文化院的每一个环节之中。比如在文化院的培训教室四周摆设有韩国的传统食品和传统酒，还展示了富有韩国特色的文创产品。这使得学员们一进到教室就身处浓厚的韩国文化氛围之中，激发了学习兴趣，提升了学习体验。

笔者在对驻华韩国文化院工作人员访谈时了解到，从驻华文化院2007年成立至今，已相继举办了800余场演出和展览活动，接待了94万余名中国的韩文化爱好者，目前正在火热进行的韩国语及韩国文化课程，学员

---

① 韩德睿.韩国对中国的公共外交战略研究［D］.长春：吉林大学,2017:22.

数也已突破了2.4万名。许多中国民众赴韩前会先来到文化院了解签证办理、景点介绍、人文历史等旅游信息。应该说，韩国文化院在宣传韩国文化和加强旅游交流等方面发挥了积极的作用。

3.4.3　海外中国文化中心与乡愁书院

3.4.3.1　官民并举渠道有待打通

2017年11月9日，由云南出版集团创办的"中华乡愁书院"在老挝首都万象正式揭牌，这是中国文化企业在境外创办的首家"中华乡愁书院"，截至2019年底，先后有6家书院在泰国、老挝、缅甸顺利建成运营。乡愁书院的开办为传统村落、建筑和非物质文化遗产提供文化寻根的精神家园和场所，把文化的根融入当地人的血液，以中文图书为载体，以文化为灵魂，以乡愁为连接，以服务为根本，积极弘扬中华优秀传统文化。乡愁书院不只是一家书店，其公共文化的属性更为强烈，是文化沟通的桥梁，通过不定期举办书画展、艺术展、工艺品展以及旅游、游学、饮食文化等多层次、高品质、广泛的文化交流活动，把书院变成连接海外华人华侨"乡愁"的纽带。

其实，乡愁书院是另一种形式的海外中国文化中心，是一种非官方的驻外文化机构，但同样也发挥着促进文化传播、巩固中华文化"走出去"的重要作用。从某种意义上来说，非官方的文化机构比官方文化机构的政治色彩更淡，更容易接近外国民众内心，被人们所接受。因此，海外中国文化中心与乡愁书院的合作是非常必要的，结合政府与社会力量，一方面使得政府主导的公共外交行为能够以一种高"可信度"的形式出现在他国，另一方面也使得民间主导的文化传播行为能够以一种高"规格"的形态提升品质与影响力。

3.4.3.2　美国经验——形散而神不散

美国海外文化中心的设立形式不一却又不失管理规范。美国空间是美国各类型海外文化中心的总称，具体形式根据驻在国的特点决定，包括美国中心（American Center）、美国角（American Corner）、双语中心（Binational Centers）和信息资源中心（Information Resource Center），是美国联系各国民众、普及英语、培育友好关系、维护美国形象的重要渠道，堪称美国全球公共外交的前哨[①]。截至2017年底，美国已在全球141个国家设立了659个美国空间（包括美国中心105个、美国角443个、双语中心111个），2017年美国空间的访问量超过5800万人，比上一年度增加了32%，举办大小活动近254万场次，参加活动的人数超过4300万人，比上一年度增加了105%，美国空间的总预算达1722万美元[②]。以上数据反映了一个事实，就是美国空间的规模极其庞大。那么659个美国空间在不到百年的时间内是如何在全球建立起来的，一年254万场次的活动又是如何开展起来的，美国政府如何管理数量众多的美国空间，这些问题均离不开美国空间的设立方式。美国空间的每种形式都有其适用性：

（1）美国中心：一个综合性的文化交流平台，针对普通民众，设在美国使领馆之外。工作人员由美使领馆工作人员组成，受使领馆公共事务官员的领导。美国中心的功能主要包括资料阅读、教育交流、文化活动三大方面。以设在北京的美国中心为例，该中心由美国驻华大使馆新闻文化处负责，提供丰富多样的公共文化服务。学习资源中心（LaRC）拥有完整的关于美国历史、当代政治、社会、外交政策、法律方面的书籍和《外交事务》《经济学家》《连线》等报纸、学术期刊和流行杂志[③]。图3-4是北京美国中心2019年10月间举办的讲座活动，免费对公众开放，讲座学术性较强，主题覆盖美国历史、政治、商业管理、经济、国际关系、教育等多个方面。

---

① 阮耀华.海外中国文化中心运行模式、困境与发展对策研究[D].北京:对外经济贸易大学,2015:15.

② The Office of American Spaces. 2017 annual report[R/OL]. [2019-10-14]. https://americanspaces.state.gov/wp-content/uploads/sites/292/2017-AS-Annual-Report.pdf.

③ 北京美国中心.我们提供什么？ [EB/OL].[2019-10-15]. https://china.usembassy-china.org.cn/zh/education-culture-zh/beijing-american-center-zh/.

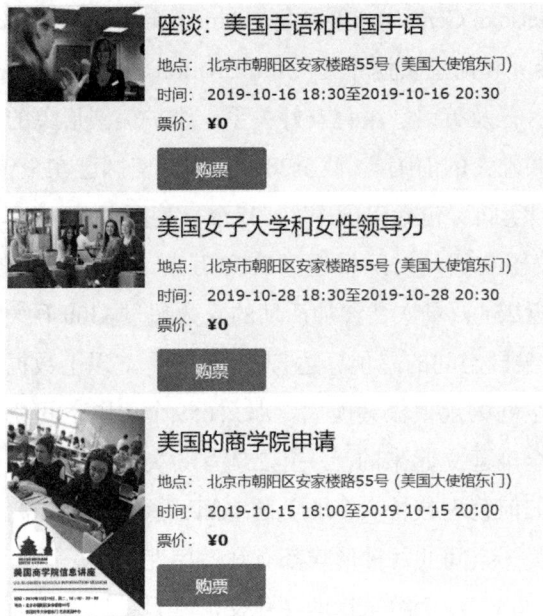

座谈：美国手语和中国手语
地点： 北京市朝阳区安家楼路55号（美国大使馆东门）
时间： 2019-10-16 18:30至2019-10-16 20:30
票价： ¥0
购票

美国女子大学和女性领导力
地点： 北京市朝阳区安家楼路55号（美国大使馆东门）
时间： 2019-10-28 18:30至2019-10-28 20:30
票价： ¥0
购票

美国的商学院申请
地点： 北京市朝阳区安家楼路55号（美国大使馆东门）
时间： 2019-10-15 18:00至2019-10-15 20:00
票价： ¥0
购票

图3-4　北京美国中心举办的讲座活动示例

来源：北京美国中心活动预约平台［EB/OL］.［2019-10-17］. http://www.wanshe.cn/ide_eventlist?org_id=71041&cityid=0&theaterid=0&startdate=&enddate.

（2）美国角：最普遍的美国空间形式，是一种由美国与驻在国当地机构（当地政府、公共图书馆、大学、当地企业、非政府组织等）合办的、以小型图书馆为主要活动方式的文化交流平台，主要功能为图书资料陈列，主要设在美国使领馆所在地之外的城市。美国国务院提供资料、培训、技术和项目方面的支持，驻在国合作伙伴负责提供场地、工作人员及日常管理等。美国角与美国中心有一定的相似性，但其机构规模更小、服务范围有限。美国角的独特之处在于其主办方为驻在国机构，这使得美国可以在有安全环境制约或者预算资金不足、难以建设大型文化中心的地方开展文化交流、保持影响，且基本不必承担相应的管理费用和安全成本，因此大大降低了花费①。在美国问责局的报告中提到，每建设一个美国角大约仅

———————

① 郭重阳.美国海外公共外交平台研究［D］.长春：东北师范大学,2013:9.

花费5万美元，而每年每个美国角的维持费用大约只在1万美元左右①。

（3）双语中心：定位于语言技能培训的私营机构，管理自治，自负盈亏，在驻在国开展的英语培训收入是其主要经济来源，主要设在与美国有深厚历史文化渊源的拉丁美洲。虽然工作重点是英语教学，但双语中心所从事的活动并不单一，其内也设有图书馆、文化活动场所等功能区。

（4）信息资源中心：向驻在国民众提供一系列新闻报道、刊物等，增强民众对美国政策的理解。信息资源中心由一部分美国中心转化、更名而来，大多数在领事馆之中，作为公共事务部门的一部分，不对外开放。

通过对各个类型美国空间的梳理可以发现，美国空间的设立方式基本分为两种：美国单方面设立（美国中心和信息资源中心）、美国与驻在国机构合作设立（美国角和双语中心），后者占比更大，且不受限于外交关系，在全球任何一个国家或地区都可设立，尤其是美国角，由于成本低、效果好，成为美国国务院青睐的对外文化交流平台。这样的设立方式一方面大大减轻了美国政府建设、管理海外文化中心的压力，另一方面也开拓了海外文化中心的发展空间。另外，尽管美国中心数量众多、形式不一，但是美国空间办公室设立有项目实施、管理、综合质量标准等一系列规章制度并开展定期评估，从而确保各类美国空间的顺利运营。

3.4.4 融合提升策略

党的十八大以来，党和国家把融合发展的思想提升到新高度，做出了一系列重大决策。"四个全面"战略布局是融合发展的纲领，"五位一体"总体布局是融合发展的任务。思想引领行动，海外中国文化中心与其他相关各驻外机构搭建起了公共文化国际合作与交流的平台，架起了中国与世界沟通的桥梁，增进了驻在国民众对中国的认识和理解。尽管各驻外机构在扩大对外文化交流、推动中华文化走向世界的过程中发挥着积极的引领

---

① Office USGA. Engaging foreign audiences: assessment of public diplomacy platforms could help improve state department plans to expand engagement[J]. Government Accountability Office Reports, 2010, 82（6）: 15-20.

和推动作用，但是截至目前，由于体制机制所限，尚不能统筹规划、统筹调配、统筹资源，致使出现公共文化资源共享渠道不尽畅通、交流效率不高等问题。由此，为更好地实现中华文化"走出去"的战略目标，本书提出海外中国文化中心与其他各相关驻外机构融合发展是解决上述问题的有效途径，通过深度融合，形成合力，产生凝聚力，汇聚向心力。

本书提出海外中国文化中心与相关驻外机构融合发展的"两步走"策略：

第一步，连点成面，将同一驻在国的海外中国文化中心与孔子学院、驻外旅游办事处、乡愁书院等各驻外相关机构的点资源整合形成面资源。

第二步，接面成体，将世界各地的海外中国文化中心与孔子学院、驻外旅游办事处、乡愁书院等各驻外相关机构的面资源整合形成体资源。

在实施"两步走"过程中，驻外各文化相关机构的融合发展要从体系融合、资源融合、优势融合、示范融合等方面做出努力。

其一，重视体系融合。要从重视"个体"建设转向更加重视"体系"建设，体系是由多要素、多环节、多侧面、多层次、多主体等构成，努力使政府和社会力量的资源、技术、市场、场地、平台、管理等要素实现融合。

其二，挖掘资源融合。面对各驻外机构资源"不平衡""不充分"问题，只靠自己解决不了，驻外机构融合发展的核心问题就是要转变各自发展的局面。应妥善处理各类主体发展过程中产生的矛盾，实现资源的合理配置。

其三，发挥优势融合。各驻外机构要发挥各自特色资源、场地资源等优势，做到既资源共享，避免重复建设、资源浪费的现象，同时也要统筹布局，各有侧重，集中精力彰显特色元素，培育及打造公共文化国际合作与交流品牌。

其四，利用示范融合。各驻外机构经过长期实践探索，积累了较丰富的经验，应在借鉴国际经验的基础上，结合国情，积极开展驻外机构间的相互学习，全方位提升我国公共文化国际合作与交流水平，把继承优秀传统文化又弘扬时代精神、立足本国又面向世界的当代中国文化创新成果传播出去，构建文化交融的命运共同体。

4 国际性文化交流节事中的公共文化国际合作与交流实践

　　本章以国际性文化交流节事为观察视角切入对公共文化国际合作与交流的研究。国际性文化交流节事可追溯到20世纪30年代，在美国经济大萧条背景下，当时的美国艺术家们面临经济困难，不得不改变传统的艺术销售模式，变被动为主动，自发组织艺术节，谋求新的出路[①]。而后，国际性文化交流节事因其"触媒"特点，吸引了世界关注，并带动了节事举办地的社会、经济和文化的快速发展，从而逐渐被众多国家和城市视为形象重塑和开展公共外交的平台。我国从20世纪80年代开启国际性文化交流节事的探索之路，初期，在文化部和国务院新闻办公室的统一组织下，开展了一系列国际性文化交流节事，很好地起到了通过国际文化活动让世界了解中国的作用。之后，随着我国改革开放的深入，特别是进入中国特色社会主义新时代后，伴随我国社会主要矛盾的转化，国际性文化交流节事的举办理念和发展轨迹也发生着变化，由之前的以文化外交推动政治外交的理念转变为传播中国文化、讲好中国故事的新理念；国际性交流节事的参与主体由之前的只有国家最高水平院团、国外政要和少数民众能够接触到的"高门槛"活动，转变为了广大国内外民众触手可及、广泛艺术门类共同绽放、广阔国家和地区齐参与的"亲民"节事。从这种意义上来说，国际性文化交流节事是公共文化国际合作与交流的一种实践，明确其概念，梳理其特征与类型，研究"触媒"原理在公共文化国际合作与交流中的应用，分析国际性文化交流节事影响公共文化国际交流的因素，并探索

---

　　① 叶智勇.美国艺术节运行机制研究［D］.西安:西安美术学院,2012:21-28.

国际性文化交流节事丰富公共文化国际交流的路径选择，对推进公共文化国际合作与交流具有理论与现实的双重意义。

4.1 "文化触媒"理论视野下的国际性文化交流节事

4.1.1 国际性文化交流节事的概念

唐纳德·盖茨（Donald Getz）在《事件管理和事件旅游》（*Event Management & Event Tourism*）一书中提出节事（Festival & Special Event）的概念：

> "节事"一词，是指短时发生的、一系列活动项目的总和。从其所处的上下关系来进行定义，即从组织者的角度，节事是个一次性的或很少发生的事件，不同于惯常的节目或赞助商和组织主体的活动；从消费者或客人的角度，节事是一个休闲、社会或文化经历的机会，不同于惯常范围的选择，并超出了日常经历。"节事"通常是能使主办方和举办地产生较高的旅游和媒体覆盖率、赢得良好声誉或产生经济影响的事件。①

盖茨对"节事"的定义基本体现了节事的诸多共性特征：一次性的或不经常发生的且具有一定期限、产生一定影响的事件。特拉维斯（A. Travis）和克鲁兹（J. Croize）的研究进一步细化了节事的特征：

> 吸引外地游客并推动举办地旅游业发展；具有一定的期限；一次性或不经常发生；提升举办地知名度、改善城市形象；对举办地社会

---

① GETZ D. Event management & event tourism[M]. New York: Cognizant Communication Corporation, 1997: 4-10.

经济产生影响；提供一次休闲和社交的机会。①

由于节事的领域广泛，宗教典礼、传统仪式、文艺表演、宴会、展览会、体育赛事等都属于"节事"的范畴②，所有不同类别节事也具有其个性特征。逻辑学中提出：给某一概念下定义就是揭示概念所反映对象的特点或本质的一种逻辑方法，即"被定义概念＝邻近属概念＋种差"③。就"国际性文化交流节事"而言，其邻近属概念即是一种"节事"，而"国际性"和"文化"便是其区别于同属其他节事的重要元素。

吉法德（C. A. Giffard）和文博格（N. K. Rivenburgh）认为"国际性节事"就是在一定时期内讲述自己国家的故事，它代表了该国在世界的国际形象以及别国民众对自己的认知，其中包括国家的"传统文化"和"社区文化"，还包括一个国家的过去、现在和未来（国家的"进步"、国家的"潜力"和"命运"），这种形象不只对于举办国的领导者和公民有影响，而且还会对其他国家的公众产生影响④。

墨菲特（J. Morphet）认为，举办国际性节事可以增进国家团结和民族自豪感，提高社会凝聚力，会使民众有更强的国家认同⑤。

西蒙（M. I. Simeon）和博宁康崔（P. Buonincontri）认为"文化节事"主要指以文化艺术活动为主题和核心内容的一系列活动所构成的大型事件。因其费用较低、灵活性高、风险小、潜在回报高等优势，被众多国家和城市作为寻求形象再生的工具和媒介⑥。

---

① TRAVIS A S, CROIZE J C. The role and impact of mega-events and attractions on tourism development in Europe: a micro perspective[C]// AIEST. Proceedings of the 37th congress of AIEST. St-Gall: AIEST, 1987: 59-78.

② GETZ D. Special events: defining the product[J]. Tourism Management, 1989, 10（2）: 125-137.

③ 何雪勤. 形式逻辑学［M］. 沈阳: 辽宁人民出版社, 1985: 34-35.

④ GIFFARD C A, RIVENBURGH N K. News agencies, national images, and global media events[J]. Journalism & Mass Communication Quarterly, 2000, 77（1）: 8-21.

⑤ MORPHET J. The real thing[J]. Town and Country Planning, 1996, 65（11）: 312-314.

⑥ SIMEON M I, BUONINCONTRI P. Cultural event as a territorial marketing tool: the case of the Ravello Festival on the Italian Amalfi Coast[J]. Journal of Hospitality Marketing & Management, 2011, 20（3-4）: 385-406.

通过上述对国际性文化交流节事邻近属概念和种差的分析，本书认为，"国际性文化交流节事"指的是：以文化艺术活动为主题与核心内容，一次性或不经常发生，有两个或以上国家参与的具有一定期限的集众性活动。它具有费用较低、灵活性高、风险小、潜在回报高等优势，不仅能够推动举办地文化事业和旅游经济的发展，并对举办地的社会、环境等诸多领域产生影响，还代表了举办地形象，极大地影响着其他国家公众对举办国的认知，具有增强文化认同的功能特征。

4.1.2　国际性文化交流节事的"文化触媒"理论分析

1989 年美国学者韦恩·奥图（Wayne Atton）和唐·洛干（Donn Logan）在《美国都市建筑——城市设计的触媒》（*Urban Architecture in the United States—a Catalyst Forurban Design*）一书中提出了"城市触媒"（Urban Catalysts）的概念：

> 满足特定条件的城市新要素可以构成"城市触媒"，通过积极有效的"触媒介质"相互作用力，激发并引导更多其他城市要素的发展，从而产生积极联动的"触媒效应"，最重要的是，该触媒并非单一的最终产品，而是一个可以刺激与引导后续开发的元素。[1]

触媒指的是促进事物变化的媒介，触媒效应即是对在事物变化过程中起到促进或媒介作用的元素所产生的效果。韦恩等人认为触媒介质具有以下基本特征：

（1）新元素是多元的，可能来自社会、经济、政治、文化等方面，是能够引起该区域现存要素积极响应的；

（2）引入城市触媒的目的是提升现存元素的价值，或使其产生积

---

[1]　韦恩·奥图,唐·洛干.美国都市建筑——城市设计的触媒[M].王劭方,译.台北:创兴出版社有限公司,1994:30-38.

极的转变，而不是摧毁或贬低旧元素；

（3）其催化反应是可控的，不会损害原有的城市环境内涵；

（4）触媒的选择是经过严格筛选的、深思熟虑的、因地制宜的；

（5）任何催化反应都不是事先预测好的，一种模式只能适用于一种情况；

（6）触媒设计是影响城市未来形态的战略性决策，不是简单干预，而是精心策划的结果；

（7）触媒反应的整体反应效果大于各部分反应效果之和；

（8）反应之后的触媒并没有被消耗掉，而是以其独特的个性存在，丰富城市内涵。①

基于"城市触媒"理论可以发现，触媒没有固定形式，可以是有形的物质形态，也可以是无形的意识要素。因此文化同样可以作为一种催化因子，用以传递和激发城市环境中的其他元素，从而促进城市的发展。而国际性文化交流节事因其具有的一次性、短时间、影响大等特征，可以说是一种优质的"文化触媒"。

实际上，国际性文化交流节事并不只是城市的"文化触媒"，它也是国家形象构建、软实力提升、社会文化和经济发展的"触媒"。特别是在当今信息时代，信息量的爆炸发展导致注意力的相对短缺，注意力也由此成为竞争的目标。举办国际性文化交流节事就成为吸引注意力的一个重要途径。

研究注意力的学者们认为，"随着信息发展，有价值的不是信息，而是注意力。在信息社会里，硬通货不再是美元，专注就是硬通货"②。耶鲁大学博士莱汉姆（R. A. Lanbam）在1994年发表的《注意力经济学》（"The Economics of Attention"）一文，是至今可以见到的最早探讨注意力经济问题的论文之一③。他在2006年出版的《注意力经济学：信息时代的

———————

① 韦恩·奥图,唐·洛干.美国都市建筑——城市设计的触媒[M].王劭方,译.台北:创兴出版社有限公司,1994:30-38.

② 贾芳华.信息意识与注意力经济[J].情报杂志,2002,21（1）:89-90.

③ 张雷.经济和传媒联姻:西方注意力经济学派及其理论贡献[J].当代传播,2008（1）:22-25.

形式与本质》(*The Economics of Attention: Style and Substance in the Age of Information*)一书中把现代艺术家称为"注意力经济家",特别是流行艺术家精于注意力资源的运作,他们的活动常常形成文化产业的注意力经济生态系统[①]。对莱汉姆所提出的观点进一步拓展,我们认为,注意力经济能对非物质世界的经济现象做出很好的解释,比如公众广泛参与的公共文化触发公众注意力,从而带动产业经济发展。

研究发现,国际性文化交流节事的触媒效应,可以体现在功能聚集与功能补益两个方面。触媒并不是国际性文化交流节事终极蓝图的描绘,其终极目标是利用文化交流吸引注意力,使触媒集群效应与联动特性得以发挥[②]。图4-1是国际性文化节事的触媒效应示意图。

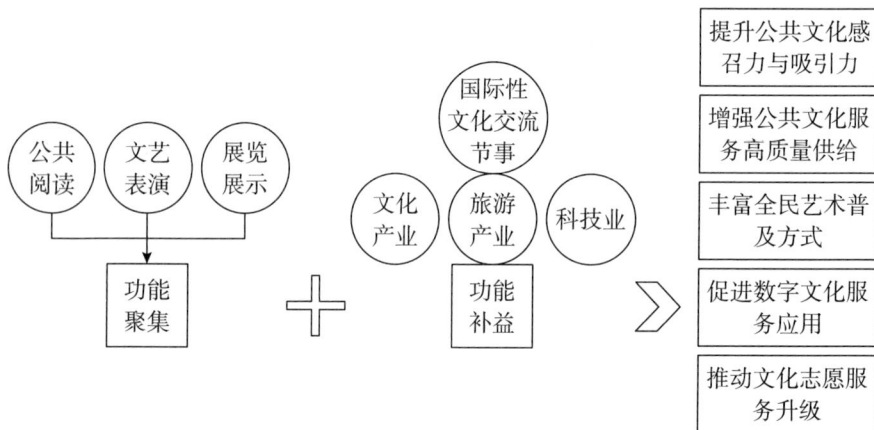

图4-1 国际性文化交流节事的触媒效应示意图

由图4-1可见,国际性文化交流节事通过功能聚集与功能补益,带动公共文化国际合作与交流的发展,推动国家文化软实力提升。功能聚集表现为国际性文化交流节事所聚集的公共文化资源借助国际性文化交流节事所带来的人气,共享注意力,提升整体竞争力;功能补益表现为国际性文

① LANHAM R A. The economics of attention: style and substance in the age of information[M]. Chicago: University of Chicago Press, 2006: 63-64.

② 郝赤彪,张景国. 文化触媒引导下的历史街区更新策略研究——以青岛影·巷电影博物馆设计为例[J]. 中国名城,2018(10):77-82.

化交流节事本身功能的复合化发展，及与其他触媒互为补充，以加强自身服务能力，同时激发城市活力。

4.2 我国公共文化领域的重要国际性文化交流节事

4.2.1 公共文化领域国际性文化交流节事的基本特征

国际性文化交流节事在公共文化领域的特征主要体现在"公共性"。阿伦特在阐释"公共"含义时指出：

> 它首先是指，凡是出现于公共场合的东西都能够为每个人所看见和听见，具有最广泛的公开性。对我们而言，表象——即不仅为我们自己，也为其他人所看见和听见的东西——构成了现实……第二，世界对我们来说是共同的，并与我们的私人地盘相区别。就此而言，"公共的"一词指的就是世界本身。①

也就是说，国际性文化交流节事本身就具有公共性，所有的国际性文化交流节事都可以看作是公共领域的。然而，限于研究篇幅与研究目标，不可能将每一个国际性文化交流节事都纳入其中，那么我国语境中的"公共文化"内涵便是本书筛选节事样本的依据。文化的公共性非常明显，公共文化领域的国际性文化交流节事首先要具备基本性、包容性、普惠性和共享性。虽然"国际性"决定了不是所有人都能参与其中，但是涉及范围较广、影响面较大、与人民群众接触密切的国际性文化交流节事便可以看作是公共文化领域的。由于公共文化不是对文化类型、文化样态、文化形式加以区分的结果，公共文化领域的节事便也不存在特定的类型、样态、形式，并非弘扬传统文化的节事就是公共文化领域的，反映当代艺术的节事就不是，考量的标准还是人民群众在日常生活中对文化的需求以及可及

---

① 汪晖,陈燕谷.文化与公共性[M].北京:三联书店,1998:81-83.

性和参与性。近年来我国举办的各类国际性文化交流节事在不断提升国际
影响的同时，注重文化惠民，有效服务于公共文化建设，成为当地民众参
与共享的文化盛会。

4.2.2　主要类型与发展现状

4.2.2.1　欢乐春节活动

春节是中华民族最隆重、时间延续最长、影响最大、参与度最高的
民俗节日，承载着丰富的文化内涵。随着海外华人群体规模的不断扩大，
春节也渐渐走出了中国，其知名度与影响力亦随着中国的高速发展与全
球文化交流的日渐深入而不断提高。2001年，时任文化部对外文化联络
局局长丁伟（现任文化和旅游部副部长）提出将春节办到海外去，力图
将春节"建成宣传中国和传统中华文化的新载体和品牌"[①]，同时中央多
个涉及对外交流的部委部门（如国侨办、外交部、商业部、教育部等）
也纷纷在海外举办春节活动。2009年，文化部根据中央指示精神，"加
强统筹协调、整合资源，合力办好春节品牌建设"，将所有海外（有政府
部门参与）举办的春节活动统一命名为"欢乐春节"活动，并联合各有
关部委，建立3个跨部门对外文化交流工作协调机制和1个"部直"协调
机制——对外文化工作部际联席会议制度、国内国外沟通协调机制、文
化部与地方文化外事工作协调机制、文化部机关与直属单位对外文化工
作统筹协调机制[②]。2010年，首届欢乐春节活动在全球范围内开展，产生
了重大影响。由此，海外"欢乐春节"活动成为中国传统节日向世界性
节日进阶的重要推动力。

"欢乐春节"以"与各国人民共度农历春节、共享中华文化、共建和
谐世界"为目标，十年间，从2010年在全球42个国家和地区的76个城市

[①]　沫沫.欢乐春节乐天涯——侧写2011"欢乐春节"系列文化活动[J].中外文化
交流,2011(4):4-11.

[②]　阎晓丹."欢乐春节"对中国文化软实力提升的作用与路径研究[D].北京:中国
戏曲学院,2015:38.

举办65项活动，到2019年在全球133个国家和地区的396个城市举办1500余项活动，无论是全球覆盖的国家（地区）和城市范围还是开展的项目数量，都取得了明显进展（见图4-2）。

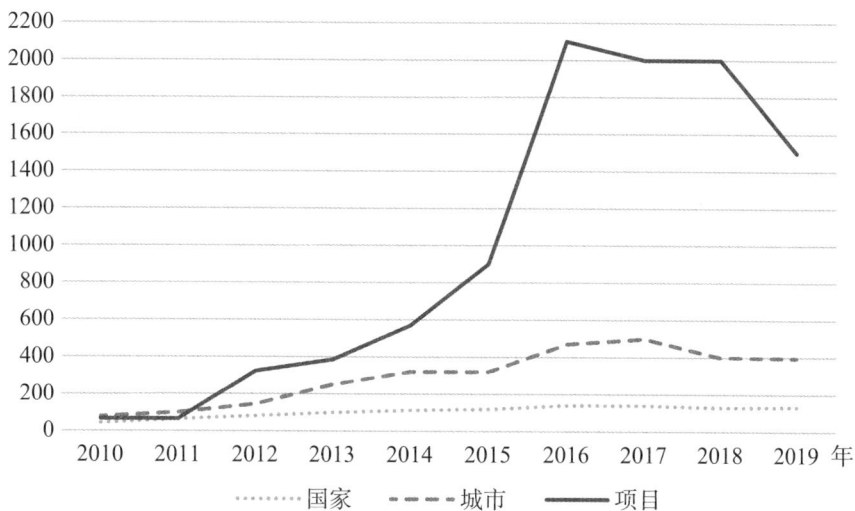

图4-2　2010—2019年"欢乐春节"发展趋势图

来源：笔者根据2011—2018年《文化发展统计公报》及相关新闻报道整理绘制。

　　每年的"欢乐春节"囊括了专场演出、春节庙会、广场庆典、非遗互动、校园联欢、文贸推介、美食品鉴、讲座论坛、冰雪龙舟、艺术展览等多种交流形式，根据不同国家和地区的情况，将中国风情与当地文化相结合，呈现出丰富多彩的样式。"欢乐春节"活动不但吸引多国政要拜年祝贺和现场助阵，更激发和调动了数以亿计各国民众极大的参与热情，2017年"欢乐春节"活动的海外受众超过2.8亿人次[①]。从局部来看，在美国史密森学会美国艺术博物馆举办的"中国新年家庭日"活动，观众总数达到了7000人，而博物馆正常活动的日常接待量一般也就是2000人[②]，这一数据对比也充分表明了海外民众对"欢乐春节"活动的期待。中国外文局对外传播研究中心在2016年组织实施的春节文化"走出去"全球调查显示，

---

① 韩业庭."欢乐春节"海外受众破2.8亿人次［N］.光明日报,2017-02-15（1）.

② 汤先营.欢乐春节悦动美国［N］.光明日报,2018-02-23（12）.

海外民众对中国春节的认知程度达到了58%的新高，"欢乐春节"成为认知度最高的国际性文化交流节事①。

春节在全球的影响力实际上经历了"高开低走——低开高走"的过程。长期以来东亚、东南亚文化圈曾或多或少受到中华文化影响，将春节当作自己的节日庆贺；这个传统随着近代西方文化、经济和军事的强势被一些国家以各种理由抛弃或淡化，如今又因中国国际地位的回升和各国对中国文化的认同而再度兴起②。在全球很多地方，春节已成为本土化的节日，如文莱（初一放假）、菲律宾（初一放假）、马来西亚、新加坡（放假两天）、印尼（放假一天）；加拿大根据华裔联邦国会议员谭耕的提议，将每年农历正月初一至十五命名为"春节"，认同并鼓励全国范围内各社区在此期间举行各类庆祝活动，并"以此表彰亚裔对加拿大社会的巨大贡献"③；美国纽约州州长签署了纽约市公立学校放农历新年假的法案，纽约州众议院在2015年2月通过了该法案，这使得纽约州成为美国第一个将"春节"定为学校法定假日的州④。中国春节文化在全球的盛行，表明了海外对中华优秀传统文化价值的认可度在逐渐提高，国家软实力和国际地位有了明显提升。

4.2.2.2　中国文化年

"中国文化年"是一种服务于国家整体战略、大众广泛参与的文化传播形式，是国家根据对外关系的工作部署与特点，在中外两国约定的时间和区域内，以文化表现形式为载体开展的双边活动，往往通过友好城市覆盖到举办国的大部分主要城市与地区，涉及的领域也非常广泛，包括文学艺术、旅游、教育、科技、广播电视、图书出版、体育、民族、宗教、建

---

① 张西平,薛维华.中国文化"走出去"研究总论［M］.北京:社会科学文献出版社,2016:82.

②③ 陈在田.从"象征落后"到"春节法定",国外为何也讲究起过年［N/OL］.新京报,2019-02-12［2019-10-17］.http://www.bjnews.com.cn/opinion/2019/02/12/546267.html.

④ 南若然.纽约州长签署立法　农历春节成纽约州公校法定假日［EB/OL］.（2014-12-19）［2019-10-17］.http://www.chinanews.com/hr/2014/12-19/6891935.shtml.

筑、环保等诸多方面①。"中国文化年"意在使海外民众全面、真实地了解现代中国，向世界塑造、营销、维护中国良好的国家形象。在旅游领域，也有服务于国家整体战略、促进入境旅游业发展的"中国旅游年"。随着文化和旅游体制改革的推进，"中国文化年"和"中国旅游年"也在逐步探索融合为"中国文化旅游年"。

"中国文化年"作为国家层面文化"走出去"战略活动，部署层次最高、实施计划最宏大、财力物力最为充足、影响范围最广和更持久②。第一个"中国文化年"是我国于2001年9月在德国举办的"柏林亚太周·中国主宾国活动"，在活动周期间，"中国当代艺术展""京剧服饰展""中欧经济论坛""民族服饰展演"和现场制作中国美食、民俗工艺等活动为德国民众展现了一个真实、多彩的中国形象③。2003年至2004年，中国与法国互办文化年又开启了我国与外国互办国家级文化年的进程。随后，我国在美国（2005、2010）、印度（2006）、俄罗斯（2007）、韩国（2007）、英国（2008、2015）、意大利（2010）、瑞士（2010）、葡萄牙（2011）、澳大利亚（2011）、德国（2012）、比利时（2012）、加拿大（2015）、南非（2015）、拉美与加勒比地区（2016）、埃及（2016）等近百个国家和地区又相继举办了不同规模的中国文化年、文化季、文化周等活动④。

"中国文化年"为我国的对外合作与交流注入了活力。以2016年举办的"中拉文化交流年"为例，2016年全年在中国、拉丁美洲和加勒比地区举办了包括演出、展览、论坛、电影展映、图书节、文明对话、经典互译、人文交流、旅游推介等数百项文化交流活动，涉及墨西哥、阿根廷、巴西、古巴、智利、哥斯达黎加、哥伦比亚、秘鲁、厄瓜多尔、特多、巴拿马等近30个拉美国家，成为新中国成立以来我国同拉美地区共同举办

① 李志斐,于海峰.试论"中国文化年"现象[J].理论界,2007(2):109-111.
② 张泗考.跨文化传播视域下中华文化走向世界战略研究[D].石家庄:河北师范大学,2016:52.
③ 李明光.柏林亚太周·中国主宾国活动全面展开[N].人民日报海外版,2011-09-19(2).
④ 来源于中国文化和旅游部网站、各驻外使领馆网站、新闻报道等资料。

的最大规模的年度文化盛事。[①]

4.2.2.3　国际艺术节

"国际艺术节"并没有在目前的节事研究领域被给予一个严格的定义，和"欢乐春节""中国文化年"不同的是，后者是一个有明确所指的品牌节事，而"国际艺术节"所包含的节事范围较广，与其他一些节事，例如音乐节、狂欢节等的内涵有重叠之处。本书所选取的"国际艺术节"样本为涉及艺术门类较为庞杂，节事的规模较大、举办期较长且多次举办，其中，以政府主导策划组织为多，但也不乏具有长期民众基础的艺术节事转化而形成的综合型品牌节事[②]。

国内艺术节事大多开始于20世纪80年代，较大范围地举办国际艺术节是在90年代以后，通常由文化和旅游部与各地政府共同主办，地方文化厅（局）承办，相关文化部门、机构协办。以地方命名的标志性节事，如上海国际艺术节、南宁国际民歌艺术节等，举办城市即为该地。国际或区域性节事，如亚洲艺术节、丝绸之路国际艺术节等的举办地则分为两种情况：一种是固定在一个城市举办，丝绸之路国际艺术节永久落户于西安，海上丝绸之路国际艺术节永久落户于泉州；第二种是举办城市不定，2004年后，亚洲艺术节先后在杭州、长春、佛山、南通、郑州、鄂尔多斯、重庆、昆明等地举办，尤其是"东亚文化之都"评选机制于2013年启动后，亚洲艺术节便在"中日韩文化部长会议"框架下定于当年的"东亚文化之都"举办。我国重要的国际性艺术节的开始时间、开展次数、频率、宗旨等基本情况见表4-1。

表4-1　我国重要的国际艺术节基本情况一览

艺术节	首届	次数	频率	宗旨
亚洲艺术节	1998	15	每两年举办一次[*]	向世界展示出全新的、整体的亚洲文化形象，为亚洲各国的不同艺术形式提供更多的交流机会，促进中国和亚洲各国的文化交流

---

① 穆雯."中拉文化交流年"启动［N］.人民日报海外版,2016-02-03（8）.
② 徐颖.艺术节事的影响研究［D］.上海:华东师范大学,2006:10.

94

续表

艺术节	首届	次数	频率	宗旨
北京国际音乐节	1998	22	每年举办	不仅为推动音乐文化的发展作出贡献，而且已成为北京的标志性文化活动，作为一个国际性音乐盛会，为推进世界文化艺术的交流和繁荣做出贡献
上海国际艺术节	1999	21	每年举办	吸引世界优秀文化，弘扬中华民族艺术，推动中外文化交流，繁荣文化市场
南宁国际民歌艺术节	1999	21	每年举办	继承和弘扬壮族人民的文化艺术，加强与世界各民族文化的交流和发展。从2004年起，在中国——东盟合作框架下举办，成为中国与东盟文化合作与交流的重要平台
成都国际非物质文化遗产节	2007	7	每两年举办一次	加强中国非物质文化遗产保护工作的国际间合作，交流世界各国政府和学界在非物质文化遗产保护方面取得的经验，传承民族文化、沟通人类文明、共建和谐世界
丝绸之路国际艺术节	2014	6	每年举办	加强中华文化对外交往、提高文化开放水平，积极推动"一带一路"建设，促进民心相通，精心打造"丝绸之路"这一中华文化的载体和品牌
海上丝绸之路国际艺术节	2014	4	每两年举办一次	展示、交流、合作、提升，以"海丝建设"为主题，积极融入国家"一带一路"发展愿景与行动，为海丝沿线国家交流合作架起文明交融、增进友谊的桥梁

来源：笔者根据各艺术节网站和新闻报道整理，数据截至2019年底。

注：2010年前每年举办一次，2003年由于"非典"停办一次，2010年后每两年举办一次。

上海国际艺术节20年来，共有来自70多个国家和地区的4万余名艺术家、700余个中外艺术团体在艺术节上表演了中外剧（节）目1166台，超过465万观众走进剧场，100多个国家和地区的160多个城市的1000多家中外著名艺术节、演出经纪机构、演出团体参加交易会，每年有万余个节目通过艺术节进行展示和交流[1]。亚洲艺术节一直以来都受到中外国家领

① 包永婷. 数读上海国际艺术节——20年，再出发［EB/OL］.［2019-10-18］. https://s.wcd.im/v/1oj5dZ7b/.

导人的高度重视，据不完全统计，来自亚洲30多个国家和地区的300余个艺术团组参加了历届以来的艺术节活动，千余万观众参与了艺术节的各种活动①。这些数字反映出了国际艺术节在我国的快速发展，已逐渐形成规模效应且不断扩大，品牌价值也在日益提升，国际美誉度不断彰显，为促进各国文化艺术交流、推动文明互鉴、提升公共文化国际合作与交流水平做出了积极贡献。

4.3 国际性文化交流节事促进公共文化国际合作与交流的成效

4.3.1 提升公共文化感召力与吸引力

中华文化的感召力和吸引力在习近平总书记的重要讲话中多次出现。2014年2月，习近平总书记在中共中央政治局第十三次集体学习时讲到，"一个国家的文化软实力，从根本上说，取决于其核心价值观的生命力、凝聚力、感召力"②。同年10月，习近平总书记在文艺工作座谈会上的讲话中指出，"古往今来，中华民族之所以在世界有地位、有影响，不是靠穷兵黩武，不是靠对外扩张，而是靠中华文化的强大感召力和吸引力"③。可以看到，感召力和吸引力体现出公共文化对内凝聚人心、对外传播文明的重要特点，并且已经被上升到提高国家文化软实力、实现中华民族伟大复兴的中国梦的层面上。

根植于公共文化的国际交流具有相对持久的感召力与吸引力。公共文化的感召力和吸引力，都是"文化力"的组成部分。所谓"文化力"是指

---

① 中华人民共和国文化部.文化部举行第十五届亚洲艺术节新闻发布会[EB/OL].（2017-08-22）[2019-10-18].http://www.scio.gov.cn/xwfbh/gbwxwfbh/xwfbh/whb/Document/1561588/1561588.htm.

② 新华社.中共中央政治局进行第十三次集体学习 习近平主持[EB/OL].（2014-02-25）[2019-10-18].http://www.gov.cn/ldhd/2014-02/25/content_2621669.htm.

③ 新华网.习近平在文艺工作座谈会上的讲话[EB/OL].（2014-10-15）[2019-10-18].http://culture.people.com.cn/n/2014/1015/c22219-25842812.html.

"使某些私有知识成为共有知识，成为世界主导文化的基本内容，形成世界文化的结构框架，并推动主导文化传播和扩散的力量"[①]。显然，"欢乐春节""中国文化年"和各类国际艺术节在数量、规模、覆盖率等方面都体现出公共文化的世界认知，具有推动公共文化传播和扩散的力量，展现了全球范围内的感召力与吸引力。

国际性文化交流节事之所以能够促使公共文化焕发出这种强烈的感召力和吸引力，其关键要素在"化"字上[②]。"化"的过程"不仅是理解与把握自己文化的根和种子，而且是要按现代的认知和需要来诠释自己的文化历史……就是要在多元文化的背景下找到民族文化的自我，知道新语境里中华文化存在的意义，了解中华文化可能为世界的未来发展做出什么贡献"[③]。例如国际性文化交流节事中的城市花车巡游活动就是"化"这一过程的典型。2018年在新西兰惠灵顿街头举行的中国新年庆典花车巡游吸引了当地民众的目光，近十辆身披"欢乐春节"横幅与标语牌的花车在市中心繁华商业区考特尼广场开展巡游，身穿各式少数民族服装的演员们向沿途观众高声问候"新年快乐"，营造出浓厚的新年氛围，惠灵顿的市民们也纷纷感兴趣地拿出手机拍照留念。

城市花车巡游活动结合了西方节日狂欢的游行习俗，以传统民族艺术展演编排的方式，创新发展了具备公共文化属性的巡游形式，营造烘托出热烈的节庆氛围，将中华传统文化融入西方现代生活，体现了不同国度文化背景下公共文化的兼容性和宽容度。城市花车巡游活动只是国际性文化交流节事中的一种形式，事实上在全媒体时代的国际传播活动中，国际性文化交流节事高度融合了多元渠道和多维内涵来力求实现公共文化的"创造性转化和创新性发展"，为全球化语境中公共文化的表达内容、表现形式和发展趋势提供再认识的机会。

①　秦亚青.世界政治的文化理论:文化结构、文化单位和文化力[J].世界经济与政治,2003(4):4-9.

②　邓跃进.中华文化的要义是"以文化天下"[N].文艺报,2015-11-23(2).

③　乐黛云.文化自觉与中国文化的可能贡献[N].中国社会科学报,2011-06-28(8).

4.3.2　增强公共文化服务高质量供给

2007年前后，我国公共文化服务迈入高速增长阶段，财政对公共文化服务的投入不断提高是其高速增长的直接动力。从2009年至2017年我国文化体育传媒事业的财政投入总量和人均数近十多年来大幅度攀升（见表4-2）。然而，随着社会发展的进阶，公共文化服务需要多样化、多载体、多形态、多渠道、多方式，适应多种基本需求。国际性文化交流节事服务于公共文化服务体系建设正体现了我国社会发展阶段的转变，即：高速增长向高质量发展。近年来，国际性文化交流节事大多尽可能地通过种类更加丰富、形式更加多样、大众更加喜闻乐见的艺术作品、艺术种类、表现形式、服务方式等来增强公共文化服务供给，拓展公共文化的受益面，提升大众参与度，从而扩大文化触媒的聚集效应与联动效应。总的来说，国际性文化交流节事对公共文化高质量供给的增强作用主要体现在三方面：一是增加了公共文化资源总量，二是盘活了公共文化资源存量，三是增进了跨部门协作，高效整合了公共文化资源。

表4-2　2009—2017年我国文化体育传媒事业财政投入比较

年　份	总数（亿元）	人均（元）
2009	1393.07	104.39
2010	1542.70	115.05
2011	1893.36	140.52
2012	2268.35	167.52
2013	2544.39	186.99
2014	2691.48	196.77
2015	3076.64	223.82
2016	3163.08	228.76
2017	3391.93	244.01

来源：中华人民共和国国家统计局.文化体育传媒事业财政投入［EB/OL］.［2019-10-21］. http://data.stats.gov.cn/easyquery.htm?cn=C01.

首先，国际性文化交流节事在举办过程中以惠民的价格、便民的方式提供了大量平时大众难以接触到的国内外精品艺术资源。皮埃尔·穆里尼奥（Pierre Moulinier）认为，吸引更多民众参与文化活动的方法可大致分为三类：

> 第一类是来自行销学的"促销"方法，如票房补贴，以低票价甚至免费的形式吸引观众，以及通过流动型服务及展演活动巡回到基层和偏远地区；第二类是采取更积极的攻势，来打动原本对文化不感兴趣的民众，配合民众的兴趣策划文化活动；第三类是"互动"的方法，让艺术家与民众直接互动，吸引民众参与。[①]

第一类方法是国际性文化交流节事普遍采用的做法。如2014年海上丝绸之路国际艺术节凸显"文化惠民、全域联动"特色，在举办期间12个海丝沿线国家表演团队分赴8个县（市、区），与当地艺术表演团队联袂演出[②]；2018年上海国际艺术节在上海19个社区点发售超过1.4万张优惠票，涵盖艺术节参演剧目的所有剧场演出项目，票价最低20元起，市民可以使用手机在线支付，基本覆盖上海各大主要剧院[③]；第六届丝绸之路国际艺术节专门设立了"惠民巡演"板块，观众能够在社区、学校、景区等地举办的公益巡演中与中外艺术家邂逅互动，并且所有展览均免费开放，所有演出均可使用陕西文旅惠民卡和文旅惠民券购票。

其次，国际性文化交流节事对公共文化资源存量的扩大利用，使得节事举办与公共文化服务体系建设实现了双赢。伴随公共文化服务体系建设的成长与进步，基层公共文化设施的容量、设备、管理都在渐渐接近甚至比肩国内外的专业剧院，为国际性文化交流节事的全方位推广提

---

① 皮埃尔·穆里尼奥.法国文化政策机制［M］.陈羚芝，译.台北：台北五观艺术出版社，2009：99.

② 泉州市文都委."东亚文化之都·泉州"建设发展委员会关于"东亚文化之都·泉州"建设发展工作总结的报告［R］.泉州：泉州市文都委，2015.

③ 包永婷.看过来！上海国际艺术节14000张优惠票将开售 最低票价仅20元［EB/OL］.（2018-10-08）［2019-10-20］.http://sh.eastday.com/m/20181008/u1ai11877827.html.

供了基础条件。2018年上海国际艺术节将大场文化中心、月浦文化中心、南码头社区文化活动中心、上海梅陇文化馆、崇明区文化馆等公共文化设施都纳入演出场地①。此举既解决了演出场地紧张、场次难以排开的问题，也提升了基层公共文化设施的服务效能，为海内外名家名团走近大众提供了更多选择。

此外，我国公共文化领域的国际性文化交流节事通常是由文化和旅游部牵头组织，科技部、教育部、国家民委、国务院新闻办、国家广电总局、国家体育总局、新闻出版总署、国家文物局、中国对外友协、中国文联、中国作协、全国妇联等多个部委和全国性人民团体及其他社会力量共同参与，相对应的友好省市提供支持。各级政府、社会各方各界积极参与到节事中来，形成了从中央到地方再到基层全域文化资源联动的格局，有力保证了节事的针对性与实效性，也使得节事更具有规模效应。更重要的是，文化的创新发展常常建立在对主题文化的提炼和对文化资源再认识的基础上②，因此国际性文化交流节事对文化资源整合的过程往往也是提炼文化主题、推动文化创新发展的过程。

4.3.3　丰富全民艺术普及方式

全民艺术普及就是通过对大众的美育教育，引导和培育理解美、认识美、创造美的能力，以文化人、以文载道，这也是新时代人民群众追求美好生活的重要方面。2015年中办、国办印发的《关于加快构建现代公共文化服务体系的意见》首次提出"全民艺术普及"理念，将其纳入国家文化发展战略；2017年3月1日正式实施的《中华人民共和国公共文化服务保障法》中规定了公共文化服务体系的内容和重点任务，将"全民艺术普及"上升为法律规定。全民艺术普及在中国出现的时间不长，但已逐渐成为文化馆的核心任务，各地文化馆也在纷纷探索以全民艺术普及为核心功

---

① 包永婷. 线上线下覆盖超200万人次"艺术天空"户外场圆满收官［EB/OL］.（2018-11-14）［2019-10-20］. http://sh.eastday.com/m/20181114/u1ai11989425.html.

② 付宝华. 城市主题文化与世界名城崛起［M］. 北京：中国经济出版社，2007：17.

能的服务转型，如宁波文化馆的"一人一艺"①。全民艺术普及的"艺术"
比一般理解的艺术概念更宽泛，是文化与艺术的大范畴，而不仅仅是普及
吹拉弹唱、琴棋书画等艺术技能②。因此，面对全民艺术普及这一庞大的课
题，虽然文化馆因其较强的综合性文化服务功能，比图书馆、博物馆、美
术馆等其他公共文化机构更具独特优势，但也有资源、功能、领域等局
限，仅依托文化馆等机构，难以很好地完成如此艰巨的任务，需要更丰富
的资源、更多样的形式、更全面的覆盖。从这个角度来说，国际性文化交
流节事是丰富全民艺术普及的有效方式。

　　首先，国际性文化交流节事具有"全民"性。在对近几年我国举办的
重要国际性文化交流节事观察后发现，各类节事通过直播、巡演、惠民
购票等方式，大大降低了大众参与国际性文化交流节事的门槛，几乎每一
个节事的参与人数都上百万，有的节事还达到了千万人次，这么庞大的参
与规模是其他全民艺术普及形式无法比拟的。如2018年上海国际电影节，
近一个月"艺术天空"的演出活动覆盖了上海16个区，包括4个户外场地、
近20个室内场馆，共63个国家和国内22个省市自治区及港澳台地区的万
余名艺术工作者相聚在一起，举办各类活动350项，惠及500多万人次③。
再如2019年丝绸之路国际艺术节，10余万观众走进剧场观看演出，开、
闭幕式及文艺演出网络点击量突破1350万次，微信、微博等新媒体阅读
量突破500万人次④。

　　其次，国际性文化交流节事所涉及的艺术门类十分广泛，特别是关
于当代艺术的诠释和交流是对文化馆推进全民艺术普及常态化工作的有
益补充，威尼斯双年展中国馆就是一个典型的例子。威尼斯双年展（La
Biennale di Venezia）是一个拥有上百年历史的艺术节，是欧洲最重要的艺

　　① 李国新. 宁波 "一人一艺" 的创新和价值［N］. 中国文化报, 2017-12-03（8）.
　　② 赵保颖. "新时代" 对文化馆行业与中国文化馆协会建设的思考［J］. 大众文艺,
2018（11）:7-8.
　　③ 杨静, 林馥榆. 第20届中国上海国际艺术节今晚闭幕［EB/OL］.（2018-11-22）
［2019-10-18］. http://china.cnr.cn/NewsFeeds/20181122/t20181122_524423409.shtml.
　　④ 王帅. 第六届丝绸之路国际艺术节圆满落幕［E/OL］.（2019-09-22）［2019-10-
20］. https://www.sohu.com/a/342551549_120207229.

术活动之一，一般分为国家馆与主题馆两部分，主要展览的是超现代艺术。2005年6月12日，第51届威尼斯双年展上首次设立中国馆，2019年5月9日，第58届威尼斯国际艺术双年展又首次设立了中国体验馆。第58届威尼斯双年展中国国家馆主题为"Re-睿"，意在体现"中国在继承艺术传统的同时也越发强调创新，希望通过展览虚拟与现实世界的两条线索，营造一段让观者回归本心的路径"①。为了让更多的观众感受到展览的魅力，与威尼斯双年展同步，中国国家馆的展览在中国多个城市建立分享信息的"驿亭"，让没有到达威尼斯的观众同样能以不同的方式体验展览，而且"驿亭"本身也成为一件公共艺术作品。"驿亭"在景德镇陶溪川文创街区、苏州拙政园等地纷纷设立，根据所在地域的本土特征做视觉形式的变化，为城市带来一个平行穿越的"借景"漏窗，无声地传递着展览调和东方与西方、传统与当代的学术主张，给大众提供了一个绝佳的亲近艺术的机会。

4.3.4　促进数字文化服务应用

我国公共文化领域的国际性文化交流节事在近年来呈现出数字媒体文化的趋势，即以数字艺术的方式对中国传统文化进行全新解读和演绎，通过数字媒介体现中华文明对世界艺术潮流的影响。《关于加快构建现代公共文化服务体系的意见》第五部分和《公共文化服务保障法》第三十三条均提出要加强公共数字文化建设，利用"互联网＋"和"＋互联网"拓展服务范围、延伸服务渠道、创造服务业态、创新服务方式。因此，国际性文化交流节事对公共数字文化的促进也是落实我国现代公共文化服务体系建设要求、深化公共文化和科技融合发展的重要举措。

2019年"亚洲文明对话大会"系列活动之一的"亚洲数字艺术展"是一次文化与科技对话的典型案例。展览由中国对外文化集团牵头举办，汇集了中国、土耳其、日本、韩国、新加坡等12个国家和地区的30位艺术

---

① 高丹. 吴洪亮谈威尼斯双年展中国馆策划：仿佛园林，又若诗意长卷［N/OL］.（2019-03-27）［2019-10-19］. https://www.thepaper.cn/newsDetail_forward_3201069.

家的数字艺术作品，通过数字媒介作品对自身文化传统的反思和回应，立足于各自文化背景的差异，进行充分的交流。以数字影像、数字交互装置、人工智能设备、虚拟现实等多种不同的数字媒介为载体，多维度地展现传统文化的内涵，体现亚洲文化与科技共生共振的丰富成果。

除了以数字艺术为专题的节事外，文创产品，IP授权和VR、AR等文化装备已是国际性文化交流节事的常客。如2017年在美国洛杉矶举办的"欢乐春节·魅力北京"活动中，观众可佩戴VR眼镜360度观看"颐和园""奥林匹克中心区"全景等，激发了观众对实地感受颐和园的浓厚兴趣。越来越多的节事采用新媒介、新技术实现线上直播、点播，打破地域和时间的局限，使得节事的受众面更加广泛，更好地满足了民众多样的文化需求。如2018年上海国际艺术节首次采取的线上直播、点播，将中外优秀艺术送进千家万户，线上线下覆盖人次超过200万[1]。

4.3.5 推动文化志愿服务升级

文化志愿服务是促进公共文化服务均等化、创新公共文化管理体制的重要方式之一[2]。国际性文化交流节事十分重视志愿者参与，并把组织开展文化志愿服务作为畅通社会善意表达的重要渠道[3]。在各类国际性文化交流节事中，志愿者因其经济贡献力（包括节约活动开展的成本、激发潜在的文化消费行为）和其对文化艺术普及的贡献（志愿者在带动更多人积极利用公共文化设施、享受公共文化资源和服务的同时也引发了对文化艺术的兴趣，实现了自我教育），成为不可缺少的人力资源。在此基础上，各个节事也尽其所能使志愿服务发挥更大的效能。

一是通过志愿服务加强国际合作与交流。上海国际艺术节中心与罗马尼亚锡比乌国际戏剧节于2017年10月在上海签订合作备忘录，开展长期

---

① 包永婷. 线上线下覆盖超200万人次"艺术天空"户外场圆满收官［EB/OL］.（2018-11-14）［2019-10-20］. http://sh.eastday.com/m/20181114/u1ai11989425.html.

② 张皓珏."欧洲文化之都"对我国公共图书馆文化志愿服务的启示［J］. 图书馆工作与研究,2017(11):16-21.

③ 陈慰. 国际性"文都"建设与公共文化发展［D］. 北京:北京大学,2018:134.

交流与合作，其内容之一便是志愿者交流。自2018年起，上海国际艺术节组委会每年将选拔1—2名志愿者代表中国上海国际艺术节参加锡比乌国际戏剧节的国际志愿者项目。志愿者由中方组织遴选，经公开招募、自主报名、材料筛选、现场面试等环节后，中方确定志愿者名单并交于罗方进行最终确认。2018年锡比乌国际艺术节一共有32名世界各地的志愿者，中国有3位，其中一位在接受采访时认为，通过参加锡比乌国际艺术节志愿服务活动，她看到了世界各地更多元的艺术形式，她在看待中国传统艺术时也有了不一样的世界眼光①。志愿者的国际交流不仅是给志愿者打开了通向海外艺术节以及更广阔艺术天空的大门，更重要的是通过志愿者走出去，体现出了我国文化艺术节事较强的组织力与影响力，展现了我国民众优秀的人文素养。

二是品牌节事推动文化志愿队伍常态化建设。泉州市在近五年来举办了多起大型国际性文化交流节事，包括第14届亚洲艺术节、"东亚文化之都"系列活动及常驻的海上丝绸之路国际艺术节等，有超过10万名志愿者参与到各类节事中。密集的节事活动推动泉州逐步建立起一支总量多、阵地覆盖面广、品牌成效佳的文化志愿队伍。截至2019年4月，泉州市在"志愿云"系统注册的志愿者人数突破百万（1025475人），占福建省注册志愿者总数的1/4，成立志愿团队7136个；培育了35个省级志愿服务记录试点单位，6个省级志愿服务示范驿站，7个省级公共文化设施志愿服务示范单位，100个市级以上各类学雷锋志愿服务示范驿站、联系点；各类获奖数量均列福建省前列，例如41个组织（项目、试点）被确定为省优秀志愿服务项目、48个团队（项目）被列为全省志愿服务品牌（组织、项目）等②。

三是招募海外志愿者，培育文化在地化传播使者。"欢乐春节"和"中国文化年"因在海外举办的客观因素，其志愿者往往就在当地招募，面向

---

① 吴旭颖. 从学生观剧团到海外志愿者 中国上海国际艺术节为她开启艺术之门［N/OL］.（2018-10-27）［2019-10-21］. http://k.sina.com.cn/article_1737737970_6793c6f202000fm18.html.

② 吴志明. 泉州注册志愿者突破百万［N/OL］.（2019-04-09）［2019-10-21］. http://www.qzwb.com/gb/content/2019-04/09/content_5971999.htm.

人群多为海外华人、留学生群体，也有对中国文化感兴趣的非华裔外国人。通常这些招募信息会由当地华人社团或海外中国文化中心发布在国外生活、资讯类网站上。如2018年海牙中国文化中心举办的"欢乐春节"活动，提前半个月左右在荷兰一个华人生活资讯网站上发布信息，招收10名志愿者，具体负责翻译、剧务、招待会服务、检票入场、场地布置等工作①。这些志愿者通过亲身组织与体验，在加深与祖国感情、加强文化纽带的同时，也帮助了更多人理解、欣赏、认同中国文化。

4.4 国际性文化交流节事促进公共文化国际合作与交流的路径选择

4.4.1 文化差异影响分析

公共文化领域的国际性文化交流节事面向的是国际公众，而不同国家公众及其所属民族和国家由于历史传统、自然条件、经济社会环境的差别必然导致在情感、思想、信仰、价值观等文化上的不同，进而在历史发展的长河中逐渐形成各自的文明和文化类型。也就是说，文化和文明的多样性和差异性是普遍存在的，每一个国际性文化交流节事都具有跨文化交流的属性②。

吉尔特·霍夫斯塔德（Geert Hofstede）的文化差异层次结构模型可以解释国际性文化交流节事的跨文化传播过程。霍夫斯塔德认为，文化差异的层次结构就像一个洋葱，由外到内分别对应符号、故事、仪式（风俗）和价值观③。最核心的价值观是不可见的，只有通过其他层次的结构递进来

---

① 荷兰生活网. 走进海牙中国文化中心, 与在荷华人一同欢喜迎新春! 另有活动志愿者正在招募中…… ［EB/OL］.［2019-10-22］. https://www.dutchcn.com/thread-14873-1-1.html.

② 赵澄澄. "一带一路"视域下的跨文化传播策略［J］. 今传媒, 2016, 24（2）: 155-157.

③ HOFSTEDE G. Cultural dimensions in management and planning[J]. Asia Pacific Journal of Management, 1984, 1（2）: 81-99.

展现，而实践是符号、故事和仪式展现的载体（见图4-4）。

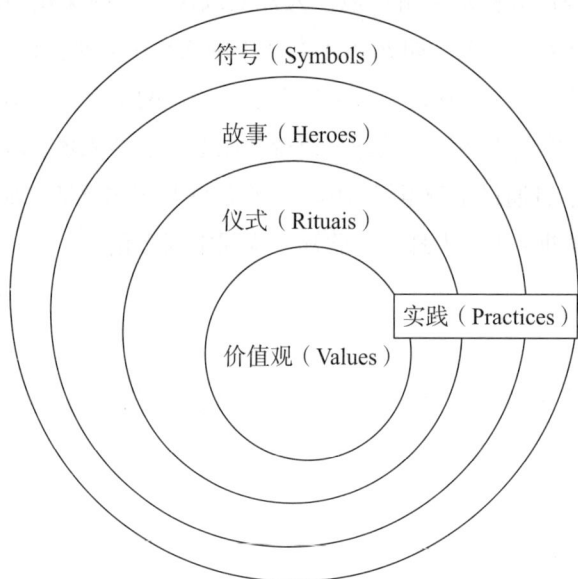

图4-3　霍夫斯塔德文化差异结构模型

　　国际性文化交流节事作为一种跨文化传播的实践形式，是对中华文化的综合展现，深到对社会主义核心价值观的阐述，广到涉及文化艺术的各种表达形式和符号，兼具普及艺术教育等功能，是一种综合的文化现象。而且因其超越宗教，具有较强的跨文化传播能力，对同体系中的其他元素和层面具有有效的统合力和梳理功能[①]。但文化本身的复杂性与人类认识文化不可避免的简约性是跨文化传播过程中最难突破的制约[②]。因此，关注文化差异的影响就是将国际性文化交流节事所体现的各个层级有效地串联在一起，使"引起关注"—"引导参与"—"体验提供"—"理念讲述"这一过程得以完整的实现。

---

　　① 阎晓丹."欢乐春节"对中国文化软实力提升的作用与路径研究［D］.北京:中国戏曲学院,2015:40.
　　② 赵澄澄."一带一路"视域下的跨文化传播策略［J］.今传媒,2016,24（2）:155-157.

4.4.2 海外经典案例启示

英国爱丁堡艺术节是海外举办国际性文化交流节事的成功案例之一，始创于1947年，每年8月举行的爱丁堡艺术节（Edinburgh Festival）是全世界历史最悠久、规模最大的国际性综合艺术节之一。首届爱丁堡艺术节筹办时，组织者的目的是希望节日能够为战后的欧洲带来和平、融合的气氛，让欧洲人能够及时走出战争的阴影，因而欧洲的艺术形式在艺术节初创期间占据了较大的比例，几乎欧洲所有的大牌艺术团体，如柏林爱乐乐团、法国国家芭蕾舞团、伦敦爱乐乐团、德意志歌剧院等都曾受邀前来演出。之后，艺术节规模的不断扩大，吸引了来自世界各地的专业、非专业文艺团体在不同规格、层面的舞台上举行演出。除此之外，艺术节期间，在爱丁堡著名的王子大街（Princes Street）和皇家一英里（Royal Mile）上，聚集大量街头艺人和民间艺术团体在此表演，逐渐衍生出几个相互独立的节事，发展成为一个大型的系列艺术节集合，其中包括爱丁堡国际艺术节（Edinburgh International Festival）、爱丁堡边缘艺术节（Edinburgh Fringe Festival）、爱丁堡军乐节（The Edinburgh Military Tattoo）、爱丁堡国际图书节（Edinburgh International Book Festival）、爱丁堡国际电影节（Edinburgh International Film Festival）、爱丁堡国际爵士与蓝调音乐节（Edinburgh International Jazz & Blues Festival）、爱丁堡视觉艺术节（Edinburgh Visual Festival）、爱丁堡多元文化节（Edinburgh Hogmanay）、爱丁堡国际科学展（Edinburgh International Science Festival）、苏格兰国际儿童节（Scottish International Children Festival）等十多个艺术节，涉及目前世界流行的诸多艺术表演形式。

爱丁堡艺术节历经70年发展成为举世闻名的标志性国际文化交流节事，并以丰富多样的文化活动成为世界人民一年一度的聚会，这其中有许多经验给予我们启示。

首先是定位与格局。爱丁堡艺术节的定位是开放包容，发展格局是自然生长式，有着较强的自我调节功能①。爱丁堡国际艺术节是爱丁堡艺术节

---

① 张蓓荔.国际艺术节定位与城市特色研究［J］.天津音乐学院学报,2014（3）:95-118.

系列节事中唯一由官方主办、政府给予资助的节事，爱丁堡国际艺术节瞄准高水平制作，以歌剧、音乐剧、芭蕾、交响乐等节目为主，所有节目和演出团体都是经由艺术总监根据每年不同的主题需求而特别挑选和邀请而来的。爱丁堡边缘艺术节的形成则是未被正式邀请的各国演出团体和艺术家自愿自费参加艺术节展示交流，如爱丁堡爵士与蓝调音乐节、爱丁堡国际图书节等艺术节活动，均是逐步形成规模，走向成熟。而对于普通的大众参与者来说，爱丁堡边缘艺术节则是首选，它是民众的狂欢，是自由、多元、开放的艺术文化交流的平台，是民间艺术团体的盛会，为民间小型的、创意的乐队和剧团提供了展示的平台。正因为是应需而生，爱丁堡艺术节中的各节事定位明确，各有特色和目标观众。如爱丁堡国际电影节以其新锐前卫和蓬勃朝气吸引了全球的电影爱好者和艺术达人们；爱丁堡国际图书节不交易图书版权，却是全球知名作家和读者交流的重要场合，开讲座的多是世界名流，从美国前总统克林顿到英国最优秀的女作家之——多丽丝·莱辛都曾是图书节的主讲人；爱丁堡视觉艺术节，把视觉艺术与城市建筑巧妙结合，让艺术版图扩张到整个城市；等等。

其次是善于挖掘资源。爱丁堡军乐节是最能激发民族自豪感的节庆活动，备受世界瞩目，每年有超过50个国家的乐团参加爱丁堡军乐节，演出接纳近22万名现场观众，其中有35%来自海外，此外还有将近1亿的观众通过电视转播观看演出。这样一个有广泛观众基础的节事，主办方将演出场地设定在了爱丁堡古堡，使现场观众不仅能够"零距离"欣赏到震撼人心的军乐表演，而且能够身临古代遗迹，感受中世纪的魅力，这种为数不多的体验给每一位参与者留下了深刻的印象。笔者在爱丁堡读书期间，分别于2014年和2015年两次到古堡观看军乐表演，现场座无虚席。记忆犹新的是，在2015年的军乐节上，中国人民解放军军乐团组成80人演出团，带来了超8分钟结合军歌和民歌的表演，配合着打在古堡城墙上的灯光秀，让身处异国他乡的笔者为祖国的强大感到非常骄傲和自豪。

每年的军乐节成为世界多元文化的融合之地，其影响力也在不断扩大。2019年军乐节首次与北京奥哲维文化传播有限公司"新现场"项目合作，于1月25日在北京首次举办高清影像放映，并前往上海、成都、广州和武汉巡回放映①。可以说，爱丁堡军乐节将表演和古堡完美地结合在一起，相得益彰，互促并进，成为爱丁堡一张绝佳的名片，这对我国当下大力推动的文旅融合是可以借鉴的一个成功经验。

再者，注重体现社会意义，承担社会责任。爱丁堡艺术节表面上看是巨大的狂欢，但狂欢不是全部，还有十分重要的社会意义——艺术节是一件礼物，是由一个社会或城市馈赠自己、居民及其灵魂的礼物②。正因为如此，爱丁堡艺术节才不会被平均每月来自世界各地上千部的具体作品所湮没，不会迷失在频繁的每年数次和各国艺术家的交流中。他们清楚地了解，爱丁堡艺术节需要通过艺术节上的作品，让观众认识到世界的庞大与丰富，让文化帮助人们更好地认识自己和这个世界。爱丁堡艺术节的社会意义体现在方方面面，尤其是在助力公共文化服务方面投入了较多精力，例如联合政府不断普及和深化艺术教育，开设各类讲习班普及艺术知识、培育艺术群体，让更多的人了解艺术、喜爱艺术，并通过定期举办的艺术节系列活动，释放艺术热情。为此，爱丁堡艺术节开展了面向青少年、社区和人才培育的不同项目，旨在提供不限地域、不限年龄的机会，使所有人都能够参与这一全球性的文化盛会③。单就面向青少年的项目体系而言就非常成熟，艺术节联合创意苏格兰（Creative Scotland）④推出创意学习与青年计划（Creative Learning and Young People），包含苏格兰艺术作品扶持（ArtWorks Scotland）、创造力返现（CashBack for Creativity）、创意学习网络（Creative Learning Networks）、创意门户计划（The Creative Portal）、青年就业项目（Youth Employment Programme）、青年音乐倡议

---

① 中国日报网. 皇家爱丁堡军乐节首次于中国放映［EB/OL］.（2019-01-25）［2019-10-31］. https://baijiahao.baidu.com/s?id=1623632182473659440&wfr=spider&for=pc.

② 张蓓荔. 国际艺术节定位与城市特色研究［J］. 天津音乐学院学报,2014（3）: 95-118.

③ Edinburgh International Festival. Learning and engagement[EB/OL]. [2019-10-30]. https://www.eif.co.uk/about/learning-and-engagement.

④ 创意苏格兰成立于2010年7月,它的前身是苏格兰艺术委员会（Scottish Arts Council）和苏格兰荧屏（Scottish Screen）,是支持苏格兰艺术、荧屏和创意产业,服务于在苏格兰从事和感受艺术和创意产业的个人和组织的非政府公共文化机构。

（Youth Music Initiative）等①，涵盖了艺术普及的各个环节。

4.4.3 路径选择的影响因素及原则

4.4.3.1 路径选择的影响因素

环境因素是决定跨文化交流效果的重要因素。一般而言，在特定的自然和地理环境中会生成特有的文化氛围和文化属性，相近的文化氛围和文化属性通过高效的交流逐渐形成相对稳定的文化圈层。不过现有的研究并不能为我们提供一个成熟的文化圈层指南，因不同学者的依据有别，文化圈层的划分并没有达成共识。笔者综合已有研究和本书的出发点，以国家为单位，认为目前全球的文化圈层主要有7个：中国、日本、韩国、朝鲜构成的东亚文化圈，南亚次大陆、东南亚及附近地区构成的印度文化圈，阿拉伯半岛、印度半岛西部、中亚构成的中东文化圈，俄罗斯、东欧以及巴尔干半岛构成的东欧文化圈，欧洲大部分地区、北美洲、大洋洲构成的北大西洋文化圈，拉丁美洲构成的拉美文化圈和非洲构成的非洲文化圈。伴随"一带一路"倡议在沿线各国的持续推进，东亚文化圈、东欧文化圈、拉美文化圈、非洲文化圈等又逐渐融合形成了跨越洲际的"带路"文化圈。

文化是内涵性存在，是观念、思想、价值观的富集，是理解和认同。相近的文化圈层在接受彼此输出的价值观和意识形态时会较为温和、不具侵略性；反之，相差较远的文化圈层在文化中心主义②的驱使下可能会对异文化进行批评和排斥，从而造成交流的割裂。由此，文化的差异性会直接影响国际性文化交流节事传播的效果，但是反过来看，由于较大的文化差异所产生的强烈对比也会有助于国际性文化交流节事"引起关注"，从

---

① Creative Scotland. Creative learning and young people[EB/OL]. [2019-07-29]. http://www.creativescotland.com/what-we-do/major-projects/creative-learning-and-young-people.

② 文化中心主义就是将自己所属的文化作为文化的中心，并且作为评价其他文化的参照系和标准，用以衡量异文化价值观的优劣高下，引自：陈力丹，闫伊默. 传播学纲要 [M]. 北京：中国人民大学出版社，2007：224.

而开启传播链条，取得较为理想的效果，这正是文化差异的魅力。

此外，国际性文化交流节事在传播的过程中因其富含众多的文化艺术表达形式、元素和载体，对弥合文化鸿沟和文化隔阂有明显的优势，然而由于其面向的群体具有多民族、多语言、多重文化圈层的重叠与交合等特点，这就使其传播路径的选择更为复杂，这也使其成为影响国际性文化交流节事路径选择的重要因素。在面对不同文化圈层的受众时，需要选择和确定不同的节事，实施有效传播。现在的各类国际性文化交流节事有的是汇集雕塑、绘画、摄影、戏剧、电影、工艺、建筑、音乐、舞蹈等各种艺术表达形式，有的则偏重于某一种或几种表达形式，这没有一定的标准，但了解各种表达形式的特点和表达效果的差异性，则有助于我们更好地掌握节事的传播规律，从而达到更佳的传播效果。例如，舞蹈作为动态的表现形式，具备较强的观赏性，可以通过舞蹈动作的演化和视觉的凝聚来直觉其蕴，从而领悟到人类本质性的存在；绘画是静态的再现艺术，对现实的描摹和再现特征较其他艺术形式更为突出；音乐通过节奏、旋律、和声等表现手段的规则组合创造美的音响，以表达一定的情感和形象，无国界限制，是一种去价值观、去宣传化的载体①。而不断进步的多媒体技术使舞蹈、绘画、摄影、音乐等不同艺术表达形式可以综合在一起，全方位地展现中华文化，更重要的是还可以将不易流通、无法再生的文化遗产生动、形象地直达观众手中的电子终端，这又是一种转变传播介质，更好地保护和弘扬中国文化的方式。

4.4.3.2 路径选择原则

首先，国际性文化交流节事面向群体的选择可以充分考虑文化圈层的相互连接与传导，如东亚文化圈——"带路"文化圈——非"带路"文化圈。需要指出的是，这种以文化圈层区分的国际传播路径并不是"三步走"式的传播次序，不表示必须在完成了东亚、"带路"文化圈的传播任务后才能着手进行非"带路"文化圈的国际传播，而是可以平行实施。事

---

① 赵澄澄."一带一路"视域下的跨文化传播策略［J］.今传媒,2016,24（2）:155-157.

实上，我国目前的国际性文化交流节事的传播路径正是多头并进的。问题在于，当在人、财、物和已有基础上无法满足齐头并进的需求时，根据国家整体战略布局，在基础好、易开展的区域先行打开局面，再带动其他区域，也是可行的。在这个意义上，上述路径的选择更多的是在宏观和侧重点方面提供指导。

其次，国际性文化交流节事表达形式与表达内容的选择应考虑以下四条原则：

其一，包容性及和合行原则。既尊重不同文化的差异性，也注重不同文化的互联性、共通性；遵循天下一家的文化依存论、和而不同的文化包容论、华夷互变的文化复合论，以对立统一、和合思维统筹兼顾，充分彰显文化包容及和合的巨大潜力。

其二，整体性及过程性原则。国际文化交流随着时代的发展要求从传统的静止、极点式思维向过程性思维、整体性思维转换，国际文化交流所内含的和平、发展、自由、共享等理想目标，都不可能一蹴而就，而是需要过程体验，需要整体性地展现历史、现实、未来等要素。

其三，接近性及认同性原则。文化的相对平等有利于推动建立宽容温和的文化传播秩序，那么想要做到文化的相对平等，就要增加对异文化的了解，选择相近的文化信息。因此，节事的选择标准之一就是接近性原则，即事实与接受者的心理距离越近（兴趣、生活地域、性别、年龄、教育程度和专业、经济收入、民族或宗教的心理距离），便越具有信息传播价值[1]。如"欢乐春节"活动，虽然是由文化和旅游部在全球统一布局、统一协调组织的，但是根据不同国家和地区的具体情况，为使中国风情与当地文化更好地结合，活动突出的文化"重点"也有所不同：在北美和欧洲地区突出"精"，重点办好纽约"艺术中国汇"、加拿大冰雪龙舟节、华盛顿博物馆家庭日、赫尔辛基庙会等品牌活动；在非洲、拉美、大洋洲地区突出"活"，重点办好布宜诺斯艾利斯、开罗、卢萨卡庙会和奥克兰元宵灯节等；在亚洲地区突出"深"，重点办好泰国"欢乐春节"综合活动、新加坡"春城洋溢华夏情"和日本"春节祭"等。

---

① 陈力丹,闫伊默.传播学纲要［M］.北京:中国人民大学出版社,2007:220.

其四，可及性及感受性原则。国际性文化交流节事在选择艺术表达形式时要兼顾资源的可及性和受众的需求度，尊重理念认同之文化形式、内容、思想之美，感受不同国家的文化视野和传统艺术之美。如北京、上海等经济较发达地区，民众艺术普及程度较高，文化资源丰厚，那么在艺术表达形式上的选择就较为宽松、多样，甚至可以借鉴爱丁堡艺术节的做法，将北京国际音乐节或上海国际艺术节发展成为系列艺术节事；相比而言，我国经济欠发达的中西部地区，则可以利用可及的方式将特色资源优势发挥到最大，如敦煌围绕其聚集的特色文物资源举办了以展览为主的敦煌国际设计周、丝路明珠·敦煌石窟艺术展等一系列国际交流节事，还催生出了一批"网红"景点。

5　城市文化外交中的公共文化国际合作与交流实践

　　本章以城市文化外交为观察视角切入对公共文化国际合作与交流的研究。城市文化外交是近年来在非传统外交范式下兴起的一种以实现地方利益为目的，与其他国际关系行为体进行联系的跨国文化活动。目前，城市文化外交正呈现出速度快、规模大、范围广的发展势头。虽然在海外文化中心建设与国际性文化交流节事的举办中也多有城市参与，但这种参与并未以城市的可持续发展为主要目的，并未突出繁荣城市文化、促进文化交流、惠及社会公众、示范带动引领的宗旨，并未展示出公共文化国际合作与交流在推动城市建设与发展、维护城市文化生态平衡中的独特作用。而城市文化外交的开展，或直接或间接、或明显或隐含地表现出城市文化外交与所在城市的公共文化有着相互交叉、相互交融又相互促进的关系。因此，需要进一步研究以城市为场域开展的公共文化国际合作与交流，分析公共文化在城市文化外交中的国际呈现及这种呈现对城市发展的影响规律，从而丰富公共文化国际合作与交流的理论架构与实践格局。

5.1　文化生态理论及其应用

5.1.1　文化生态理论与城市发展

　　1955年，美国人类学家朱利安·斯图尔德（Julian H. Steward）最早提出了文化生态学的概念，发表了他的《文化变迁理论》（*Theory of*

Culture Change），阐述了文化生态学（Cultural Ecology）的基本理念，这部著作的出版被普遍认为是文化生态学正式诞生的标志①。随后，国内外文化学、社会学、人类学等多个领域的学者就文化生态学展开了研究。比较有代表性的观点是，司马云杰提出，文化生态主要是"从人类生存的整个自然环境和社会环境中的各种因素交互作用研究文化产生、发展、变异规律的一种学说"②。本书中所提到的文化生态，除了有这一层含义之外，还有另一层含义，那就是以一种类似自然生态的概念，把人类文化的各个部分看成是一个相互作用的整体。正如黄正泉所提出的，文化生态包含四层含义：一是指文化的相互作用，二是指文化是一个整体，三是指文化存在的方式和状态，四是指文化的变量关系③。也就是说，文化生态不是文化，文化生态是文化的关系，是人与文化及文化之间的互动关系，主要描述文化是怎样存在着。

城市是人类文明的载体，是历代思想、政治、经济、文化、艺术以及市民生活形态的积淀，也是文明时代人类文化的聚集中心④。"城市"与"文化"的联姻是历史进步的必然产物，"城市"与"文化"二者相互联系、相互作用，形成城市文化生态，共同滋养着城市建设和文化发展。城市的可持续发展与城市文化生态有着非常密切的关系，澳大利亚学者琼·哈瓦奇斯（Jon Hawkes）在《可持续发展的第四极——文化在公共规划中的重要角色》（*The Fourth Pillar of Sustainability——Culture's Essential Role in Public Planning*）报告中明确提出，文化是可持续发展不可缺少的一个环节⑤，是城市可持续发展的活性催化剂，可以促进城市转型和城市复兴，增强城市竞争力。

① 黄育馥.20世纪兴起的跨学科研究领域——文化生态学［J］.国外社会科学，1999（6）:19-25.

② 司马云杰.文化社会学［M］.济南:山东人民出版社，1990:199.

③ 黄正泉.文化生态学（上）［M］.北京:中国社会科学出版社，2015:38-39.

④ 单霁翔.关于"城市"、"文化"与"城市文化"的思考［J］.文艺研究，2007（5）:35-46.

⑤ HAWKES J. The fourth pillar of sustainability: culture's essential role in public planning[M]. Altona: Common Ground Publishing Pty. Ltd，2001:11.

近年来随着城市化进程加速，城市人口急剧膨胀，资源和能源消费量快速增长，环境问题成为整个人类面临的重大课题，文化生态在转型中也出现离散和涣散的现象。方李莉认为，以西方文化为中心的观念正在使得文化圈内的文化种类急剧递减，如果说人类现代的物质文明是以生物的多样性减少为代价的，那人类现代的精神文明则是以文化的多样性减少为代价的，人类正在面临文化生态被破坏和文化资源减少的境遇①。因此，不仅自然生态平衡的问题应引起人们的关注，文化生态的平衡也同样应该受到重视，在城市发展中注重文化生态的营造与维护，有利于城市经济、文化、环境的和谐发展，避免城市特色文化的消失。

5.1.2　城市文化外交和公共文化国际合作与交流

改革开放前，由于对外交流的总量不多，而且受到单一且高度集中的体制束缚，城市很难也很少参与对外事务。随着全球化的深入和中国全方位、多角度的对外开放，城市开始逐步参与到中国的各项外交工作中，在政治、经济、文化等各个方面的对外交往中发挥着举足轻重的作用，参与国际活动的地理范围也从沿海、边疆省份扩大到内陆和西部。

城市外交的主导行为体是城市或地方政府，目的是为了实现地方利益，具体实践是与其他的国际关系行为体进行联系②。如果说国家层面的外交活动，其目标是实现国家总体战略的话，那么城市层面的文化外交活动，更多表现为公民社会的跨国活动，其动力则是在捍卫国家利益的前提下，通过文化交往，增强城市文化的兼容性，维护文化生态的平衡，从而提升城市的吸引力和竞争力，实现城市的可持续发展和地方社会的公众利益。正如吕拉昌、黄茹的观点，健康的城市文化生态是塑造城市形象、提升城市活力的关键要素：

---

① 方李莉. 文化生态失衡问题的提出［J］. 北京大学学报（哲学社会科学版），2001（3）：105-113.

② VAN DER PLUIJM R, MELISSEN J. City diplomacy: the expanding role of cities in international politics[M]. The Hague: Netherlands Institute of International Relations, 2007: 12.

世界上所有城市形象良好、城市文化活力强的城市，无不独具特定文化构成关系和良好城市形象概念。如巴黎——"世界服装之都"和"世界浪漫之都"；维也纳——"世界音乐之乡"；东京——"东西文化的交汇城市"；伦敦——"充满选择机会的城市"；罗马——"古典文化集萃的城市"；香港——"最自由和安全的城市"……这些城市的整体形象为城市文化创造了无穷的魅力，城市形象概念要素成为城市形象的"表意符号"，带着人们理性的理解和感性的认识。①

城市文化外交从服务国家总体外交和地方发展的目标出发，内容十分丰富。比如一些城市受国家政府的委托，举办文化领域重要的国际会议和节庆活动，处理与驻本地的外国领事馆和新闻机构的交涉事务，对外国文化机构进行管理，或由城市组织地方层面的文化代表团出访还未建交的国家或外交关系陷入困难的国家，用以民促官、文化先行的方式来推动国家关系的发展，吸引国际资本、技术和高端人才，推动文化贸易发展，开展城市公共文化服务经验交流并实现公共文化服务的国际化合作等，这些都属于城市文化外交的议题范围。因此，将城市文化外交放到整个社会的视阈中来看，其兴起其实是公众介入对外事务的桥梁，也可以认为，城市文化外交的兴起为公众参与国际交往创造了组织依托和强大动力。并且，从城市文化外交的对象来看，广义来说包括他国的国家政府和地方政府、公共文化机构、城市间国际组织、各类非政府组织、跨国公司以及外国的公众等多个方面。也就是说，无论从城市文化外交的主体还是客体的角度来说，社会公众都是其重要的组成部分。正因如此，社会公众广泛参与且惠及公众的公共文化国际合作与交流在城市文化外交中扮演着重要角色，它使得公众的文化需求和文化权益在城市文化外交中得以满足和实现。

---

① 吕拉昌，黄茹. 世界大都市的文化与发展 [M]. 广州：华南理工大学出版社，2013：34.

5.2 我国城市文化外交模式与发展特征

5.2.1 缔结友好城市

地方文化外交和国家外交一样，有自己的"建交"方式——国际友好城市（International Friendship City，IFC），其是国家总体外交的重要补充，是双边城市外交在当代的最基本形式，是不同国家间的城市在社会和文化相互理解的基础上，为促进城市发展的需要而结成的一种伙伴关系[①]。友好城市的理念来自美国的公民外交（People-To-People Diplomacy），也就是开展城市关系基础上的民间交往[②]。有学者认为，我国的友好城市发展经历了三个阶段：起步探索阶段（1973—1978）、深入发展阶段（1978—1991）和蓬勃发展阶段（1992年至今）[③]。我国友好城市的起步到发展伴随着新中国从成立之初突破围堵到改革开放40年不断进步的过程，1992年由中国人民对外友好协会（以下简称"全国友协"）发起成立的中国国际友好城市联合会（以下简称"友城联合会"），是一个重要转折点，标志着我国的国际友好城市活动进入了协调、可持续发展的新阶段。

中国的国际友好城市发展至今，对促进城市交流与合作具有重要意义。截至2018年5月，已有31个省市（不包括台湾地区及香港、澳门特别行政区）和482个城市与世界上136个国家的526个省州和1630个城市建立了2532对国际友好城市关系，涉及亚洲35个国家的819对、欧洲41个国家的918对、非洲33个国家的135对、美洲19个国家的500对、大洋洲8个国家的160对友好城市[④]。根据全国友协国际友好城市交流中心和中国社会科学院城市与竞争力研究中心联合研究组共同编写并发布的《中国

---

① 张秋生,张荣苏. 关于中国国际友好城市问题的探讨——以中澳友好省州/城市为例［J］.徐州师范大学学报(哲学社会科学版),2011,37(6):78-82.

② CREMER R D, DE BRUIN A, DUPUIS A. International sister-cities: bridging the global-local divide[J]. American Journal of Economics and Sociology, 2001, 60(1) : 377-401.

③ 全国友协,友城联合会. 友好城市:谱写民间外交事业新篇章［J］.重庆与世界,2016(11):7-15.

④ 中国国际友好城市联合会. 友城统计［EB/OL］.［2019-10-19］. http://www.cifca.org.cn/Web/YouChengTongJi.aspx.

城市竞争力专题报告：开放的城市，共赢的未来（1973—2015）》显示，国内友好城市发展的总体格局呈现出重点省份遥遥领先、区域差异界限明朗的特点①。重点省份主要是以江苏、山东和广东为代表的经济发达省区，而与国外城市建立友好城市数量较少的是以青海、贵州、西藏等为代表的西部地区，且两极分化明显，多的省区能缔结200多对，少的省区仅有10对左右，多数省份集中在50—80对之间。

研究发现，目前友好城市的建立一般有三种模式：

模式一：通过外国驻中国使领馆、外国姐妹城组织、全国友协或中国国际友好城市联合会介绍与中国城市建立联系。

模式二：通过双方城市领导人互访，建立联系并签署友好交流合作意向书。

模式三：在双方城市开展一段时间的民间交流合作后，双方城市政府（议会）协商决定建立友好城市关系②。

5.4.2.1 空间地缘文化现象

促成友城结好的因素是多方面的，其中地缘因素是建立友城关系的重要因素。由地缘相近所结好的友城不胜枚举，比如中国第一对友好城市——于1973年6月24日建立友好关系的中国天津市与日本神户市。天津市与神户市地理位置相近，在所在国的地位也非常相似，都是两个国家工业和商业的港口城市。有意思的是，天津的名字意为"天子经过的渡口"，而神户的名字也有"神仙之门"的意思。"天""神"的结合，被称为是一种"天意"。下面这段文字描述的是两市建立友城关系后展开的频繁往来：

1989年，神户市斥资1亿日元，在天津建成一个飞瀑溅玉、花团锦簇的"神户园"，两年后，天津市在神户六甲山建设的"依留亭"与"天津森林"，便成为当地居民休闲的好去处；1996年1月17日，

① 李小林.中国城市竞争力专题报告:开放的城市,共赢的未来(1973—2015)[M].北京:社会科学文献出版社,2016:20-22.
② 卢晶.中国发展国际友好城市的经验与启示[D].北京:外交学院,2018:12-13.

神户发生大地震，天津迅速空运去救灾物资。灾后神户展开了艰难的重建，并在新建的人工岛上辟出一片地，设立"新中国人街"。①

研究可见，两市通过城市公共文化空间互建，进一步增进了城市友谊，巩固了友城关系。无论是"神户园""依留亭"，还是"天津森林""新中国人街"，这些公共文化空间均已成为当地的标志性建筑，深入当地居民的日常生活之中，这使得友城的往来不只局限于城市政府层面的官方联系，而是真正做到了两国人民之间的友好往来。当然，公共文化空间是城市文化的缩影，中日两国文化相近、两市特征相似，也是这些公共文化空间能够受到当地居民欢迎且快速融入民众日常生活的关键因素。相似类型的友城还有中国威海市与日本宇部市，两市距离较近，均为海港城市，具有相似的地理环境和地理优势，使得双方在水产、渔业加工、造船等领域有广泛的合作基础②。截至2019年10月29日，中日两国城市共建立了256对友好关系，约占中国友好城市总量的十分之一③，这足以说明地缘因素在推动友城发展中的关键作用。

5.4.2.2 国家战略契机

"一带一路"倡议作为近年来我国的重大发展战略之一，自2013年习近平总书记提出以来，由理念变为行动，由愿景化为现实，得到了国际社会的广泛认同和参与。作为对外开放的重要平台、城市外交的重要载体、民间外交的重要内容，国际友城活动乘着"一带一路"的东风，从政府到企业、从官方到民间，合作的广度和深度不断拓展，为增进人民友谊、造福当地社会、发展国家关系做出了积极贡献，可见，国家战略是城市间建立友好关系并实现深度合作的关键因素。

---

① 孔晓宁.首开城市对外交流之窗——天津国际友好城市活动记事[N].人民日报海外版,2002-06-20(1).
② 刘雪莲,江长新.次国家政府参与国际合作的特点与方式[J].社会科学战线,2010(10):162-166.
③ 中日友好协会.中日友好城市一览表[EB/OL].[2019-11-20].http://www.zryx.org.cn/city/index.html.

随着响应"一带一路"倡议的国家越来越多，加之近年来友城工作的重点向"一带一路"沿线国家倾斜，新增友城多来自"一带一路"地区，"一带一路"友城数量大幅攀升。据不完全统计，2013年我国与"一带一路"沿线国家共结成394对友好关系，到2019年时这个数字达到了1181对，六年间增长了近800对且呈现逐年增长之势（见图5-1）。"一带一路"倡议对于缔结友好城市的推动不仅体现在数量的迅速增长上，还体现在其辐射带动力上，对于一些国际化程度较低尤其在我国知晓度较低，也不具备地缘优势的国外城市而言，"一带一路"倡议无疑带给了它们巨大的发展契机。例如，南京市从2013年至2019年间共与伊朗设拉子市、越南边和市、印尼三宝垄市等"一带一路"沿线国家的26个城市缔结友好关系①，四川省在2019年新增与奥地利上奥地利州及智利比奥比奥大区两对友好省区关系②。

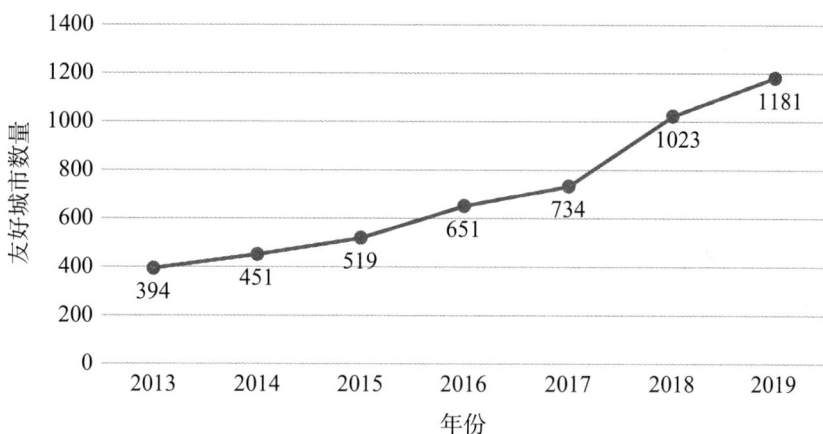

图5-1　2013—2019年我国与"一带一路"沿线国家（地区）缔结友好城市发展趋势

来源：笔者根据《中国国际友好城市总表（1973—2015）》及相关新闻报道整理绘制。

---

① 许琴."一带一路"沿线国家26城与南京市缔结友城［N/OL］.南京日报，2019-10-12［2019-11-20］. http://www.njdaily.cn/2019/1012/1802691.shtml.

② 张守帅，袁婧. 2019"一带一路"四川国际友城合作与发展论坛开幕［EB/OL］.（2019-10-15）［2019-11-20］. http://www.sc.gov.cn/10462/14721/14722/14732/2019/10/15/13c336222aef43b19120e872e57e7bf8.shtml.

此外，国际友城文化旅游的合作也在"一带一路"倡议的推动下取得了较大进展。上海市发起的"一带一路"友好城市文旅联合推广网络于2019年9月正式成立，泰国清迈和曼谷、匈牙利布达佩斯、柬埔寨金边、菲律宾大马尼拉、韩国全罗南道这"一带一路"沿线6座城市的文化旅游部门与上海市文化和旅游局共同签署"一带一路"友好城市文旅联合推广倡议书，共同搭建起更广阔的文化旅游交流平台，为实现合作共赢奠定了坚实基础，为民心相通提供了更多元的渠道①。同年，四川省也发起了《国际友好城市文化和旅游联盟倡议》，该联盟以"开放合作，互利共赢"为主题，加强四川省以及省内城市与其国际友好省州（城市）间在文化和旅游领域内的交流与合作，为务实开展文化交流、实现游客互送开辟新渠道、建立新平台②。

5.4.2.3 文化认同基石

中国城市与国外友好城市之间友情联系的纽带往往通过合作交流的形式固定下来。中国人民对外友好协会国际友好城市交流中心和中国社会科学院城市与竞争力研究中心合作成立研究项目组，对中国友好城市发展历程进行了梳理和总结，根据不同领域的交往批次特点，将友好城市交往涉及的13个领域划归为3类，其中交往比重最大的一类是政治、教育与人才、贸易和文化艺术领域，占所有往来活动的65%，其次是投资、旅游、体育和环保领域，比重最少的是科技、医疗卫生、城市建设、交通运输与能源③。由此可以发现，文化交往在友好城市交往中占据了相当大的比重，文化认同在巩固两城友谊、推动深度合作中发挥着重要作用。

中国成都市和法国蒙彼利埃市是中法第一对友城，这对友城的缘起与发展都和文化交流紧密相关。成都市档案馆珍藏着与蒙彼利埃有关的两份

① 丁宁,倪怡雯.上海发起建"一带一路"友城文旅推广网络[EB/OL].(2019-09-17)[2019-11-20].http://www.ndcnc.gov.cn/zixun/yaowen/201909/t20190917_1418344.htm.
② 刘琳.2019"一带一路"四川国际友城合作与发展论坛文化和旅游论坛在蓉举办[EB/OL].(2019-10-17)[2019-11-21].http://www.scjjrb.com/newsDetail/242477.
③ 李小林.中国城市竞争力专题报告:开放的城市,共赢的未来(1973—2015)[M].北京:社会科学文献出版社,2016:29-32.

档案。一份是百年前著名川籍作家李劼人赴法留学的护照存根，另一份是 1981 年 6 月 22 日成都与蒙彼利埃缔结友好城市的中法双语版协议书①。李劼人在法国蒙彼利埃留学时曾大量翻译法国文学作品，并在成都的报纸上刊登相关的文章，为成都人民了解法国蒙彼利埃奠定了基础。两城建立友好关系后，蒙彼利埃第二大学与成都电子科技大学共同创办了蒙彼利埃孔子学院，将中国"之乎者也"的传统文化带往友城的同时，中国武术乃至川菜烹饪在法国小伙伴之中也是备受追捧。而在成都市，设立在高新区的"蒙彼利埃之家"为民众提供了法国原版书籍和蒙彼利埃相关信息咨询，是两市人民交流互鉴的窗口。可以说，成都市和蒙彼利埃市通过由浅入深的文化交流，逐步加深了文化认同，潜移默化地延续着两市的友好城市关系，这种动力使得双方城市的关系更加紧密、人民的友谊更加深厚，是双方在文化、贸易、教育、医疗保健、体育运动等方面开展密切合作的坚实基础。

5.2.2 参与国际多边文化合作机制

在世界范围内，中国有 20 个邻国，数量较多且关系较为复杂，发起或参与跨边界的次区域文化合作是我国开展周边外交、推动亚洲区域化进程的一个重要模式②。立足于中国和亚洲区域化关系层面，我国已形成中国——东盟机制、东北亚合作机制等一系列的制度性安排，城市地方政府的次区域文化合作便在这些机制下通过各种形式积极参与。近年来，我国城市在多边文化合作机制下参与度较高、影响较大的是"东亚文化之都"（East Asian Culture City）的创建活动。

"东亚文化之都"是中日韩领导人会议机制人文领域的重要成果，是亚洲第一个国际性文化城市的命名活动，自 2013 年启动以来已经有 21 座城市获此殊荣，其中包括泉州、青岛、宁波、长沙、哈尔滨、西安、扬州

① 黄修眉.成都与蒙彼利埃:开启中法友城友谊[EB/OL].（2019-03-20）[2019-11-21].https://baijiahao.baidu.com/s?id=1628494958836853848&wfr=spider&for=pc.
② 王逸舟.中国对外关系转型30年[M].北京:社会科学文献出版社,2008:34-44.

7座中国城市，推动了中日韩三国城市间的合作与交流。"东亚文化之都"是中日韩三国文化领域中的长期战略性项目，由中日韩三国各自开展城市评选，我国的遴选机制由国家文化和旅游部制定和执行。我国当选城市制定和实施的规划集中在对外文化交流、公共文化服务、非遗传承与保护、文物保护利用、城市品牌建设与城市规划、文化和旅游产业等方面，通过开展形式多样的文化活动，开展各领域交流合作与经验共享，带动城市文化建设，激发城市活力，扩大城市的国际知名度、美誉度，切实实现以文惠民、以文兴城。

从2016年10月起，笔者跟随"东亚文化之都创建与发展研究"课题组①对泉州、青岛、宁波、长沙、哈尔滨、西安、扬州等"东亚文化之都"展开为期三年的实地调研，深入研究了"欧洲文化之都""东盟文化城市"等国际性"文都"的历史与现状。并且，"东亚文化之都"项目是由文化和旅游部国际交流与合作局亚洲处主管，笔者于2017年7月至2018年12月在亚洲处实习，亲身参与到"东亚文化之都"征集、遴选、评审等多个工作环节中，对"东亚文化之都"项目有了更直接的观察，从而收获了更深刻的体会。在上述研究基础上，笔者认为目前"东亚文化之都"有如下发展特征：

一是积极融入国际性"文都"网络。"文都"即"文化之都"的简称，国际性"文都"概念最早由北京大学国家现代公共文化研究中心"东亚文化之都创建与发展研究"课题组提出，是指在"欧洲文化之都""东亚文化之都"等国际性"文化之都"建设机制和评选活动中产生并得到认可的城市。国际性"文都"起源于1985年开展的"欧洲文化之都"（European Capital of Culture）项目②，随后，"阿拉伯文化之都"（Arab Culture Capitals，1996年）、"美洲文化之都"（American Capital of Culture，2000年）、"伊斯兰文化之都"（The Capital of Islamic Culture，2005年）、"东盟文化城市"（ASEAN City of Culture，2010年）、"伊比利亚美洲文化之都"

---

① 文化部外联局委托北京大学国家现代公共文化研究中心开展"东亚文化之都创建与发展研究"。

② 1999年以前叫作"欧洲文化之城"（European City of Culture），2000年以后正式更名为"欧洲文化之都"。

（Ibero-American Capital of Culture，2015年）、"南亚区域合作联盟文化之都"（SAARC Cultural Capital，2015年），以及"东亚文化之都"相继在全球推进。据不完全统计，至2019年底，已公布的获得各类国际性"文都"头衔的城市数量近250个。

国际性"文都"已成为一张通识性较高的世界文化名片，代表着一个力求将"文化之都"建设转化为促进城市发展持续动力的城市群体，"文都"间所开展的交流与合作便形成了大大小小的国际性"文都"网络。为避免"东亚文化之都"因缺乏长远规划和持续建设而办成"活动年"，"东亚文化之都"近年来不断与其他国际性"文都"互学、互鉴、互促，以加强"东亚文化之都"的后续建设，同时扩大"东亚文化之都"的社会影响。

表5-1 近年来"东亚文化之都"与其他国际性"文都"交流的重要事件

举办时间	举办地	会议	主题
2017年8月（第九次中日韩文化部长会议期间）	日本京都	"东亚文化之都"城市峰会	探讨"东亚文化之都"与"东盟文化城市"的对话与交流
2017年11月（中欧高级别人文交流对话机制第四次会议期间）	中国上海	"东亚文化之都"与"欧洲文化之都"合作论坛	推动"东亚文化之都"与"欧洲文化之都"的交流与合作
2018年6月	日本东京	"东亚文化之都"有识者会议	三国"文都"与专家交流"文都"可持续发展
2018年8月（第十次中日韩文化部长会议期间）	中国哈尔滨	"文化之都"论坛	"东亚文化之都"与"欧洲文化之都"城市及专家交流探讨推动城市可持续发展的有益经验
2019年10月	中国扬州	"东盟与中日韩文化城市网络"启动	推动东盟和中日韩城市间文化交流与合作进一步机制化、深入挖掘东盟——中日韩长期伙伴关系潜力、促进区域文化合作可持续发展

可以说，国际性"文都"的大融合为我国"东亚文化之都"与日韩

"东亚文化之都"及其他国际性"文都"开展更加持久的交流和更加务实的合作提供了重要契机。

二是目标城市逐步向中小城市倾斜。"欧洲文化之都"自1985年创设以来，当选城市总体上呈现如下特点：1985—1996年当选城市基本上是一国首都，12个当选城市中，9个城市是首都，还有2个是地区首府，如希腊雅典、荷兰阿姆斯特丹、法国巴黎等；1997—2004年当选城市基本上是一国名列前茅的经济、文化发达城市，如德国魏玛、法国阿尼维翁、意大利热那亚等；2005年至今，则以新加入欧盟的国家的城市，或是迫切希望提高文化实力、改变文化形象的中小城市、传统工业城市为主，如匈牙利佩奇、斯洛文尼亚马里博尔、斯洛伐克科希策等。"欧洲文化之都"的经验表明，"文化之都"的创建对中小城市、发展转型城市的促进和带动作用明显，属于"雪中送炭"式的发展契机和外部推动力，而对于一国首都或经济文化本就发达的城市，"文化之都"属于"锦上添花"，契机和动力作用明显不如中小城市。

我国"东亚文化之都"在与"欧洲文化之都"的交流互鉴中学习和借鉴其发展经验，其目标城市也逐步有意识地向中小城市、发展转型城市倾斜，意在让"东亚文化之都建设"在促进城市发展中发挥更大的作用。例如前几年评选出的"文都"主要分为泉州、青岛、宁波等沿海城市和长沙、哈尔滨、西安等省会城市两类，经济基础和文化底蕴都较为深厚，但"文化之都"之于这些城市的推动作用也相对有限。并且由于中日韩三国每年每个国家只评选一个城市，而中日韩三国的地域、人口规模存在着很大差别，日韩城市无论从体量、经济水平还是历史积淀上都很难与我国的"文都"相对等，交流起来难以相互适应，也难以找到共同感兴趣的热点，互鉴性不强。笔者调研发现，日韩方面对此状况非常了解，但他们对于"东亚文化之都"建设的重视程度丝毫不亚于我国，甚至更为重视，因为他们认识到了"以小博大"的重要性，认识到了通过"东亚文化之都"建设，可以使自己的"小城市"在经济、政治等方面从中国的"大城市"中获得更多的利益与好处。特别是韩国，其创建"东亚文化之都"的初衷更倾向于推动旅游产业的发展。我国认识到这些问题之后，"东亚文化之都"的遴选倾向有所调整，2020年我国"东亚文化之都"的6个候选城市分别是敦煌、绍兴、太原、温州、扬州、淄博，最终扬州当选为2020年"东亚文化之都"，入围城市在发展程度上较之前的城市整体小了一个量级，相对更需要"文化之都"带来的动力，也与日韩的"文都"更加匹配。

5.2.3　加入国际性文化发展促进计划与行动

在文化领域，存在着诸多国际合作项目，其中世界文化遗产、世界图书之都、创意城市网络等国际性文化发展促进计划与行动，与公共文化服务有较为密切的联系，在促进各参与主体文化事业发展的同时，也对参与主体公共文化服务的提升有积极的作用。加入国际性文化发展促进计划与行动对于城市发展无疑具有积极影响。一方面，促进计划与行动为各成员城市提供了一个交流、分享与合作的全球性平台，各城市借此契机可以努力拓展各类合作伙伴关系；另一方面，各城市在积极申报、竞争入选促进计划与行动的过程中也加强文化活动、产品和服务的创新能力，扩大宣传，注重文化人才培养，对城市弱势群体给予重点关注等，无论申报成功与否，都将有力地推动本地的文化发展，并将文化充分纳入城市的可持续发展进程中。本书所指的国际性文化发展促进计划与行动主要有两个特征：一是在联合国框架下全球各国共同参与；二是多以专题性质展开，如保护文化遗产、推动城市阅读等文化主题。我国城市参与的国际性文化发展促进计划与行动主要有三项：

争创世界文化遗产。世界文化遗产包括物质文化遗产和非物质文化遗产两类。联合国分别于1972年和2003年通过了关于物质文化遗产和非物质文化遗产的两项国际公约，并分别成立了专门机构，文化遗产的申报和援助已形成规范的机制。截至2019年12月，我国已有55项世界文化和自然遗产列入《世界遗产名录》，其中世界文化遗产37项、世界文化与自然双重遗产4项、世界自然遗产14项，在世界遗产名录国家排名第一位。从世界文化遗产的分布来看，中国各地世界遗产的分布较为不均衡，主要集中在西南部和沿海东偏北部，文化遗产的集中度较为明显，形成以北京为核心的分布圈（北京的世界文化遗产拥有量最高，为7处），而周边地区的文化遗产拥有量均较低。这一分布特征显然与中国城市文明中心的发展与转移存在密切的关系^①。

争创世界图书之都。世界图书之都与"世界读书日"紧密关联，由联合国教科文组织下设专门机构对申请城市进行评选。当选城市在其当选年举办大量阅读主题文化活动，促进了图书事业和公众阅读，也在一定程度上推动了城市文化的全面发展。虽然截至目前我国还未有城市成功当选，但在2014年，青岛市与深圳市曾联合申请"世界图书之都"，两城均为我国全民阅读水平较高的城市。特别是深圳市，连续26年人均购书量排全国第一，市民人均日阅读时间超一小时，每万人即拥有一座图书馆，2000年开始，每年11月为深圳读书月，深圳每年举办近千场读书文化活动，曾被联合国教科文组织评为"全球全民阅读典范城市"^②。

参与创建创意城市网络。创意城市网络由联合国教科文组织于2004年发起，旨在发挥全球创意产业对经济和社会的推动作用，促进世界各城市之间在创意产业发展、专业知识培训、知识共享和建立创意产品国际销售渠道等方面的交流合作，涵盖文学、电影、音乐、民间手工艺、设计、媒体艺术、美食七个领域。如果说理查德·佛罗里达（Richard Florida）等学者基于工业化给城市发展带来的弊端，从理论上阐述了文化创意理念对城市发展的重要性^③，那创意城市网络项目的开展则是从实践层面极大地推进了世界城市面向创意的转型。截至2019年11月底，"创意城市网络"已经吸纳了全球246座城市，我国共有北京、上海、深圳、青岛、长沙、哈尔滨、南京、澳门等15座城市入选全球创意城市网络（见表5-2），这些城市加入后以多种举措促进文化创意产业发展、扩大国际知名度。

---

① 林玉虾,林璧属. 世界遗产的旅游效应及其对遗产保护的影响——来自中国旅游人数和旅游收入的经验证据［J］. 经济管理,2017,39（9）:133-148.

② 朱永新. 深圳离"世界图书之都"还有多远［EB/OL］.（2019-04-18）［2019-11-23］. https://baijiahao.baidu.com/s?id=1631078843693472245&wfr=spider&for=pc.

③ GLAESER E. Edward L. Glaeser, review of Richard Florida's the rise of the creative class[J]. Regional Science and Urban Economics, 2005, 35（5）: 593-596.

表5-2　中国已加入"创意城市网络"的城市

主　题	城　市	颁布时间
民间手工艺	杭州	2012年4月
	景德镇	2012年12月
	苏州	2014年11月
设计	深圳	2008年11月
	上海	2010年2月
	北京	2012年6月
	武汉	2017年11月
美食	成都	2010年2月
	顺德	2014年12月
	澳门	2017年11月
文学	南京	2019年11月
	扬州	2019年11月
音乐	哈尔滨	2010年6月
	长沙	2017年11月
电影	青岛	2017年11月

　　总体而言，经过多年发展，我国城市加入国际性文化发展促进计划与行动的队伍愈发壮大，一些城市更是"身兼数职"，积极参与多个项目，横跨多个领域，例如北京、深圳、青岛等，这反映出我国城市文化发展的综合实力逐渐增强，地方参与对外文化交流、提升国际知名度的积极性明显提高。但需要引起重视的是，区域不均衡性仍较为突出，中西部地区因拥有丰富的自然遗产资源，一些城市争创世界自然遗产保护计划积极性高，但对其他项目的积极性明显不高，竞争力也相对不足。而东部地区因经济发达，参与加入创意城市网络的城市更多，从我国近年加入创意城市网络的城市来看，东部占64.29%，相比中西部有绝对优势。此外，从参与项目的范围与广度来说，我国城市还有待进一步挖掘特点、培育优势，争取突破"世界图书之都"等国际性文化发展促进计划与行动"零"的局面。

5.3　公共文化在城市文化外交中的呈现

5.3.1　文化遗产保护传承

《公共文化服务保障法》将优秀传统文化传承活动与全民阅读、全民普法、全民健身、全民科普和艺术普及共同列为公共文化服务的主要任务和基础工程。而非物质和物质形态的文化遗产往往是一个城市市民思维和行动的历史文化坐标，是优秀传统文化的集中表现，只有对他们加以妥善保护，我们才能从历史发展的角度看待一个城市的特有文化①。安迪·普拉特（Andy Pratt）将城市文化遗产保护传承看作是城市发展的重要资本：

> 文化遗产独一无二的因素就是地方独特性（Place Specific），代表了地方形象。这一独特性和代表的形象本身就是一种资本，对以后更进一步提升地方、区域以及国家的形象非常重要。②

在城市文化外交中，一方面是要畅通文化合作与交流的渠道，共享文化多样性带来的丰富的果实，更重要的是，为防止文化的合作与交流变成一种文化的侵略，保护文化生态的平衡就显得尤为重要。因此，保护与传承具有地方独特性和代表性的文化遗产便是增强文化认同、强化文化记忆的重要方式。除了世界文化遗产外，其他的城市文化外交模式对于文化遗产保护传承的重视程度也都非同一般。例如，在《文化和旅游部办公厅关于启动2020年至2022年"东亚文化之都"申报与评选工作的通知》最新公布的《"东亚文化之都"申报条件和验收评分导则》中，申报条件共有

---

①　联合国教科文组织. 文化多样性与人类全面发展——世界文化与发展委员会报告［M］. 张玉国, 译. 广州：广东人民出版社, 2006：110-111.

②　PRATT A C. Creative clusters: towards the governance of the creative industries production system?［J］. Media International Australia, 2004, 112（1）: 50-66.

七条，有两条都涉及文化遗产的保护与传承：

第一条　申报城市须是历史文化名城，在近三年内无重大文物违法案件和安全责任事故、无重大负面文化或旅游舆情。

……

第三条　申报城市重视文化保护与传承。城市重视非物质文化遗产保护与传承，重视文物保护与利用，重视知识产权保护，文化资源总体保护良好，并得到了科学的利用和传承。①

"东亚文化之都"验收评分细则共6大项、75小项，总分为800分，其中与文化遗产保护与传承相关的评分占据150分，且文化遗产保护与传承是一票否决制，由此可见"文都"评创非常看重文化遗产的保护与传承。而"东亚文化之都"对于文化遗产保护传承的意义不仅在于督促申报城市建立健全并落实保护机制，更重要的是其推动了非物质文化遗产的国际交流，例如举办中日韩三国非物质文化遗产联展、东亚非物质文化遗产保护论坛、非物质文化遗产相关传统工艺品及衍生品设计大赛等活动，既展示了优秀传统文化的风采，也为非遗传承人搭建了一个集百家之所长的学习平台，使非遗文化能够在传承中有所创新，走得更远。

友好城市由于是一种双边关系，参与主体是城市双方，相较于另外两种模式的城市文化外交，更容易推进并促成建立文化遗产保护传承的合作与交流机制。例如2019年3月23日，中国杭州市与意大利维罗纳市签署《中国杭州市与意大利维罗纳市在各自被列入联合国教科文组织世界遗产地名录的遗产地之间进行推广、开发和共享的友好关系协议》。杭州市专门召开市委常委会议，组成专项领导小组部署"2019—2020年杭州西湖文化景观与意大利维罗纳老城文化交流工作"，具体包括举办意大利维罗纳文化遗产摄影展、杭州市与维罗纳市文化遗产学术交流论坛、杭州市国

① 中华人民共和国文化和旅游部. 文化和旅游部关于启动2020年至2022年"东亚文化之都"申报与评选工作的通知［EB/OL］.（2019-05-02）［2019-11-30］. http://www.gov.cn/xinwen/2019-05/02/content_5388286.htm.

际日世界文化遗产专题馆布置等工作①。机制的建立使文化遗产保护传承在友城间的合作与交流成为一项常态化工作，而国际交流带来的文化遗产影响力的提升也会因友城这种点对点的合作模式被进一步放大、增强。

5.3.2 文化艺术表演与学术交流活动

《世界文化多样性宣言》中强调，"文化多样性对人类来讲就像生物多样性对维护生物平衡那样必不可少"②，也就是说，文化的单一性可能会像生物的单一性一样引起某种文化基因的变异，从而造成人类文化的危机。因此，维护城市文化生态的平衡首先要捍卫文化多样性，而在城市文化外交中，最普遍采用、最广泛参与、最直接体现文化多样性的莫过于各种类型的文化活动。"东亚文化之都"建设主要是国际间的文化交流，更多地表现为文化艺术表演和以其为依托来研讨"东亚文化交流"机制与渠道、建设模式与路径的学术交流活动。"文都"的"当选年"（Title Year）是集中展示城市文化发展成果的阶段，据不完全统计，历届"东亚文化之都"创建城市在当选年举办的文化活动都不下百场，并且遵循了一定的规律③：

一是历届"东亚文化之都"都会围绕"东亚意识、文化交融、彼此欣赏"主题，突出"共生·创新·和谐"的共识，并结合城市特点，提供系列化、品牌化的活动。例如，2014年，泉州以"古城文化复兴"和"新世纪海上丝绸之路"为主题，举办近300场重大文化活动和2万多场主题群众文化活动，42个国家和地区的2000多名嘉宾和艺术家莅临参加各种活动，直接参与的市民群众达200多万人次；2017年，长沙突出"东亚文都·快乐长沙"主题，多角度、多形式、多元素展现长沙的地域特点、文化特色和城市魅力，开展主题活动20余个、惠民演出1200场，惠及观众

---

① 梁心韵. 杭州市与意大利维罗纳市文化遗产交流活动即将开展［EB/OL］.（2019-09-01）［2019-11-30］. http://baijiahao.baidu.com/s?id=1643448114371413875&wfr=spider&for=pc.

② 联合国教科文组织. 世界文化多样性宣言［C］. 中华民族学学会. 民族文化与全球化研讨会资料专辑（《民族学通讯》第138期）. 北京：中华民族学学会，2003：13.

③ 笔者在文化和旅游部国际交流与合作局亚洲处实习及参与"东亚文化之都创建与发展研究"课题调研时采集的数据。

100万人次；2018年，哈尔滨围绕"冰雪之约、夏都之旅、音乐之城、文化交融"主题，举办了哈尔滨国际冰雪节、哈尔滨之夏音乐会等100余项、1000余场次的"文都"系列活动。

二是"东亚文化之都"创建成果普遍转化为城市常态化惠民活动。"文化再生"的表现之一就是文化活动和项目的延续①。"东亚文化之都"在创建阶段高密度、高质量的文化供给所带来的"文化繁荣"只有转化为常态化的表现，促进文化生态的活力提升与平衡发展，才是"东亚文化之都"创建的根本目的。例如，泉州在"东亚文化之都"框架下举办的"海上丝绸之路国际艺术节"已成为泉州的一项品牌节事、一次"艺术的盛会，人民的节日"。截至2019年11月，已成功举办了4届，通过开放式体验、网络化互动、全域性办节，有效地提升了人民文化获得感和幸福感。在"文都"创建期间举办的各类研讨活动，也发展成为这些城市每年都会举办的国际性高端学术论坛，如泉州的"新世纪丝绸之路经济论坛"、宁波的"天一阁论坛"等。

5.3.3 文献资源中心建设

随着"东亚文化之都"的逐年开展，各城市在创建和后续建设过程中积累了丰富的政策、理论和实践成果，形成了数量庞大、内容丰富、品种多样的第一手文献资料。将这些经验和成果进行收集、整理、保存、研究和传播，将为"东亚文化之都"的创建和后续建设提供智力支持和专业支撑，也对完善"东亚文化之都"公共文化服务体系建设有着重要意义。作为长沙2017年"东亚文化之都"建设的重要成果之一，"东亚文化之都"文献资源中心于2017年4月19日在长沙图书馆揭牌，旨在展示"东亚文化之都"的建设成果，打造具有国际品质、东亚风韵和湖湘标识的文化品牌。该中心位于长沙市图书馆五楼多元文化馆内，现收藏中日韩"东亚文化之都"相关文献559种，包括历届当选城市建设资料汇编30种、日韩文

---

① 方丹青,陈可石,陈楠. 以文化大事件为触媒的城市再生模式初探——"欧洲文化之都"的实践和启示[J]. 国际城市规划,2017(2):101-120.

物图片精选集2种，以及覆盖多个门类的日韩原版图书419种。

　　除了"东亚文化之都文献资源中心"这种主题性的综合平台外，我国一些城市还设立了以对外文化交流为主题，由友城"图书交换"和"捐赠"方式收集而来的文献资源专藏，多设立在城市的公共图书馆，使读者不出国门即可了解国外文化，更为促进与友好城市之间的文化交流、加深友好城市市民间的了解和沟通搭建了平台。笔者重点调研了深圳、广州、烟台、杭州、宁波和常州市设立的友好城市文献专藏，具体情况可见表5-3。

表5-3　我国城市开设友城文献专藏情况一览表

开设城市	所在位置及面积	收藏种类及数量	相关活动
深圳世界文化区	深圳图书馆五层	收藏全球60余个国家及部分深圳友好城市、友好交流城市相关文献4000余种，并以泛世界、欧洲、美洲、亚洲、非洲、大洋洲、南极洲为主题进行排列	深圳友城文献征集系列活动、深圳市友好城市及友好交流城市推介展
广州市友好图书馆	广州图书馆北楼八层多元文化馆	以各国领事馆、广州国际友好城市图书馆等机构的赠书为基础，划分美国、德国、法国、中国等多个国家主题区，入藏国内（包括港台）及海外出版的相关中外文专题文献，总量约7.5万册	"多元文化馆·环球之旅"以各国文化为主题，举办展览、讲座、广图真人书、悦读分享会等一系列活动
烟台友好城市图书专区	烟台市图书馆一楼大厅，40平方米	8个国家12个友好城市的图书及纪念品共150余件	"哈瑞英语角"开展友好城市主题日活动
宁波友城书房	宁波市图书馆新馆五层，50平方米，30个座位	40多个友好城市的图书及纪念品共150余件	"探索世界"系列讲座和友好城市主题月等活动
杭州图书馆国际交流专区	杭州图书馆中心馆三层专题文献中心	国际友好馆、国际交流友好协会等机构和组织捐赠的图书	友好城市摄影展、书展、画展等活动
常州图书馆友城专题阅览区	常州市图书馆五层，200平方米	18个友城3000余册外文赠书	—

城市文化外交中的文献资源中心建设对于推进城市文化外交的各项工作开展、促进公共文化国际化水平提升具有重要意义。总体来看，无论是"东亚文化之都文献资源中心"还是"友城图书专区"，虽然空间有限，却浓缩了城市对外文化交流的精华，这个平台也使得东亚文化之都、友好城市间的关系越来越紧密，市民的情谊也越来越深厚。这项工作在我国城市中处于刚刚起步的状态，与我国城市文化外交的整体进程还有一定差距，文献中心的建设还有很大提升空间：

第一，对文献中心建设的重视程度还有待加强。如笔者调研时发现，包括"东亚文化之都文献资源中心"在内的七处城市文化外交专藏中，仅有"烟台友城图书专区"设在图书馆一层大厅位置，并在阅览室内外都有清晰的"友城"字样及相关信息标识，非常醒目，易于被读者发现；而深圳、广州的友城专区虽然体量较大，但以洲际或国别分类，"友城"这一特定的关系并未被充分体现出来。

第二，文献资源中心的建设应兼顾阶段性与长期性。在现阶段，文献资源中心的实体空间已逐步成型，但线上文献信息平台建设还较为滞后，应逐步形成线上线下全面覆盖、特色鲜明、国内外城市全域联动的文献资源服务格局。从长远考虑，一方面应加强与"友城"城市群、"文都"城市群、"一带一路"城市群等更加广泛的文献资料合作与交流，夯实文献资源基础；另一方面应利用文献资源优势，积极拓展与国内外高校、科研院所及其他相关机构的联系，共同开展城市文化外交研究，提供决策参考。

5.3.4　公共文化空间构造

城市公共文化空间是城市文化生态的基本单元，也是城市文化的载体。王承旭将城市文化与城市空间的关系解读为：

在城市不断演进与更替的过程中，城市通过自身聚集的物质和文化的力量推动着人类交往活动的发生，并使活动的产品变得可贮存和可复制，即通过各种有形的物质形态载体（如城市格局、街道、广场、建筑物、石碑、书籍)和无形的意识形态载体(如城市精神、制度、风俗等)将城市文化代代相传,形成了被称为"城市灵魂"的城市文化。①

物质形态载体是城市文化的表层结构,与"人"和"活动"共同组成了城市公共文化空间,但并不是说只要有人在场所中开展活动就是城市的公共文化空间,其最终评判要取决于"场所"对城市制度、精神、风俗等意识形态的表征程度。一般来说,一个城市的文化历史名人、文化符号、文物遗迹等元素应被广泛用来标注该地区的文化底蕴、人文精神,唤起人们对城市历史与文化的情感,增强人们对城市的认同感和归属感,让市民获得更多"场所精神"的体验②。公共文化空间的打造是城市公共文化服务体系建设的重要组成部分,具有"地标性""符号性"等特质的公共文化空间,在城市对外交流的过程,无疑担当着"门面"的角色,而城市文化外交也在一定程度上加快了公共文化空间的建设进程与发展速度。

一方面,从硬件来说,城市文化外交使得城市投入更多的财政资金和吸引更多社会资本,文化基础设施建设经费得到大幅增加,公共文化设施体系得到了完善,包括老旧文化设施的修缮、改建、扩建和新建公共文化设施及空间,从总体上扩大了城市公共文化设施总量、提升了公共文化设施水准。例如,泉州在当选"东亚文化之都"后,市政府先后投入资金10亿多元,其中,3.5亿元主要用于泉州当代艺术馆、木偶剧院、歌舞剧院、文化产业、闽南文化生态保护区建设等,5000万元用于建设泉州西街"大麦仓"文化空间,6亿多元投入市民广场四大公共文化中心项目前期建设(项目总投资约33亿元)。

另一方面,从软件来说,城市文化外交通过分享创意经验、专业知识、商业技巧和专业技术,给公共文化空间带来了创新动力,包括对公共文化空间设计理念、服务内容、服务方式、服务人群和运营模式的创新探索。我国第二个被评为创意城市网络"设计之都"的上海就成功将创意设

---

① 王承旭.城市文化的空间解读[J].规划师,2006(4):69-72.
② 李冰冰.富有文化特质的城市公共空间环境活力营造研究[D].合肥:合肥工业大学,2011:30-39.

计与公共文化空间建设结合起来，并将创新文化根植于公众之中"生根发芽"。2018年，上海推出"美好生活"上海公共文化空间创新大赛，向市民征集公共文化空间创新案例，社区文化活动中心、村级文化活动室、城市书房、创意文化空间、商圈文化空间、园区共享空间等百姓家门口的公共文化空间都可以作为设计对象，经由机构自主报名、各区推选、市民网络推荐等渠道，最终有112个案例入围，涉及223个空间点位。其中由老旧社区图书馆改造而成的陆家嘴融书房获"最美公共文化空间奖"。5万册图书、1400平方米的三层空间、高颜值的外观内饰精准对接陆家嘴金融城内的人群，智能化、无人化的服务方式，"金融书房"的设置，20%的西文图书更多照顾了周边白领的借阅需求。融书房还扮演着城市文化客厅的角色，每周举办两场高质量的"陆家嘴读书会"，并由东方财经·浦东频道全程电视录制，在《几何书房》栏目中播出，以"在场+在线"的方式覆盖全国4.5亿观众。并通过上海人民出版社的新媒体平台，同步推送活动招募信息和回顾精华，还与喜马拉雅FM合作，将每期嘉宾的现场分享音频传播给更广泛的全球听众，可谓"没有围墙的融书房"①。

5.4 公共文化国际合作与交流对城市发展的影响

5.4.1 提炼城市主题文化

付宝华通过对世界名牌城市的研究，发现了一个支配与决定名牌城市的共性，那就是城市主题文化②，如水上之都威尼斯、港口之都鹿特丹、旅游之都夏威夷、建筑之都罗马、电影之都洛杉矶以及时装之都巴黎等。那么何为城市主题文化，城市主题文化又是如何形成的呢？郭佳认为城市主题文化建立在特质资源形成的特质文化基础上，具有独特性和垄断性：

---

① 人民网. 首届"美好生活"上海公共文化空间创新大赛圆满收官［EB/OL］.（2018-09-29）［2019-11-30］. https://www.sohu.com/a/257021517_114731.

② 付宝华. 城市主题文化与世界名城崛起［M］. 北京：中国经济出版社，2007：16.

城市主题文化就是根据城市特质资源形成的特质文化来构建城市
主题空间形态，并围绕这一主题空间形态来发展城市、建设城市的一种
文化策略。它既能使城市特质资源显性化，又能使城市特质文化主题化
和名牌化。它能使城市在自然景观、社会环境、建筑风格、经济形态和
文化形态及管理形态上充分体现出城市的特质性和主题性。在塑造城市
主题文化的同时，又塑造出影响世界的主题形象及核心竞争力。[①]

也就是说，突出城市文化主题是城市实现国际化、迈向世界城市的保
障，是城市发展的灵魂。而城市主题文化的形成则需要从具有特质性的文
化资源中提炼出来，并实践于城市建设和发展之中。因此，城市主题文化
的提炼首先需要对城市文化资源的认识与解构，而城市文化在与外界的交
流过程中，会提高这种认识与解构的效率。例如，泉州以"一带一路"倡
议和"东亚文化之都"为契机，将"海上丝绸之路起点"这个独特性的历
史资源梳理、整合并提炼出开放包容的"海丝"文化，并以此为主题举办
了国际艺术节、国际论坛、国际品牌博览会、非遗文化节、民俗文化旅游
节、文化游学基地、遗迹游等多个品牌活动，将"海丝"资源有效地串联
在一起，形成了合力，避免了城市发展过程中的无序和内耗。

在对资源认识与解构的基础上，城市主题文化的提炼还需要通过文化
交流来不断强化记忆和增强认同。一方面城市文化通过吸收世界及本国不
同的优秀文化而焕发活力，另一方面也能够让城市的文化精华为世界所了
解、接受，从而影响其他地方文化的发展。正如前文分析的，城市文化外
交中文化艺术表演与学术交流活动的规律就是围绕一个主题开展，并努力
将其发展为城市常态化项目，其目的就是将这一主题多次、反复地出现在
世界面前，强化人们对它的记忆，增强人们对它的理解。因为特质资源是
可以随着社会经济和科技的进步而发生转移的，拥有特质资源并不代表具
有城市主题文化，而城市主题文化的内涵越丰富、受到认同度越高，其对
外的作用和影响也就越大。

城市主题文化与城市产业的融合是提炼城市主题文化的最后一步，也

---

① 郭佳.文化、城市文化与城市主题文化辨析[J].城市发展研究,2008(S1):158-160.

是具有现实意义的一环。对此，付宝华认为，把文化发展为一种产业，把产业打造成一个大的文化，才能让城市的发展获得持续的动力，才能抵御产业革命和社会变迁带来的发展风险①。而城市的对外文化交往为城市主题文化与城市产业的融合提供了良好的契机。例如，上海时尚文化与时尚产业的融合离不开友城米兰的合作带动。由"米兰时装周"上的"中国日"到"上海时装周"，再到现在被称为除米兰、巴黎、纽约和伦敦之外的第五大时装周，时尚产业已成为支撑上海发展的重点产业之一。而"上海时装周"和"米兰时装周"的对话只是这一对已结好40周年的友城（1979年缔结友好关系）交流的缩影，文化交流和经贸交流浑然一体，其经济贸易合作的内容富有文化气息，而文化交流也具有推动两地经济发展的实用价值。

5.4.2 带动城市转型发展

当工业化成为经济社会的主要生产形式，城市化便成为推动人类社会发展的主要形式，特别是近百年来，城市几乎创造了以往人类财富的总和。但随之而来的城市问题，不仅对于所有国家来说都是共同存在的，只是特点和程度不同而已，而且这些问题在数量上和规模上似乎还在增长之中②。因此，在城市化进程中，以信息产业、文化产业、金融保险业为主导的第三产业因其高附加值、高科技含量、低能耗、低污染等特点成为现代城市经济调整和产业结构转型升级的必然选择③。一些城市在联合国教科文组织关于优先进行"文化和发展"与"可持续发展"的全球战略框架下转变了治理理念与发展观念，在对城市空间进行重新规划与文化再造的基础上，促进创意文化向城市的经济、社会、生活和环境深入渗透，让老城市不断焕发出新活力，实现了城市转型升级的良好成效。因此，这一发展模式得到了众多城市政府的重视，也在国际社会取得了普遍一致的认可，尤

---

① 付宝华.城市主题文化与世界名城崛起［M］.北京:中国经济出版社,2007:19.

② K.J.巴顿.城市经济学:理论和政策［M］.上海社会科学院部门经济研究所城市经济研究室,译.北京:商务印书馆,1984:2.

③ 曹曼君.战后纽约文化产业发展研究（1945—1975）［D］.上海:华东师范大学,2010:60.

其对发展中国家大型工业城市的转型升级具有重要的示范意义。

深圳于2003年提出"文化立市"的战略,并于2008年被评选为世界创意城市网络的"设计之都"(我国第一个入选创意城市网络的城市)后,积极主动地把文化和其他业态嫁接在一起跨界融合发展,探索"文化＋科技""文化＋创意""文化＋金融""文化＋旅游"等新模式,把文化资源变成尖端生产力,带动了深圳文化产业的高速发展(年均20%的增长速度),按照国家统计局统计口径计算,2018年深圳文化产业增加值超过1900亿元,占全市GDP的比重达7.9%,成为重要的经济支柱产业[①]。截至2019年11月底,深圳已有市级文化产业园区61家,多为工业园区、城中村改造而来(见表5-4),从实际出发改善城市生活基础设施、提高社会教育水平,增强了市民的获得感、幸福感。深圳市文化产业园区协会也于近期成立,这表明了深圳文化产业的整体发展已达到较领先的水平。对于一个传统文化底蕴并不深厚的城市来说,深圳能够成功转型,抢占文化产业的制高点,与其城市文化的对外开放水平息息相关。

表5-4 深圳市文化创意产业园区改造案例

创意园	场 地	主 题
OCT-LOFT华侨城创意文化园	20万平方米,华侨城东北部,由旧厂房改造而成	设计、摄影、动漫创作、教育培训、艺术等各类创意产业
"设计之都"创意产业园	5万平方米,深圳CBD核心区,由原田面工业区旧厂房改造而成	集活动策划、创意设计、执行为一体,专注于展会服务与会议服务
F518创意园	15万平方米,宝安区旧工业园升级改造的示范项目	文化创意产业研究基地、孵化基地,创展中心,国际创意设计中心,酒店
大芬油画村	1.68万平方米,龙岗区布吉街道大芬社区,由自然村改造而成	被誉为"中国油画第一村",是全国最大的商品油画生产、交易基地,也是全球重要的油画交易集散地
力嘉创意文化产业园	12万平方米,龙岗区横岗街道,由文博会分会场和力嘉工业城改造而成	印刷科研、创意设计、行业交流、文化旅游、科普教育及爱国主义教育基地

---

① 深圳市统计局,国家统计局深圳调查队.深圳统计年鉴:2019［M］.北京:中国统计出版社,2019:380.

5.4.3　提升城市国际声誉

一般来说，一些城市借助丰富且优质的历史渊源、人文地理、现实发展等方面的特质性资源，以及长期营造的良好形象和广为流传的城市美誉度迅速成为区域内的高层级城市（基本上都是大城市），而其他一些城市则相应成为中低层级城市（一般都是中小城市）。进一步讲，大城市的城市声誉强度一般（但并不一定）要高于中小城市[①]。全球私营咨询公司声誉研究所（Reputation Institute）从发达的经济、引人入胜的环境、高效的政府三个方面对世界各大城市的声誉进行评估，在其发布的《2018年度全球声誉最佳城市》中显示，全球声誉排名前十位的城市是：东京、悉尼、哥本哈根、维也纳、斯德哥尔摩、威尼斯、罗马、苏黎世、慕尼黑、蒙特利尔，中国的香港和上海分别位列第37和48位[②]。和该研究所2015年时公布的排名相比，香港前进了19位，上海前进了32位[③]，说明中国城市的国际化程度在最近几年发展迅速。

声誉研究所在报告中指出，公众对城市的理性认知会形成城市声誉，而利益相关者对城市的情感联系将推动旅游等经济因素的发展，简单来说就是利益相关者对城市的认同度越高，对其的投资就会越大。这两者越趋于平衡，城市的声誉及发展则越好，国际化程度也就越高。在所评估的56座城市中，只有25%的城市基本达到了这两者的平衡，比如东京和柏林；而有59%的城市都没有达到声誉预期，比如罗马、威尼斯，这意味着公众对城市的好感度要超过城市利益相关者的预期，这虽然可以在一定程度上减轻政府在面对危机时需要应对的公众压力，但是长此以往会造成城市声誉度的下降和城市发展的滞缓；16%的城市无法实现情感联系，比如莫斯

① 陈英武,郑江淮,高彦彦.信息不对称、城市声誉与生产者服务的区位选择[J].经济学家,2010(3):12-19.

② Reputation Institute. These are the most(and least)reputable cities in the world[EB/OL]. [2019-11-29]. https://insights.reputationinstitute.com/blog-ri/these-are-the-most-and-least-reputable-cities-in-the-world.

③ 刘琪.全球百座城市"声誉排行榜"出炉[J].上海城市管理,2015(1):93.

科、纽约，这说明公众对于城市的认可度还不够①。

城市文化外交是城市国际化发展的重要助推器，换言之，城市文化外交会促进公众之于城市的理性认知和利益相关者之于城市的情感联系向平衡发展。例如，位于我国黑龙江省的边陲城市——黑河，在十年前，知晓度较低，留给国际友人的印象也仅是一个口岸，更谈不上国际声誉，但是中俄文化大集改变了这座小城的命运。

2010年之前，黑河与对岸城市的文化交往比较少，为了改变这种局面，黑龙江省文化厅和黑河市政府策划在中俄边境地区举办"文化大集"，但第一届中俄文化大集在热闹的开幕式之后，俄方参与活动的热情并不如当初预想的那么高涨，俄罗斯民众过河前来逛大集者人数寥寥。而后，在两国省（州）政府大力支持下，自第二届中俄文化大集开始，中方组织民族民间手工艺品到对岸展销，吸引了俄罗斯民众踊跃抢购，俄方领导人首次过河来到黑河出席文化大集活动。由此，文化大集从黑河市的组织策划逐步上升到省（州）政府主办再到两国文化部主办（自2012年第三届中俄文化大集开始），层次和规模逐年提升。

2019年第十届中俄文化大集俄方共有马加丹州、滨海边疆区等9个州（区）派代表团参加大集，除黑河主会场活动外，鹤岗、鸡西等10地还设立了分会场，举办了包括展览、展销、文艺表演、学术研讨等涵盖多个类型的百场活动。在中俄双方共同推动下，中俄文化大集已成为两国文化交流的品牌、边境地区全方位合作的典范和毗邻城市人民欢乐的节日。并且，界河两岸已修建跨江索道和跨江大桥，这是文化交流带给黑河和两国人民的一份厚礼。

---

① Reputation Institute. The world's most reputable cities 2018[EB/OL]. [2019-11-28]. https://insights.reputationinstitute.com/reptrak-reports/city-reptrak-2018.

6　我国公共文化机构的国际合作与交流实践

本章聚焦我国公共文化机构的国际合作与交流实践。公共文化机构的国际化发展具有理论基础，具备国际化要素，同时也兼具与国际上其他公共文化机构彼此融合、相互借鉴的良好态势。虽然前面三章论述的公共文化国际合作与交流实践多有涉及公共文化机构的积极参与，但是公共文化机构有其自成体系、国际通行的服务方式、管理与运行机制等，因此有必要研究不同的公共文化机构开展的国际合作与交流特色实践，并从中寻找规律与共性，更加直接地探讨公共文化国际合作与交流对公共文化事业发展的重要影响。通过对我国主要公共文化机构（图书馆、文化馆、博物馆等）的国际合作与交流特色实践的研究，揭示新中国成立70年来我国在保障人民基本文化权益方面取得的历史性进步，表明改革开放以来，特别是近20年国家大力推进公共文化服务体系建设带来的我国公共文化服务由全面落后于西方发达国家到实现并跑再到局部领跑的显著成就，更加清晰地展现公共文化机构国际化对于文化事业高质量发展的丰富内涵与时代价值。

6.1　公共文化机构国际化发展的理论基础

6.1.1　从文化间性理论看公共文化机构国际化发展

在全球化时代，世界范围内各种思想文化的交流、交融、交锋愈发频繁，相互学习、相互借鉴、共同发展已成为人类文明进步的必然趋势，因而文化间性越来越受到人们的关注。文化间性是由主体间性（Inter-Subjectivity）的概念发展而来，后者意指不同主体间的一种交互作用关系以及由此对意义的重组①。主体间性最重要的代表人物是法兰克福学派的于尔根·哈贝马斯。当哈贝马斯将其主体间性理论向国际关系层面进行推进时，发现文化成为阻碍其发展的障碍，因此他开始将主体间性概念发展到文化层面上②。文化间性有两个基本特征：

一是文化间性以文化之间的积极对话为前提。每一种文化样态并不是处于封闭状态之中，对自我本身进行一种催眠似的自说自话，而是需要积极地在与他者文化的对话之中进行交互反射，来对自身的文化意义进行确立，为文化的延续与发展提供动力。

二是文化间性注重文化"差异"与"同一"的关联性。不同文化之间要秉承相互尊重、相互理解、相互宽容的态度来保持一种和谐、稳定、持续的对话关系，对话的双方是平等的，在差异中相互学习和借鉴，在"他者"视域中反观自己，探寻文化间的关联地带，进行文化意义的重组与革新。用中国传统文化"和而不同"的思想来解释，即首先要承认不同，没有不同，就不会有发展；但"不同"并不是互不相关的，各种不同因素之间，必须有"和"③。这里的"和"，不是"和而为一"，而是"和谐共生"。

文化间性不只是存在于作为宏观概念的文化之间，具体的文化内容、文化传播的媒介等，都可以用文化间性的思维来看待和分析④。图书馆、文化馆、博物馆等公共文化机构是开展对外文化交流、传播文化的重要平台，是不同文化互动的载体。从文化发展的角度来说，需要公共文化机构积极地寻求与世界的平等对话，传递声音，表达理念；从公共文化机构本身的发展来说，也需要在与不同国家的公共文化机构互动的过程中，不断反观自己，寻找差异，实现可持续发展。因而，用文化间性理论来看公共

---

① 王才勇.文化间性问题论要[J].江西社会科学,2007(4):43-48.

② 阚侃.文化间性的理论根源:从主体间性到文化间性[N].中国社会科学报,2019-06-27(4).

③ 蒋飞燕.如何解决文化间性问题[J].重庆工学院学报(社会科学版),2008,22(7):119-121.

④ 张力.媒介话语跨文化传播的间性研究[J].北方论丛,2013(4):63-67.

文化机构的国际化发展，是从一种客观的视角切入对这一跨文化交流过程的观察，这也就意味着，公共文化机构的国际化发展是由文化需要交流互动的本质而发生，而且这种互动的双方是平等的。

6.1.2 我国公共文化机构国际化进程

文化间性不是一成不变的，每一种文化看向他者时所带有的特定视界具有强烈的时间性，每一种文化的既成态势、走向等在与其他文化相遇时都会铸成其看这种文化的特定视界，因而也会产生不同的互动。[①]我国公共文化机构在与西方的互动中，可以归纳为四个阶段：

第一个阶段，在20世纪80年代，伴随着中国打开通向世界的大门，公共文化机构开启了其国际化发展的进程，但那时无论是我们看西方发达国家，还是西方看我们，彼此的好奇心态占了很大比重，很难谈得上有深度交流。到第二个阶段，随着交流逐渐增多，深度从满足对彼此的好奇心，转移到对公共文化机构发展内涵的探索上。国际上尤其是欧洲和北美关于图书馆、博物馆等机构管理运营的理论和方法逐渐较为系统地为我国所了解和接受，并被赋予了更多的中国内涵，尝试构建中国公共文化机构自己的基本话语体系。第三个阶段，由于中国经济体量和文化影响不断扩大，越来越多的平等合作关系逐步取代以往对西方的"迷信"；并且我国创造性地构建了具有中国特色的公共文化服务体系，从设施到设备，从资源到服务，从活动到平台，从制度到保障，具有国际引领意义的创新实践层出不穷，实现了"弯道超车"。也正因为如此，我们与西方的互动进入到第四个阶段，一些传统的文化发展强国在对中国公共文化迅猛发展心存敬意的同时，把中国视为对他们绝对主导地位的竞争者甚至挑战者[②]。

从新中国成立之初到现在70余年的时间里，我国公共文化机构已不再满足于被影响者的角色，而是在努力成为全球公共文化事业发展积极的

---

① 王才勇.文化间性问题论要［J］.江西社会科学,2007（4）:43-48.

② 安来顺,毛颖.国际化、高质量、可持续:中国博物馆事业发展的方向与战略——国际博物馆协会（ICOM）副主席安来顺先生专访［J］.东南文化,2019（2）:6-15.

参与者和贡献者；同时这一过程也使得我国公共文化机构更加成熟，加快了其国际化进程。这正是不同文化交流互动的价值所在。有一组数据引起笔者的注意：截至2019年4月，共有88个国家和地区的319家境外文化机构加入我国公共文化机构主导建立的丝绸之路国际剧院联盟（2016年成立）、丝绸之路国际艺术节联盟（2017年成立）、丝绸之路国际博物馆联盟（2017年成立）、丝绸之路国际图书馆联盟（2018年成立）、丝绸之路国际美术馆联盟（2018年成立）①。由我国发起创立的国际公共文化服务联盟在数量、种类和加盟情况等方面都已初具规模，这说明我国公共文化机构在全球多个文化领域逐渐取得主导地位，国际号召力稳步提升。

6.2 我国图书馆领域国际合作与交流的特色实践

6.2.1 在国际图联中展现中国力量

国际图书馆协会和机构联合会（简称国际图联，International Federation of Library Associations and Institutions，IFLA）是联合各国图书馆协会、学会共同组成的一个机构，是世界图书馆界最具权威、最有影响的非政府的专业性国际组织。国际图联的发展与中国图书馆界的关心、参与和支持息息相关。从1981年中国图书馆学会恢复国际图联席位，正式成为国际图联的国家协会会员开始，中国图书馆界积极参与到国际图联的各项事务中，并通过长期努力和不懈争取，使中国在国际图联中的影响力日益提升，这不但与中国现在的国际地位极为相称，而且与我国一直所倡导的文化多样性也是协调一致的。中国图书馆界主要从以下五个方面在国际图联中发挥作用，为发展世界图书馆事业做出贡献：

加入国际图联贡献力量。截至目前，中国大陆的21所机构及香港特别行政区5所图书馆、澳门特别行政区3所图书馆、台湾省8所图书馆成

---

① 张海宁.数说70年:文化交流走深走实［N］.中国文化报,2019-09-26（3）.

为国际图联的机构会员①，成为国际图联组织的一支重要力量。

承办和参与国际图联大会。中国图书馆学会曾于1987年、1989年两次向国际图联提交承办大会的申请，国际图联执委会终于在1991年正式批准②。1996年8月，第62届国际图联大会在北京举行。这次国际图联大会的承办给我国图书馆事业带来深远影响，促进了我国图书馆学基础理论的研究，表明了中国图书馆事业取得阶段性重大进展并为进一步发展提供了良好契机③。之后，中国图书馆学会也积极参与承办了多次卫星会议，如在第76届国际图联大会期间举办了奥斯陆"享有阅读权利"卫星会议。1981年后，中国每年都派代表团参加国际图联会议，近十年来，除东道主国家以外，中国图书馆界同人每年参加国际图联大会的人数一直位居第二位，仅次于美国。据不完全统计，2009—2019年间，中国共有1987人参加国际图联大会④。2019年第85届国际图联大会汇聚了来自130多个国家的3500多位代表参加此次大会，约每15个参会者就有一位是中国代表，中文地区海报展示比例超过展示总量的十分之一⑤。中国代表的直接参与，使大会决议得以更多地反映包括中国在内的广大发展中国家图书馆的要求。

参与国际图联高层管理。国际图联管理委员会由20名委员组成，其执行委员会由国际图联主席、当选主席、司库、专业委员会主席、管理委员会两名竞选委员和秘书长等7人组成，承担国际图联的最高执行职责，负责监管国际图联的发展方向。从1997年开始，我国共有5人当选国际图联管理委员会委员，总任期18年，分别是：中国国家图书馆副馆长孙蓓欣（1995—1997，1997—1999）、上海图书馆馆长吴建中（2001—2003，2003—2005）、中国科学院文献情报中心主任张晓林（2005—2007，

① 王蕾.中美恢复外交关系以来两国图书馆界交流与合作研究[J].图书情报工作,2007,51(7):138-140.

② 龚怡萱.中国与国际图联[J].大学图书情报学刊,1996(2):1-4.

③ 丘东江.国际图联（IFLA）与中国图书馆事业（下）[M].北京:华艺出版社,2002:45-50.

④ 笔者通过国际图联网站、中国图书馆学会网站及其他新闻报道整理、汇总得到。

⑤ 国家图书馆参考咨询部主任王磊在第85届国际图联大会中文代表预备会议上的发言。

2007—2009）、北京大学图书馆馆长朱强（2009—2011）、中山大学程焕文教授（2017—2019, 2019—2021）。此外，中国国家图书馆目前共有11人在国际图联专业委员会担任委员①。中国图书馆界同人积极参与并成功当选国际图联执委和专业委员会委员是中国图书馆界在国际图联地位进一步提升的体现，加强了中国图书馆界在国际图联重要事务决策中的影响力。

确立中文在国际图联的工作语言地位。2006年中文成为国际图联工作语言，并增设了中文同声传译服务，为中国图书馆工作者参加IFLA大会提供了便利，为中外图书馆工作者无障碍地进行学术交流创造了条件，更为中国图书馆更多地参与国际交流，让世界听到中国声音打下了坚实基础。2004年3月31日国际图联管委会会议（GB04-082）文件确定在2004年8月布宜诺斯艾利斯年会上增加中文预备会议（Chinese Caucus）②，这在国际图联历史上是第一次，之前在国际图联年会上有预备会资格的仅有11个国家，中国以前都是参加第八分会（第三世界）预备会。此后，每年的中国预备会上，中国代表们就图书馆事业发展现状、国际交流以及国际图联的参与现状等内容进行分享。第85届国际图联大会中文代表预备会议共有来自我国文化和旅游部、公共及高校图书馆，台港澳大学图书馆，北美华人图书馆协会，加拿大、新加坡华人代表等110余人参加。

建设国际图联中国区域中心。根据国际图联保存保护中心建议，2003年国家图书馆开始着手"中国中心"的调研和筹备工作。2004年经文化部批准，"中国中心"正式在国家图书馆成立。中国中心的主要任务是：提高公众对图书保存保护的认知度；建立通信网络；翻译国际图联保存保护中心的专业文献；参加国际图联保存保护中心会议，并在条件成熟的情况下筹备、举办一些保存保护领域的国际会议；倡导和推动标准的使用③。2009年2月，国际图联和国家图书馆签署了成立"国际图联中文语言中心"

---

① 根据国家图书馆网站信息整理所得：http://www.nlc.cn/newtsgj/iflaygt/.

② 吴建中. 国际图联关于中国的两份文件［EB/OL］.（2016-09-19）［2019-12-02］. http://blog.sina.com.cn/s/blog_53586b810102wjpr.html.

③ 国际图联保存保护中心中国中心. 国际图联保存保护中心中国中心简介［EB/OL］.［2019-12-02］. http://www.nlc.cn/newtsgj/iflaygt/gjtlbcbhzxzgzx/zgzxjj/201011/t20101130_21614.htm.

的合作协议，该中心作为国际图联总部在中文语言区域的永久代表，给国际图联亚太专业组以及国际图联其他相关的机构提供支持；通过该中心，国际图联总部与中文语言区域的图书馆和信息情报从业者之间的沟通更加密切及顺畅。

6.2.2　中国图书对外推广计划

出版物国际交换与捐赠是图书馆开展国际交流的重要方式之一。在第五章中，本书探讨了国内公共图书馆开设友城图书专区，促进了友城间的人文交流。那么另一"以书会友"的方式就是向国外推广、捐赠中国图书，通过出版物向世界展示中国改革开放以来的新进展，提升中国文化的影响力。"中国图书对外推广计划"（China Book International-CBI）起源于2004年中法文化年，2006年起由国务院新闻办公室和新闻出版总署实施，截至2018年底，在该计划资助下，中国出版机构已同82个国家的700余家出版机构开展合作项目3200余项，涉及图书4600余种、50多个文版[①]。此外，国内公共图书馆也积极落实"中国图书对外推广计划"号召，通过图书互换业务、向境外图书馆捐赠国内出版的纸质和电子图书设立中国图书专藏等方式，弥补境外图书馆中文藏书不足，全方位地向境外读者介绍中国的发展和文化，宣传弘扬中国悠久的文明与历史。表6-1是笔者根据网络调研梳理的国内公共图书馆向国外图书馆捐赠中文图书馆并开设专架的情况。

表6-1　国内公共图书馆向国外图书馆捐赠中文图书并开设专架情况

项　　目	发起时间	发起单位	捐赠范围及数量
上海之窗	2002年起	上海图书馆	72个国家和地区的168家机构（公共图书馆、大学图书馆、中国在海外各地开设的孔子学院以及各类专业藏书与研究机构），近12万册图书

---

① 张贺."中国图书对外推广计划"外国专家座谈会召开［N］.人民日报,2019-08-20（6）.

续表

项　目	发起时间	发起单位	捐赠范围及数量
中国之窗	2006年起	国家图书馆	美国国会图书馆、大英图书馆等65个国家和地区的133家图书馆，18万余册图书
映像西湖典藏专区	2011年起	杭州图书馆	瑞典斯德哥尔摩市立图书馆、俄罗斯涅克拉索夫图书馆、日本岐阜市立中央图书馆等10余家图书馆
广州之窗	2011年起	广州图书馆	美国洛杉矶公共图书馆、瑞典林雪平市公共图书馆等12个国际友好图书馆
重庆之窗	2011年起	重庆图书馆	泰国朱拉隆功大学图书馆、英国威尔士国家图书馆、德国杜塞尔多夫市立图书馆等12家图书馆，3000余册图书
中国图书之窗	2013年起	南京金陵图书馆	非洲尼日利亚、加纳、刚果（布）、纳米比亚、赞比亚等八个国家图书馆，每馆捐赠200余册法文、英文图书
阅读北京	2017年起	首都图书馆	斯洛文尼亚卢布尔雅那大学图书馆、以色列特拉维夫Beit Ariela图书馆、丹麦哥本哈根中心图书馆、芬兰赫尔辛基奥迪图书馆等，2500余册图书

注：笔者采用自动模式识别技术对国内公共图书馆向国外图书馆捐赠中文图书情况进行网络调研，以在国外图书馆开设专架为条件遴选出表中所列图书馆及项目，并经各图书馆官方网站核准数据。

　　"上海之窗"是持续时间最长、覆盖范围最广、开展较为成功的一个出版物国际捐赠项目，现在已成为海外读者了解和认识中国以及上海的风土人情、改革开放后日新月异变化的重要"窗口"。"上海之窗"具有以下特点：一是合作模式成熟，"上海之窗"合作期一般为3年，首批赠书一般为500种，此后上海图书馆每年还将增补100种左右，对所有的赠书，上海图书馆均直接或间接提供书目数据，并可在编目方面给予支持。二是开设线上服务，"上海之窗"开设了服务网站，网站有电子图书近3万种以及多个上海图书馆自建数据库[①]。三是管理方式灵活，根据与受赠方达成

―――――――

　　① 上海之窗.上海之窗概况［EB/OL］.［2019-12-03］. http://windowofshanghai. library.sh.cn/profile/10.

的协议,"上海之窗"赠书可在专门的阅览室集中展示,也可以陈列在公共阅览区域所辟的开放书架上,示以"上海之窗"的指示标志。四是受众反馈良好,"上海之窗"满足了海外读者学习中国语言文字、了解中国历史乃至开展学术研究的愿望与需求。来自美国、土耳其、博兹瓦纳等地的图书馆被"上海之窗"项目吸引,主动与"上海之窗"取得联系,希望能够被列入到受赠网络中。

6.2.3　建立图书馆跨国联盟

吴建中认为,通过数十年资源共享实践发现,图书馆联盟是实现资源共享最实际、最有效的组织形式[①]。建立跨国图书馆联盟,可以有效提高不同国家和地区之间图书馆资源共享、学术研究以及数字图书馆建设等领域的交互、调控和创新能力。从更宏观的意义来说,图书馆作为集保存文化遗产、开展社会教育、传递科学信息、提供精神滋养于一身的文化场馆,跨国图书馆联盟将扩大异国、异文化交流及传播的力度和范围,最终形成区域一体化的图书馆跨界"知识带",对于促进世界文明交流互鉴,增强文化认同起到不可忽视的作用。近年来,"一带一路"倡议、金砖国家机制等国家战略的实施给图书馆联盟的发展带来了新的机遇。

国家层面,中国国家图书馆先后成立了金砖国家图书馆联盟和丝绸之路国际图书馆联盟。2017年7月,第一届金砖国家图书馆会议在天津举行,金砖五国图书馆代表在各国文化部长的见证下宣告金砖国家图书馆联盟正式成立,并通过了《金砖国家图书馆联盟合作意向声明》[②]。2018年5月,丝绸之路国际图书馆联盟正式成立,联盟秘书处设在成都,并发布了《丝绸之路国际图书馆联盟成都倡议》,共有孟加拉国、尼泊尔、保加利亚、泰国、越南等"丝绸之路"沿线国家的24家图书馆加盟[③]。这两个推动国

---

① 吴建中.新常态下图书馆联盟发展的新课题[J].新世纪图书馆,2015(1):5-8.

② 国家图书馆.孙一钢副馆长赴南非出席金砖国家图书馆会议[EB/OL].(2018-10-29)[2020-02-16].http://www.cdlc.cn/n/news.aspx?nid=1913.

③ 岳依桐.丝绸之路国际图书馆联盟四川成立[EB/OL].(2018-05-28)[2020-02-16].http://www.chinanews.com/cul/2018/05-28/8524629.shtml.

际图书馆开展合作的开放性平台,对"一带一路"沿线国家的图书馆开展文化交流与合作,对图书馆专业人士共同进步、让图书馆面临的重大发展问题与科学进步的前沿领域受到更多关注都有着积极的促进作用。

地方层面,图书馆结合自身优势建立区域联盟。近年来,杭州图书馆借助长三角区位经济优势,通过举办国际会议、实施图书馆馆员互访交流项目、建设英文网站等一系列举措,扩大国际知名度与影响力。在此基础上,杭州图书馆抓住"一带一路"契机,发起建立中国——中东欧国家图书馆联盟(于2018年10月正式成立),共有16个中东欧国家的图书馆加盟,并达成了《中国——中东欧国家图书馆联盟2019—2020年行动计划》。联盟的成立将促进中国——中东欧国家图书馆在书目数据共享、文献交流互换、人员交流与培训、馆际文化交流等方面展开深入持久的合作,推动中国——中东欧图书馆事业共同进步。

总体来看,我国公共图书馆自主创立跨国联盟已经起步,从国家到地方均有实践,在国际上也都产生了一定影响。虽然目前国内图书馆作为倡导者、发起者的数量有限,但国际图书馆联盟建设是一项宏大的系统工程,涉及面广、跨越时间长、建设任务重,对倡导者、发起者本身也有较高的要求。因此,图书馆跨国联盟下一步的发展方向不是鼓励大家都来组建,而是利用好现有的联盟平台,以其为纽带,推进各国图书馆的现代化、数字化、网络化发展,从而实现各国文献资源的共建共享,促进世界各民族文明成果的传承与保护。

6.2.4 中外图书馆员专业交流

我国图书馆从20世纪50年代与苏联的交流互访开始,便拉开了国际馆员交流的大幕,到20世纪70年代与美国的交流互访,再到今天许多层级、许多地区的公共图书馆都开展了国际图书馆员专业交流,形成了多种形式。

一是与海外图书馆开展馆员互访,参与对方工作,并在这个过程中对海外图书馆全面考察和学习,一般都同海外图书馆建立有合作关系。例如,广州图书馆先后同法国里昂市图书馆、德国法兰克福市图书馆等订立协议，定期交换馆员①；杭州图书馆与爱尔兰、俄罗斯、瑞典、美国、德国等国的城市公共图书馆和大学图书馆建立友好关系，互派馆员进行工作和学习交流。通过馆员交换项目的实施，推动中外图书馆合作与交流的主要群体逐渐形成，在中外图书馆之间起到了桥梁和中介作用，积极促进了中外图书馆的交流，也为我国图书馆了解和掌握世界发达国家图书馆领域的最新动态和先进经验提供了良好的外部条件。

二是开展大范围的图书馆员国际培训，我国组派图书馆业务骨干赴海外考察学习，并邀请海外图书馆专业学者来中国交流。中美图书馆员专业交流项目（US-China Librarian Collaboration Project）广受关注，从2009年起开始合作执行，为期两年，是中美两国图书馆界的首个政府级合作项目，得到了我国文化部专项资金和美国博物馆/图书馆服务管理署（Institute of Museum and Library Services-IMLS）"放眼全球，行诸全球"（Think Globally，Act Globally）项目的联合资助。该项目由图书馆馆长、图书馆职业教育、图书馆技术、图书馆专业普及和中文信息共享平台试点5个子项目组成，由中国图书馆学会与美国伊利诺伊州大学图书馆和美国华人图书馆员协会合作执行。2010年9月，在第五届"中美图书馆合作会议"开幕式上，中美双方共同签署了《中美图书馆员专业交流项目补充协议》，将项目延长至2012年。该项目首期便覆盖了我国29个省、自治区、直辖市及美国11个州的16个城市，共3000余名中美图书馆专业人士直接参与了项目②，为中国广大图书馆从业人员提供了学习美国先进经验的专业平台。邱冠华认为，通过参加2012年中美图书馆员专业交流项目，使其对中美两国图书馆的差距有了更准确的认识：

> 国内公共图书馆经过近十来年的发展，不管在馆舍、设备等硬件上，还是在理念、服务等软件上，都与十年前不可同日而语，尽管与美国公共图书馆相比还存在一定的差距，但笔者认为这种差距正在逐

---

① 龙柳亭.浅述广州图书馆多元文化馆的特色服务[J].农业图书情报学刊,2014,26（4）:176-180.

② 湖南省图书馆学会.中美图书馆员专业交流项目背景介绍[EB/OL].（2011-05-06）[2020-03-03].http://www.library.hn.cn/tsgxh/2011zmjl/201105/t20110506_10132.htm.

步缩小。经过这两周的培训、参观、实习、交流，我本人感觉到最大的差距还在"人"上，美国公共图书馆馆员整体上的专业素质之高，我们可能还需要赶它个八年十年，而更为艰难的是我们的读者，如果我们的读者在信息素养和利用习惯上要达到美国读者的水平，则需要的时间可能更长，而这也成为国内公共图书馆需要努力的重要原因。[①]

而中美图书馆员专业交流项目之所以成效巨大，正是其以提高人的素质和专业水准为出发点。这不仅反映在此次交流对于中国图书馆人的影响，还体现在美国同仁也了解到了中国图书馆事业发展的新成就以及中国图书馆人的风采，比如文化信息资源共享工程、古籍保护、数字图书馆建设、公共图书馆免费开放等，使其认识到我国图书馆界在资源共享和开放获取等领域具备的优势。有了准确的认识，才能够在之后的合作中取长补短，互促并进。

三是在"10+3"、丝绸之路国际图书馆联盟等合作框架下开展务实性合作交流，积极搭建图书馆人力资源国际合作平台，形成了多个品牌项目，如"中国——南亚图书馆管理与服务高级研修班""东南亚图书馆员研修班""东盟——中日韩文化人力资源研讨班"等。这些项目通过专题讲座、座谈研讨、实践考察等形式开展交流，涉及古籍保护、数字资源建设、公共文化服务与文化产业发展等多个领域，为区域文化合作孵化人才。

6.2.5　举办国际高水平学术会议

高水平学术会议通常对引领行业发展起到重要作用。随着中国对外开放程度的不断加深，我国图书馆学术会议的国际化程度也实现了从无到有、由浅入深的提升。

早在1978年时，北京图书馆（国家图书馆前身）馆长刘季平和澳大利亚国家图书馆馆长钱德勒等人发起并组织，决定每三年在亚洲及大洋洲

---

① 邱冠华. 2012年中美图书馆员专业交流项目图书馆行业组织访美活动之五［EB/OL］.（2012-06-22）［2020-03-02］. http://www.lsc.org.cn/contents/1247/7967.html.

地区国家轮流召开国家图书馆馆长会议，我国于1989年、2004年、2017年分别举办了第4届、第12届、第25届会议。从1996年开始，中美两国的国家（国会）图书馆及两国的图书馆学会（协会）联合举办中美图书馆合作会议，由中美两国轮流举办，至今已举办了6届。

进入21世纪后，各省市图书馆开始积极举办国际学术会议，如上海图书馆从2002年开始举办上海图书馆国际论坛，至今已举办了9届。中国图书馆年会作为中国图书馆界最高级别的行业会议，也开始吸引港澳台和国外图书馆界的关注和积极参与。从2004年开始，每年都会有港澳台和国外代表参与年会，会议还多次邀请到了国际图联主席，美国、韩国、德国等国家的图书馆协会主席等参加，并发表主旨演讲。从2015年开始，年会设立有国际分会场、国外图书馆协会展位，进一步扩大了年会的国际影响力。

笔者根据《中国图书馆百年纪事（1840—2000）》[①]、《中国图书馆年鉴》（1996年—2017年年鉴中"年度大事记"部分）及中国图书馆学会等相关网站资料梳理我国举办的产生一定影响力的图书馆国际高水平学术会议（主要为公共馆举办和参与的国际会议），发现其呈现出三个特点：一是多数国际会议已形成常态举办机制，其好处在于搭建了稳定的国内外学界、业界交流互动的平台，并且有利于追踪、比较事业进展。二是从2013年开始，加强与"一带一路"沿线国家的合作交流，举办了如"中国与阿拉伯国家图书馆及信息领域专家会议""丝绸之路国际图书馆联盟论坛"等国际会议，填补了中阿、中国与中东欧等图书馆领域国际合作的空白，这充分体现出图书馆在"一带一路"建设中起到的文化先行作用。三是形成了广覆盖、多层次的办会格局，人员类型从馆长、专家到普通从业人员，会议内容专题性与综合性兼备，覆盖范围涉及我国文化合作与交流的多个重点领域。

中国图书馆界举办国际高水平学术会议，充分发挥了图书馆在传播科技文化知识、服务经济社会发展、提升人类文明程度方面的重要功能，推

---

① 陈源蒸,张树华,毕世栋. 中国图书馆百年纪事（1840—2000年）[M]. 北京:北京图书馆出版社,2004:100-324.

进了全球图书馆和图书情报专业人员之间的交流与合作，也逐渐确立了中国图书馆界成为世界图书馆科学探索与交流主要重心之一的国际地位，反映出了国际图书馆界对近年来中国图书馆事业快速发展的认可。

6.2.6　与驻华使领馆开展合作

图书馆是由文化浇铸而成的，交流在文化构成中占中心地位，因而图书馆是文化交流体系中的重要组成部分[①]。图书馆担负着启迪民智和推动文化交流的职责。近年来，我国各地图书馆积极与驻华使领馆开展合作，通过多元文化活动介绍不同国度的艺术、文化与创作，让读者在图书馆获取知识信息的同时，也能够了解中西方思维和视角的差异，领略多元文化的魅力，从而促进中国和各国人民的沟通和文化交流，推动社会文化的进步发展。

首都图书馆作为北京市公共图书馆中心馆，发挥地缘优势，与驻华使领馆积极开展合作。据不完全统计，从2008年开始，首都图书馆与美国、澳大利亚、伊朗、秘鲁、乌拉圭等16国驻华使馆合作举办50余场文化活动，类型涵盖讲座、阅读沙龙、音乐会、各式展览等[②]。部分活动已发展为品牌活动，形成常态合作机制，如与美国驻华使馆合作举办室内音乐会，该活动受到北京市民的喜爱，400余座的多功能厅期期爆满。

杭州图书馆在国际合作与交流领域一直表现较为突出，"家门口看世界"是杭州图书馆近年最受市民欢迎的系列活动之一，主要由各国大使馆和领事馆与杭州图书馆合作开展，从2013年开始，每个月选择一个周末在杭州图书馆举行。杭州图书馆依托各国驻沪领事馆的丰富资源，邀请领事、文化官员、在杭外籍老师、留学生担任主讲，向杭州市民介绍不同国家的城市风光、人文风情、历史文化等多方面情况；后期还延伸出了更多类型的活动，如友好城市芬兰奥卢旅游推介活动、德国音乐山庄室内乐小

---

①　谢拉.图书馆学引论［M］.张沙丽，译.兰州：兰州大学出版社，1986：65-66.
②　笔者根据首都图书馆2013—2018年年报和首都图书馆网站等相关资料统计得出。

组访华巡演等。可以说，"家门口看世界"活动真正成为杭州市民了解世界的窗口。

文化跨越国界，不仅要"走出去"，还要"引进来"。图书馆与驻华使领馆的合作充分发挥了其作为城市"文化窗口"的作用，借助驻华使领馆的资源优势，将国际上著名的精彩艺术表演、展览引进来，公益性地提供给市民。市民只需预约，便可在家门口感受世界多元文化的风采。这种合作缩短了高雅艺术与民众的距离，让书本"活"了起来，这也正是图书馆承担社会责任、推动全民艺术普及开展、提升国民审美素质的体现。

6.3 我国文化馆领域国际合作与交流的特色实践

6.3.1 群文作品和活动对外交流推广

与图书馆、博物馆、美术馆相比，文化馆具有更鲜明的中国特色，中国文化馆协会秘书长赵保颖在谈及新时代文化馆行业的发展方向时，认为文化馆：

> 是建设和传播主流意识形态的重要渠道，是增进基层群众文化认同、政治认同、国家认同和民族认同的重要抓手，是维护和实现人民群众基本文化权益、满足人民群众基本文化需求、加强我国社会主义基层文化建设和推行社会教化的主渠道。①

事实上，文化馆在对外文化交流中因其更贴近基层人民群众多样化的文化需求，在对外文化交流中更能够促进民心相通。然而，文化馆领域并没有相对应的国际行业协会，因此文化馆的国际合作与交流主要通过创作来"繁荣群众文艺"，推动高质量作品和文化活动"走出去"。目前，群文

---

① 赵保颖. "新时代" 对文化馆行业与中国文化馆协会建设的思考[J].大众文艺，2018（11）:7-8.

作品和活动对外交流推广的途径有以下三种。

6.3.1.1 参与国家艺术基金传播交流推广

传播交流推广国（境）外项目承担着将讲好中国故事、传播好中国声音、阐发中国精神、展现中国风貌的优秀艺术作品推介到国（境）外，以展示我国文化发展成果，通过扩大文化影响力提升国家软实力的重要使命[①]。据不完全统计，近五年成功立项的文化馆传播交流推广项目共9项，除2015年一年有4项、2018年没有外，年均立项1—2项，项目以书画作品展为主（具体见表6-2）。虽然这五年国家艺术基金资助的传播交流推广项目总量为792项，文化馆的项目只占到了1%，但是能在众多专业院（剧）团、文化演艺公司中脱颖而出，应该说他们具有较突出的特色和较高艺术水准，申报项目都是具有较好口碑和声誉的代表作品、经典作品，这也说明我国群众文化的创作水平在逐渐向专业化、国际化靠拢，但还需进一步丰富艺术形式。

表6-2 2015—2019年受国家艺术基金资助的文化馆传播交流推广项目

项目名称	立项主体名称	立项时间
丝竹古韵遍华夏——诸城派古琴展演	诸城市文化馆	2015
纳西族史诗《黑白战争》连环画展	丽江市古城区文化馆	2015
太行故事——民俗版画展	山西省群众艺术馆	2015
安道—北朝佛教摩崖经原拓书法作品展	山东东平县文化馆	2015
苏州桃花坞木版年画特展	苏州市公共文化中心	2016
600年·回眸——烟台剪纸艺术韩国行	烟台市文化馆	2016
"江南如画"油画作品展	苏州市公共文化中心	2017
白沙壁画临摹精品展	玉龙纳西族自治县文化馆	2019
湖南百年重大历史题材美术作品巡展	湖南省文化馆	2019

---

① 国家艺术基金管理中心. 2020年度国家艺术基金传播交流推广资助项目申报指南解读［EB/ OL］.（2019-03-15）［2019-12-04］. http://www.cnaf.cn/gjysjjw/jjsbzn/201903/3cbfba2b570a43659e52444940d1d15 c.shtml.

6.3.1.2 参与国际性文化交流节事

"漂亮的兵马俑"是充分把握国际性文化交流节事机遇，由国内到国外的典型案例。提到兵马俑，人们首先联想到的是古都西安，但是北京市朝阳区文化馆却将"兵马俑"带出了国门，四次亮相英国——2012年斯托克顿、2013年伯明翰、2014年爱丁堡以及2017年曼彻斯特，两次亮相布拉格，最远到达过哥伦比亚，还去过克罗地亚、新西兰和澳大利亚。2012年恰逢伦敦奥运年，是英国斯托克顿国际河畔艺术节举办第25周年，也是"漂亮的兵马俑"第一次登陆海外。而这次邀请则源于在2008年北京奥运会期间，"漂亮的兵马俑"展曾在朝阳区世贸天阶奥运文化广场展出，英国奥申委代表团到此参观时，深深地被展览独特的创意性、强大的视觉冲击力和精湛的传统手工技艺所感染，并表示到英国奥运会举办之年一定要邀请"兵马俑"到英国展出①。受英国斯托克顿国际河畔艺术节主办方邀请，极具中国特色的兵马俑以流光溢彩的形象亮相在斯托克的古典教堂建筑中，成为艺术节最精彩的部分之一。

五彩斑斓的灯笼替代了陶土泥塑工艺，并在传统兵马俑形态元素的基础上，又创意加入了儿童俑、妇女俑、孕妇俑等新角色，与公众贴近的家庭化、社会化新形象揭去了"兵马俑"附着的战争标签，取而代之的是符合时代特征且能体现生命、坚强和光明的人文讯息。

有了这次成功的"走出去"，朝阳区文化馆陆续收到多个海外邀请函，并且均为商业演出，用商业交流的形式走进国外的主流观众群体，既解决了高昂的运输成本，也获得了国外观众对群众文化的认可。"漂亮的兵马俑"不仅增进了中外民众的友谊和文化艺术的交流，也展示了朝阳区文化馆对中国传统文化的挖掘、发扬和富有活力的创意，使国际友人们深刻感受到中华悠久历史文化的独特魅力，让传统非物质文化遗产手工技艺焕发出了新的生命，这也正是群众文化作品能够吸引国际目光、打开海外市场的关键因素。

---

① 朝阳区文化馆馆长、"漂亮的兵马俑"发起人徐伟在北京大学信息管理系讲座"公共文化服务新思维"中提到。

6.3.1.3 乡村春晚国际互动

乡村春晚正成为推动新时代乡村文化发展的新民俗、新风尚①。近年来农村开展村民自编自导、自演自赏的"乡村春晚"取得了良好效果，如"浙江丽水市乡村春晚"被评为国家公共文化服务体系示范项目，全国"乡村春晚"百县万村网络联动已成为"互联网+群众文化活动"品牌项目。"乡村春晚"作为基层群众自办文化活动，扎根乡村，普惠群众，使农民群众真正成为乡村文化的创造者、表现者、参与者、受益者，为传统春节增添了生机和活力。就"村晚"与"春晚"的关系而言，在文化与社会有机联系的意义上，乡村春晚是从乡村往整个国家和世界发出的文化符号，也许比央视春晚更能代表文化的本义和"春晚"本应扮演的角色②。从2016年春节开始，浙江丽水一些充满乡土气息的乡村春晚通过中国文化网络电视向"一带一路"沿线的20多个国家直播，推动优秀传统文化和富有特色的年俗、乡村新面貌亮相国际舞台。更为重要的是，乡村春晚国际化使参与其中的村民们通过这样的亮相，有了真正关于"地球村"的体验与主体意识③。

一些乡村充分挖掘侨乡优势，"以侨为桥"传播中国乡村春节年味。例如，2018年丽水市青田县山口村组织青田籍海外华人、华侨自办春晚，在山口，村民们以农村文化礼堂、乡村四合院为平台，举办"乡村音乐会""国际村晚"等文艺晚会，乡土味十足的村民与各种肤色的国际友人同台表演交相辉映，奉上了一场具有国际情怀的文化大餐。山口村春晚还通过网络连线、全球直播、海外实时互动等方式，与华侨们在海外的家人朋友共同庆祝，据报道，山口村春晚视频直播点击量突破千万④。

---

① 中国文化报. 文化和旅游部第四季度例行新闻发布会透露重要信息[EB/OL].（2019-12-05）[2019-12-26]. https://mp.weixin.qq.com/s/KyMwGi90mpQm4jWMDUhp_A.
② 赵月枝,龚伟亮. 乡土文化复兴与中国软实力建设——以浙江丽水乡村春晚为例[J].当代传播,2016(3):51-55.
③ 赵月枝.中国与全球传播:新地球村的想象[J].国际传播,2017(3):28-37.
④ 陈正威,叶靓.青田:乡村春晚正逐步形成合力,走向国际[EB/OL].（2018-04-13）[2020-01-07]. http://www.lishui.gov.cn/sjbmzl/swgcbj/gzdt/201804/t20180413_3089332.html.

6.3.2 促进在华外籍群体与中华文化交融

公共文化服务的均等性体现在：从对象上看，它是政府向社会每一位成员都提供的服务，服务的对象是全体人民；从方式上看，它是开放式的，主要表现在公共文化设施和设备无条件地向公众开放，供公众免费使用；从提供的内容和结果来说，它对社会全体应该是均等的[①]。"均等"就意味着无关乎性别、种族、国籍、宗教信仰，所有人都有权享受基本公共文化服务。随着中国经济的崛起和国际影响力的提升，全球掀起了一股"中国热"，在中国定居的外籍人员[②]逐渐增多并成为城市的一个特殊群体。外籍人员由陌生到熟悉、适应、融入于我国社会中，并将自身发展与社会发展融合在一起，这一过程不可避免会产生"文化冲突"（Culture Conflict）与"文化碰撞"（Culture Shock）。那么如何让公共文化服务惠及更多人，促进不同民族、宗教、文化背景的人和谐共生，是中国在大国之路上遇到的挑战，更是加快公共文化国际化进程的一次重要机遇。

以温州市文化的创新实践为例，作为中国沿海开放城市的温州，近年来的对外交流愈发繁荣，在温州常年工作、生活着数千名外国人。2019年12月4日，温州市五洲文艺志愿者艺术团正式挂牌成立，这是由温州市文化馆组建的以外国留学生和在温外籍人员为主体的艺术团，希望以文化艺术作为纽带，让这一特殊群体了解温州、融入温州、爱上温州，同时肩负起"把温州介绍给世界，把世界介绍给温州"的使命。艺术团还在筹建期间，就参加了温州市第七届市民艺术节的演出，受到了公众的喜爱。而艺术团并不是短时间"招兵买马"召集而成的，从2008年起，他们就跟随温州市文化馆的文艺志愿者导师参加"梦行浙江"外国留学生文艺汇演活动，在一次次登台表演中，与中国文化、中国人民结下了深厚的情谊，也

---

① 范志杰. 发展文化事业促进文化产业政策研究［D］.北京:财政部财政科学研究所,2013:40.

② 本书从人口学角度将"外籍人员"界定为,在中国境内居住时间超过三个月、具有外国国籍的外国移民,不包括港、澳、台地区的同胞,区别于"境外人口"这一概念。

正是这份文化认同让他们中的许多人在学习结束后依然选择留在中国，完成他们志愿成为文化桥梁和民间大使的"中国梦"。

温州市文化馆组建外籍人员艺术团的创新和价值在于：一是创新了文化馆国际化发展模式，转变了只能我们"走出去"、国外艺术家和艺术精品"引进来"的观念，深入普通民众的文化交流既是文化馆的优势，也更能够促进民心相通；二是开拓了面向特殊群体服务的思路，使在华外籍人员这一不受关注的特殊群体得到重视，转变了特殊群体就是老年人、残疾人、青少年、低收入人群的认识，既体现了国家和城市包容开放的胸怀，也折射出人文关怀背后的高度文明；三是为解决外籍人员融入问题提供了参考借鉴，根据"第六次人口普查"数据，在中国的外籍人员已达102万人①，数量庞大的外籍人员对政府部门管理工作提出了新的挑战，而这一举措较好地示范了如何"以文化人"。

6.3.3 "艺创空间"走向世界

国家"十三五"规划纲要中提出，要加强非物质文化遗产保护与传承，振兴传统工艺。非遗中的传统工艺，离不开保护传承，更离不开创新转化。把中国传统美学中的生活方式与国际的、当代的设计相融合，让传统工艺服务于现代生活，非遗才有可持续发展的动能。可以说，创意设计是传统工艺的核心转化力量②。近年来，我国乡村建设了一批"艺创空间"，以提升传统工艺设计的自身造血能力，使传承人、设计师、原住居民与公共文化机构能够取得收益共享；并通过国际合作与交流，进一步扩大传统工艺的影响力与创造力，让非遗之美转化为生活之美、世界之美。竹艺村便是乡村"艺创空间"中的典范。

竹艺村位于中国非物质文化遗产竹编所在地崇州道明镇，它并不是一

---

① 国务院人口普查办公室,国家统计局人口和就业统计司. 中国2010年人口普查资料[DB/OL].[2019-12-05]. http://www.stats.gov.cn/tjsj/pcsj/rkpc/6rp/indexch.htm.

② 曾辉. 对传统工艺再创造的探索思考:发现非遗之美,设计生活之美[EB/OL].(2018-09-27)[2019-12-06]. http://www.xinhuanet.com/culture/2018-09-27/c_1123490194.htm.

个行政村，指的是崇州市道明镇龙黄村9、11、13组所在的区域，占地面积123亩，包括86户村民，5位竹编非遗传承人在这里居住、生活，传统的竹编手艺在这里代代传承。为使竹编手艺能够融入现代生活，创新发展，竹艺村推出"艺术家驻留计划""国际工作营"等项目，吸引海内外的艺术家、志愿者驻留在竹艺村，与传承人和当地村民共同生活、交流及创作。因而在竹艺村的建筑中，随处可见当地竹编技艺的创造性应用，比如"竹里"作为竹艺村的公共文化中心，承载着公益讲座、创意活动举办、文创产品展览等多元化功能，其外立面用竹编制而成，内墙纹理则是用竹的外壳制作而成（见图6-1）。伴随传统工艺与当代艺术的不断融合，竹艺村已经逐渐成为国际文化交流的平台：

2017年9月，代表性建筑"竹里"受邀参加北美最大的建筑盛会——芝加哥建筑双年展（Chicago Architecture Biennial）；

2018年5月，"竹里"再次受邀，参加最高规格的学术展会——威尼斯建筑双年展[①]；

2019年10月，竹艺村举办"道明·国际竹文化节"，包括国际竹编创意设计作品展、国际竹编竞技、国际竹文化论坛等活动，聚集了来自法国、英国、波兰、泰国、马来西亚、巴基斯坦、厄瓜多尔等多国的知名设计师、艺术家、手工艺人与我国非遗保护专家、文化学者、竹编传承人等切磋技艺，展开对话[②]。

---

① 雷刚. 一座"网红"建筑、一次威尼斯双年展、一个艺术季：崇州道明竹艺村，开始一场重塑乡村的艺术实践［EB/OL］.（2018-04-30）［2019-12-24］. https://news. artron.net/20180430/n998549.html.

② 张世海,唐海龙. 竹艺村好热闹,这波又要火了［EB/OL］.（2019-10-21）［2020-02-23］. https://m.thepaper.cn/baijiahao_4732322.

图6-1　道明竹艺村代表性建筑"竹里"

竹艺村成功探索了激发传统工艺创新活力，同时把"高冷"的艺术"捂热"送到大众身边去的方式方法。这是一场关于美好生活、美丽乡村建设的艺术实践，更是一次我国以非遗文化保护传承、打造文化艺术之乡等举措激发乡村振兴的内生动力，推动地域再生的国际展示。

6.4　我国博物馆领域国际合作与交流的特色实践

6.4.1　中外文物互展

世界各国博物馆之间开展文物互展交流，已成为国际博物馆界普遍认同的发展方向[①]。我国对外文物展览是讲好中国故事、展示中国形象、提升中华文化国际影响力的一个金色名片，其较好地配合了国家领导人出国访问、两国建交周年纪念活动，也成为"交流年""友好年""文化年"等国际性文化交流节事中的亮点。相对应的，举办国外博物馆藏品展为国人了解世界、开阔视野开通了一条便捷渠道，这也是我国博物馆

① 单霁翔.博物馆使命与文化交流合作创新［J］.四川文物,2014（3）:83-96.

走向国际化的重要举措之一。近20年来，我国主要城市的博物馆都举办了来自英国、意大利、希腊、法国、日本、墨西哥、巴西等国家的历史文物展览，获得圆满成功。据不完全统计，2015~2019年间，我国举办文物进出境展览近500场[1]，为增进国家互信、民心相通贡献了力量，具体表现在以下方面：

为全球民众打开了全面认识中国的一扇门。这一点在新中国成立初期体现得尤为明显，通过对我国悠久的历史和光辉灿烂的文化的展示，使西方国家的人民对中国人民卓越的智慧和创造才能赞叹不绝，从而为我国赢得了国际上的尊重。1973年我国首次派往英国的"中华人民共和国出土文物展览"受到当地民众的欢迎，英国观众们在留言簿上写道，"我没有到过中国，更不了解中国，过去我只通过报纸杂志了解到中国一点点可怕的影子，似乎那就是贫穷、落后、'东亚病夫'。现在看来，报纸杂志很不可信，我更相信今天这展示的一切"，"看了这个展览，中国好像是个巨人。比起文明古老的中国，西方国家实在不过是个婴儿而已，我们要承认这个事实"[2]。2019年5月，作为亚洲文明对话大会的重要文化活动，"大美亚细亚——亚洲文明展"在中国国家博物馆展出，共展出来自亚洲全部47国及希腊、埃及两个文明古国的451件组文物，这是我国首次举办、亚洲大家庭共同参与、通力合作的集大成亚洲文明专题展览，参展国家数量、文物数量和精致程度前所未有[3]。这场"文物领域的奥林匹克"引起了广大观众的观展热情，他们感叹着一次欣赏40多个国家的文物这样难得的机会，也对历史上丝绸之路沿线的不同文明如何交流有了直观印象。

为改善国际关系发挥了独特的作用。这一点在中日两国关系中表现得较为突出，通过展览寻求共同的历史记忆，唤起政治、经济界对两国历史的全面回顾与反思。21世纪初，中日关系处于低潮，我国博物馆界推出一

---

① 丁飞,姜文婧.国际博物馆日各地博物馆举行展览:各国珍贵文物纷纷亮相 参观者流连忘返[EB/OL].（2019-05-18）[2019-12-07].https://baijiahao.baidu.com/s?id=1633867614342999494&wfr=spider&for=pc.

② 王富国.《中国出土文物展览》在英国[J].江汉考古,1995(1):89-92.

③ 国家文物局."大美亚细亚——亚洲文明展"为你开启亚洲文明之旅[EB/OL].（2019-05-15）[2019-12-06].https://www.sohu.com/a/314088522_120029063.

系列文物展览赴日本展出，"走向盛唐展""井真成墓志""遣唐使与唐代美术展"等先后在东京森美术馆、日本爱知世界博览会和东京国立博物馆展出，在日本各界引起较大反响，社会舆论和媒体呈现出有利于改善两国关系的气氛①。这些文物也仿佛让人们听到了1200年前的声音，呼唤日中两国人民要友好相处。2011年8月，在纪念中国人民抗日战争胜利66周年之际，以"日本人民的反思——二战时期日军对妇女的犯罪图片展"为题，中国抗日战争纪念馆举办了二战时期日军的性暴力罪行展览，表达了日本民众对本国军队战争罪行的揭露和对战争的反思，以及希望努力促进中日之间友谊的美好心愿②。

为我国在国际社会中树立起56个民族大团结的形象提供了有力支撑。通过对我国少数民族特有文化和生活面貌的展览，例如，在美国、加拿大举办"成吉思汗故乡历史文物展"，在美国举办"中国西南少数民族服饰展"，在日本举办"中国西藏文化展""西藏艺术与考古展"等，还有在首都国际机场举办的"中国少数民族服饰及民族肖像画展"，这些展览不仅生动、立体地展现了中国各少数民族丰富灿烂的文化和独特风采，也反映了各民族对美好生活的向往和追求。

6.4.2 线上文创开发

2016年被媒体称为中国博物馆的IP元年。IP（Intellectual Property）指知识产权，现在其内涵已经进一步扩展为版权形象或故事③。之所以将2016年称之为IP元年，是因为2016年发生了一系列标志性事件，主要分为两大方面，一方面是关于扶持博物馆文创开发的国家政策密集出台，包括《关于推动文化文物单位文化创意产品开发的若干意见》《关于促进文物合理利用的若干意见》《关于公布全国博物馆文化创意产品开发试点单

① 单霁翔.博物馆使命与文化交流合作创新[J].四川文物,2014(3):83-96.
② 曹艺.试论二战博物馆国际交流展览内容设计——以中国人民抗日战争纪念馆近年来的外展为中心[C].中国博物馆协会纪念馆专业委员会."革命纪念馆（地）在民族复兴中的地位与作用"论坛文集——中国博物馆协会纪念馆专业委员会2013年年会.北京:中国博物馆协会纪念馆专业委员会,2013:274-282.
③ 赵冰清.试论博物馆文创的若干问题[D].北京:北京大学,2017:1.

位名单的通知》等；另一方面是博物馆线上文创开发的实践探索迅速铺开，如国家博物馆、故宫博物院的天猫旗舰店正式上线，国家博物馆与阿里巴巴达成战略合作，在上海自贸区设立"文创中国"运营中心，故宫与腾讯达成战略合作，将在社交平台、泛娱乐及VR/AR等方面进行合作等。这些标志性事件意味着IP热度已经从网络文学、影视圈转移至文博创意产业，尤其是在中国拥有4721家博物馆（包括民办博物馆）[1]，海量的馆藏文物艺术品和非物质文化遗产也意味着可供开发、挖掘的传统文化资源是丰富的。

优秀的文创产品对推动中华文化的国际传播具有不可忽视的作用，这一点在《关于推动文化文物单位文化创意产品开发的若干意见》中也给予了明确肯定，"博物馆开发文化创意产品是推动中华文化创造性转化和创新性发展、使中国梦和社会主义核心价值观更加深入人心的重要途径，是推动中华文化走向世界、提升国家文化软实力的重要渠道，是丰富人民群众精神文化生活、满足多样化消费需求的重要手段"[2]。2019年6月阿里数据公布的《2018年天猫博物馆文创数据报告》显示，已有8家中国博物馆、3家国外博物馆在天猫淘宝上开了16家店，包括自营和授权两种经营模式，粉丝数已超过500万（见表6-3）。由清华大学文化经济研究院和天猫联合发布的《新文创消费趋势报告》显示，2018年，在线上浏览博物馆的人数首次超过了去博物馆参观的人数，仅在淘宝天猫浏览博物馆旗舰店的累计访问量就达到16亿人次，是全国博物馆线下接待人次的1.5倍[3]。

---

① 中华人民共和国文化和旅游部.中国文化文物统计年鉴2018［M］.北京:国家图书馆出版社,2018:329.

② 新华社.国务院办公厅转发《关于推动文化文物单位文化创意产品开发的若干意见》［EB/OL］.（2016-05-16）［2019-12-05］.http://www.gov.cn/xinwen/2016-05/16/content_5073762.htm.

③ 杨玉国.《新文创消费趋势报告》发布 博物馆文创在天猫上迎来黄金时 代［EB/OL］.（2019-08-16）［2019-12-06］.https://www.163.com/dy/article/EMN-PR2CT051497H3.html.

表6-3　博物馆线上访问量排名

销量排名	访问量	开创时间
故宫博物院	333万	2016-04-08
中国国家博物馆	86.9万	2015-08-27
大英博物馆（英国）	69.1万	2018-05-29
苏州博物馆	14.9万	2018-05-03
颐和园博物馆	12.6万	2018-04-17
陕西历史博物馆	10万	2018-04-10
上海博物馆	6.9万	2018-08-10
敦煌研究院	4.3万	2018-06-04
秦始皇兵马俑博物馆	6782	2018-10-11
V&A博物馆（英国）	2854	2018-09-26
大都会博物馆（美国）	2416	2019-04-02

来源：阿里数据.2018年天猫博物馆文创数据报告［EB/OL］.（2019-06-19）［2019-12-06］.http://www.199it.com/archives/893520.html，数据截至2019年5月16日。

　　这些数据反映出一个事实：文创IP让博物馆焕发了新活力。故宫博物院、中国国家博物馆等我国博物馆与互联网合作开发文创的模式引领了文创开发的新趋势，其影响力远超传统的文创开发模式。在博物馆文创产品的种类中，家居日用、文化娱乐用品是博物馆自营文创用品核心产品，占比超过80%，但长期来看产品吸引力不足。随着故宫携手电商平台开发口红、眼影、化妆刷等跨界美妆产品取得成功，一众寻求突破、渴望被世界记住的博物馆开始追赶新趋势，加入"跨界大军"。例如，苏州博物馆拿出江南四大才子这一IP，与天猫上的8款茶品牌进行跨界合作，吸引了天猫上大批用户的关注，这个系列也因此成为最受用户欢迎的博物馆文创产品之一。2018年，跨界衍生品在整体文创产品市场所占的份额高达72%[①]。博物馆与服装服饰、家纺家居、美妆、食品、文具等各个行业的商家跨界合作，让"镇馆之宝"以现代的方式、实用的产品迅速走向世界，也让大

---

　　①　杨玉国.《新文创消费趋势报告》发布　博物馆文创在天猫上迎来黄金时　代［EB/OL］.（2019-08-16）［2019-12-06］.https://www.163.com/dy/article/EMN-PR2CT051497H3.html.

众认识到了文创IP助力文化国际传播与传承的巨大能量。

6.4.3 文物保护国际合作与交流

文物保护是现代博物馆的基本功能。在改革开放初期，我国文物遗产保护力量相对薄弱，博物馆对外交流推动了我国文化遗产保护事业的国际合作与交流，促进了文化遗产保护技术先进国家与我国的合作，使我国文博界借鉴到了许多国外文博事业方面先进的管理理论和技术。例如，美国盖蒂保护中心已与我国进行多年合作，共同保护敦煌莫高窟、云冈石窟、承德避暑山庄文物等，取得了很好的成效；中国丝绸博物馆学习美国大都会的经验和技术，使该馆的文物在得到有效保护的同时直接对外展览，获得了很好的效果[①]。

在交流学习中逐渐获得的强大文化遗产保护能力，使我国从一个在保护领域接受国际援助的国家，发展成为一个有能力向需要的国家提供保护技术援助的国家。通过柬埔寨吴哥窟周萨神庙、茶胶寺，蒙古博格达汗宫修缮工程等援助项目的实施，逐步形成了新型的对外交流与合作模式，不断提升我国文化遗产保护的国际地位和实力，扩大我国文物保护科学技术的国际影响[②]。

6.5 公共文化机构国际合作与交流的成效

6.5.1 普及公共文化服务国际理念

20世纪80年代中国社会开始从计划经济转向市场经济，图书馆、文化馆、博物馆等公共文化机构因袭长久的惯性"运动模式"，迅速转入了"以文补文""以文养文"的有偿服务轨道，与国际公共文化服务理念背道

---

① 陆建松,韩翊玲.我国博物馆国际交流与合作的现状、问题及其政策思考[J]. 四川文物,2011(3):89-96.

② 单霁翔.博物馆使命与文化交流合作创新[J].四川文物,2014(3):83-96.

而驰①。改革开放以来，我国公共文化机构在国际合作与交流中逐渐接收到国际理念，并在国内学界和业界的不断推动下得以推广普及并实现本土化升华，这对转变公共文化机构发展理念、拓展业务范畴、推动其转型升级具有重要意义。

首先，公共文化服务国际理念的传播与普及转变了中国公共文化有偿服务的理念，使人们认识到公共文化机构的本质是提供社会教育的场所，肩负重要的社会功能与价值。无论是联合国教科文组织和国际图联共同颁布的《公共图书馆宣言》(*UNESCO Public Library Manifesto*，以下简称《宣言》)，还是国际博物馆协会 (International Council of Museums，ICOM) 颁布的《国际博物馆协会章程》(*ICOM Statutes*，以下简称《章程》)，都将图书馆、博物馆的发展定位于是教育、文化、促进和平的重要力量，是为社会及其发展服务的、非营利的永久性机构并向大众开放。2008年10月，中国图书馆学会发布《图书馆服务宣言》，确立了对全社会开放、维护读者权利、平等服务、人文关怀等核心理念，同时还明确了一些具有鲜明职业特点的行为规范，如提供专业化服务、促进共建共享、推进全民阅读、强化社会合作②。2015年1月14日国务院第78次常务会议通过的《博物馆条例》指出，"博物馆以教育、研究和欣赏为目的"，"博物馆开展社会服务应当坚持为人民服务、为社会主义服务的方向和贴近实际、贴近生活、贴近群众的原则，丰富人民群众精神文化生活"③。这些都表明，我国公共文化领域系统充分吸收并借鉴了以《宣言》和《章程》精神为代表的现代公共文化服务理念。

其次，在国际合作与交流的推动下，我国公共文化机构借鉴国际经验，拓展业务范畴，以更好地实现中国特色的现代公共文化服务理念。公共图书馆除借、还书之外，在更广阔的社会背景下，开始为用户、社区乃

① 程焕文,高雅,刘佳亲. 理念的力量:中国公共图书馆迈入黄金时代——纪念《公共图书馆宣言》颁布25周年[J].图书馆建设,2019(3):14-19.

② 中国图书馆学会. 图书服务宣言[EB/OL].（2010-12-21）[2019-03-04]. http://www.lsc.org.cn/contents/1260/2029.html.

③ 中华人民共和国国务院. 博物馆条例[EB/OL].（2015-03-02）[2019-12-01].http://www.gov.cn/zhengce/content/2015-03/02/content_9508.htm.

至政府部门提供更新的、更多类型的服务，逐渐成为社区活动中心、社区信息中心、正式教育支持中心、独立学习中心、学龄前儿童启蒙教育基地、研究中心等。我国博物馆不只是传统概念里文物收藏、保护、研究的专门机构，更是一个提供展示、教育、开放服务的公共文化服务机构；博物馆的"物"也不仅局限于文化与自然物证，非物质文化遗产、文化空间、传统技艺、艺术装置等活态的、非实体的、有价值的历史记忆、文化现象亦纷纷成为博物馆的工作对象[①]；日益普遍的数字化存在也打破了橱柜、展板、纸张、胶片才能承载"物"的空间限制。我国文化馆也在开放与交流中吸收国际类似机构[②]发展经验，形成了以开展培训、讲座、展览、演出、比赛等综合性的文化艺术活动的方式促进社会融合、进行全民艺术普及、传承地方文化的发展理念和功能定位。

正如李国新所言，"《宣言》与中国图书馆事业在新世纪的时代际遇，对我国图书馆事业的转型发展起到了思想启蒙、理念重建、方向引领、价值回归的引导作用"[③]，那么国际合作与交流无疑为我国公共文化机构的转型发展提供了机会、搭建了平台、加速了进程。

6.5.2 提升公共文化服务品质

我国公共文化事业在国际化进程中实现了从落后于发达国家到创造性构建具有中国特色的理论体系，服务设施提档升级、注重环保节能，服务模式不断创新，公共文化服务品质也因而有了显著提升。进入21世纪后，我国公共文化机构积极参与国际评价，在设施、活动、服务等多个方面表现优异，展现出了我国公共文化机构较强的服务供给能力。

笔者基于国内外网站，检索了我国公共文化机构在国际会议、比赛上

---

① 李耀申,耿坤,李晨.博物馆定义的国际化表达与中国式思考[J].博物院,2019（4）:54-58.

② 类似机构指的是日本的公民馆、新加坡的民众联络所、埃及的文化宫、英美的社区文化中心等,虽然各国的名称不同,国际上也没有类似于IFLA和ICOM的行业协会,但其社会功能、开展活动的方式及设置形式与我国文化馆基本一致。

③ 李国新.《公共图书馆宣言》在中国的时代际遇[J].图书馆建设,2019（6）:4-12.

所获的奖项，并按照主办方权威性、比赛影响力、所获奖项含金量三个标准进行了筛选。按照设施、活动、服务三大类别和时间顺序进行了梳理，从2004年至今，我国公共文化机构在国际上共获得44项大奖，其中设施类16项、活动类14项、服务类14项（详见图6-3和附录B）。

从获奖机构的类型来看，图书馆所获奖项分布于设施、服务两类，一共获得了19项奖项，占获奖总数的41.9%；文化馆获奖集中在活动类，共获得12项；博物馆获奖集中在设施类，共获得4项；其他公共文化机构获奖零星，分布在设施类与活动类。

从获奖机构所在的地区来看，东部发达地区较为集中，其中广州占25%、上海占15.9%、北京占6.82%。由于公共文化服务在我国东部经济发达地区起步较早，无论是开展国际合作与交流的意识还是能力都较超前，因而发展模式较为成熟，服务品质得以跻身国际一流行列。

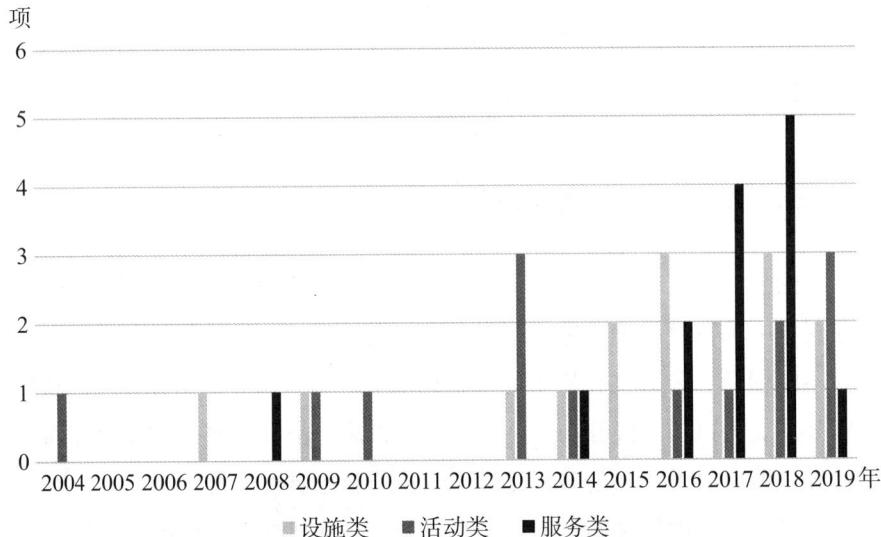

图6-2　我国公共文化服务国际性获奖时间轴

从获奖的时间，可以窥见我国公共文化服务的重心从设施建设、活动开展转向服务优化、创新的这一过程。在2004到2012年这9年间，我国公共文化机构在国际上的获奖数量少、分布散、无规律，获奖主要为合唱类奖项，而诸如图书馆、博物馆等其他公共文化机构国际性的会议和比赛活动寥寥无几。2013年是一个转折点，获奖数量开始明显增长，设施类和活动类奖项平分秋色，图书馆、博物馆、纪念馆、体育馆将重点放在设施建设上，积极参与国际建筑类大奖评选。从2016年开始，服务类获奖明显增多，在结构上趋于均衡，这与当前我国公共文化事业在国际上"多点绽放、全面开花"的特征相吻合。

在我国公共文化服务机构的国际获奖中，公共图书馆不仅所获奖项数量最多，且种类最为丰富。因此，笔者进一步将图书馆所获奖项进行细分（见图6-4），从而更清楚地展现出我国公共文化服务的发展特色与优势。总体来看，近年来我国公共文化服务在创新现代公共阅读服务、公共文化数字服务，关注弱势群体方面有较为突出的表现。

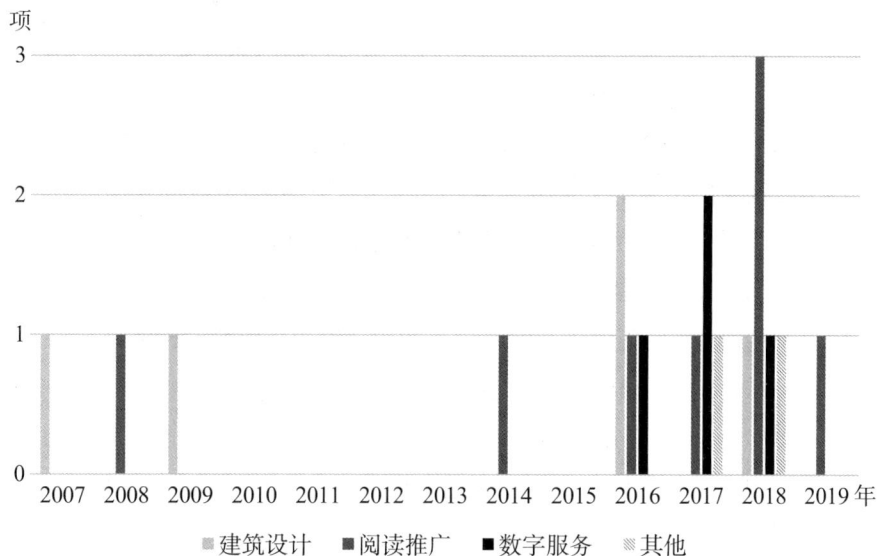

图6-3 我国公共图书馆国际获奖数量及分类

获得2016年IFLA国际营销奖的"M·地铁图书馆"，依托地铁这一公众交通出行平台，开放部分国家图书馆的优质资源，让乘客在日常出行中多一个阅读的平台和场所，打通阅读"最后一公里"。获得2018年美国图书馆协会主席国际创新项目大奖的内蒙古图书馆"数字文化走进蒙古包工程"，为生活在边远农村牧区、无法获取网络数字信息服务的基层农牧民提供数字服务，解决公共数字文化服务"末梢梗阻"的问题。获得2018年美国图书馆协会主席国际创新项目大奖的苏州图书馆面向外来务工人员子女的服务项目"小候鸟",成为中国公共图书馆扩大服务覆盖面的一个典范。这些获奖项目是我国公共文化机构通过国际合作与交流,在吸收、借鉴先进经验的基础上,创造中国方案、走出中国道路、做出中国贡献的缩影;也正是以其为抓手,鼓励更多的公共文化机构参与进来,才能进一步推动公共文化服务建设和发展,从而实现公共文化服务品质的全面提升。

6.5.3 推动有中国特色的总分馆体系建设

现代图书馆理念的研究和传播开启了我国公共图书馆借鉴发达国家经验、通过建设总分馆制构建服务体系的探索之路。在中美图书馆员专业交流项目中,学习美国图书馆的总分馆制建设是我国代表团赴美考察的重要内容之一。代表们在走访了纽约公共图书馆、芝加哥公共图书馆、皇后图书馆的总馆及其多个分馆后,纷纷认为美国图书馆的董事会制度和总分馆建设在社区居民中发挥了重大作用,无论是总馆还是分馆的服务效益都非常高,利用图书馆已成为美国人生活中不可缺少的部分[1]。图书馆学界也掀起了研究国外总分馆制建设的热潮,如刘兰和黄国斌对洛杉矶公共图书馆总分馆制的研究[2]、陶俊等对波士顿公共图书馆总分馆制的研究[3]等。

我国东部地区公共图书馆先行开始总分馆制建设。东莞集群图书馆、嘉兴市城乡一体化总分馆体系、苏州总分馆模式、佛山禅城区联合图书馆、深圳福田区总分馆等向国际先进水平看齐,接近国际通行的总分馆制特点,即"统一管理、统一采编、统一平台、统一服务"[4]。

2010年,文化部、财政部印发的《国家公共文化服务体系示范区创

---

① 钟海珍. 2012年中美图书馆员专业交流项目图书馆行业组织访美活动之八 [EB/OL].(2012-07-23)[2020-03-08]. http://www.lsc.org.cn/contents/1247/7971.html.

② 刘兰,黄国彬. 国外公共图书馆总分馆制典型案例分析及其启示——以洛杉矶公共图书馆总分馆制为例[J].图书馆建设,2010(8):2-6,13.

③ 陶俊,孙坦,金瑛. 总分馆制下公共图书馆的服务模式研究——以美国波士顿公共图书馆系统为例[J].图书馆建设,2010(8):7-13.

④ 金武刚,李国新. 中国公共图书馆总分馆制建设:起源、现状与未来趋势[J].图书馆杂志,2014,33(5):4-15.

建标准》将公共图书馆建立总分馆制作为"规定动作"。2015年，中共中央办公厅、国务院办公厅印发《关于加快构建现代公共文化服务体系的意见》，以县级文化馆图书馆为中心推进总分馆制被纳入现代公共文化服务体系建设的重点任务。2016年《关于推进县级文化馆图书总分制建设的指导意见》完成了中国特色鲜明的图文两馆总分馆制基本框架、核心要素和实现方式的顶层设计，总分馆制建设步入政府主导、全面推广的新阶段。根据文化和旅游部召开的2019年第四季度例行新闻发布会上通报的数据显示，2019年全国1649个县（市、区）建成文化馆总分馆制，1711个县（市、区）建成图书馆总分馆制，分别占比68.5%、73.8%[①]。伴随着由行业自发推动到政府积极推动的转变，现代图书馆服务体系的理念在我国以明显的制度优势扎实推进、星火燎原，实现了全国范围因地制宜的全覆盖，并且由图书馆辐射到了文化馆，实现了有中国特色的扩展和升华[②]。

6.5.4　标准化建设与国际接轨

标准化是人类社会发展到一定阶段的产物，它是从非强制性的"约定俗成"开始，逐步走向用社会权威来约束和规范，并且这种约束范围正在不断地从小到大、从地区到国家，进而发展到国际范围，这是社会发展的趋势。1978年我国重新加入国际标准化组织（ISO）后，各行业积极参与国际标准化活动并使国家标准最大限度地"同国际接轨"[③]。国际合作与交流为我国公共文化服务的标准化研究与建设搭建了平台，使我国得以跟踪国际进展、借鉴国际成熟经验与技术并与之接轨。

图书馆行业是世界公共文化服务体系中标准化程度最高的行业[④]。1979

① 中国文化报. 文化和旅游部第四季度例行新闻发布会透露重要信息［EB/OL］.（2019-12-25）［2019-12-26］. https://mp.weixin.qq.com/s/KyMwGi90mpQm4jWMDUhp_A.
② 李国新.《公共图书馆宣言》在中国的时代际遇［J］.图书馆建设,2019（6）:4-12.
③ 房庆,于欣丽.中国标准化的历史沿革及发展方向［J］.世界标准化与质量管理,2003（3）:4-7.
④ 程焕文,刘佳亲.国际视野下的中国图书馆学术思想发展［J］.中国图书馆学报,2019,45（5）:33-41.

年，全国信息与文献标准化技术委员会（SAC/TC4，作为ISO文献工作标准技术委员会TC46的国内对口单位）和全国文献影像技术标准化委员会（SAC/TC86，作为ISO文献工作标准技术委员会TC171的国内对口单位）相继成立。因为中国文字和中文文献的特殊性，国际标准无法在中国完全实施，需要一个本土化的过程，图书馆开始将国际图书馆领域的一些基础业务标准转化为国家标准。1981年中国图书馆协会恢复在IFLA的国家代表地位后，图书馆界也相应地采用并转化了IFLA制定的各种标准规范，特别是对ISBD文献著录的引进及本地化，极大促进了我国图书馆编目工作的标准化，为之后书目数据在国内图书馆间甚至是国际图书馆领域的大规模共建共享奠定了基础①。从20世纪90年代中后期开始，我国图书馆界开始跟踪国外数字图书馆研发进展并启动数字图书馆建设，借鉴国际普遍遵循的标准，如数字信息资源基本编码标准ISO/IEC 10646/UNICODE等，形成了一系列标准规范成果，为数字图书馆领域标准规范体系的构建奠定了最为重要的基础。2008年，全国图书馆标准化技术委员会（SAC/TC389）与国际标准化组织信息与文献工作技术委员会（ISO/TC46）相关联。至2017年底，我国正式发布实施的图书馆领域相关标准规范共175项，其中家标准148项、行业标准27项②。

在文化馆、博物馆领域，标准化建设在对外开放的浪潮中同样加速发展着。国际博协自1984年起就开始研究博物馆职业道德建设问题，并专门成立了职业道德委员会，我国代表积极参加了文件的讨论和修改。《博物馆职业道德准则》在1986年布宜诺斯艾利斯大会获得通过后，我国代表很快将其译为中文，这一职业道德准则被称为世界范围内博物馆行业的行为准则，对于规范我国博物馆行业行为具有重要意义③。在文物保护的标准化工作方面，2006年国家文物保护标准化技术委员会（SAC/TC289）成立；因每一件文物都是独一无二的，各国的文物保护标准都与国际文物保护标准的核心特质保持一致，在此基础上，结合中国文物特色，我国制

① 申晓娟.新中国图书馆法治建设70年［J］.图书馆杂志，2020，39（1）：4-25.

② 申晓娟.图书馆业务工作相关标准规范概览［M］.北京：北京师范大学出版社，2019：2.

③ 张文彬.中国博物馆国际化的进程回顾与展望［J］.中国博物馆，2006（3）：3-10.

定了《文物藏品定级标准》《博物馆藏品管理办法》《重要文物保护管理法规》《国家文物局关于严格控制文物复制资料的通知》等[①]。全国文化馆标准化技术委员会（SAC/TC390）自2008年成立以来，就组织标委会专家对国际类似机构的服务标准开展深入研究，发布了《文化馆服务标准》《乡镇综合文化站服务标准》两项国家标准，对文化馆服务条件、服务能力和服务水平提出了要求。

　　标准的制定和实施，可以为公共文化机构的各项工作确定高起点、科学化、规范化的工作目标，使不同地区的公共文化机构有共同的发展方向。我国标准与国际标准接轨可以为我国同全球的公共文化产品交流提供接口、平台和互换性，是公共文化行业国际合作与交流能够深入、持续开展的基础。而将国际标准落地，使其为国内公共文化服务业界所用的过程，也是我国如分类学、编目学、信息检索研究、文物保护技术研究等公共文化服务相关科学快速发展的过程。

---

① 沈岩.博物馆与标准化［J］.中国博物馆,2002（3）:33-36.

7 中国公共文化国际合作与交流的成就与问题

通过第三至六章，本书对我国改革开放以来开展的公共文化国际合作与交流特色实践进行了梳理分析。尽管不同形式的公共文化国际合作与交流实践体现了不同领域理论的应用价值，例如海外中国文化中心之于文化"他者"在地化，又如国际性文化交流节事之于社会经济发展的触媒作用，或是城市文化外交中公共文化之于城市综合实力的提升，抑或是公共文化机构国际发展对于公共文化事业的推动与促进，均根植于公共文化国际合作与交流是我国推动构建人类命运共同体、"一带一路"建设、国家治理体系和治理能力现代化，展现"中国声音、中国方案"等一系列思想、理念、战略的新体现，是中国特色大国外交的新亮点，是世界文明交流互鉴的新阐释，也是新时代中华文化"走出去"格局中新的增长点与支撑点。因此，本章在第三至六章的基础上，进一步总结、提升中国公共文化国际合作与交流的成就及存在的问题，以期为进一步深化新时代公共文化国际合作与交流创造更大的机遇和更好的条件。

7.1 中国公共文化国际合作与交流的成就

7.1.1 推动"构建人类命运共同体"的共识基础持续增强

推动构建人类命运共同体是新时期公共文化国际合作与交流的根本目的。围绕这一根本目的，无论是建设海外中国文化中心、举办国际性文化交流节事、开展城市文化外交还是公共文化机构的国际化发展，都是在寻求世界对中华文化、中国对世界文化的认同，并通过文化认同推动"构建人类命运共同体"这一理念在国际社会形成共识。

构建人类命运共同体思想反映了中外优秀文化和全人类共同价值追求，因而日益产生广泛而强烈的国际共鸣。中国传统文化强调和合理念，主张天下为公，推崇不同国家、不同文化"美美与共、天下大同"。在新的历史时期，中国创造性地提出构建人类命运共同体思想，既反映了当代国际关系现实，又将人类共同价值和中华优秀传统文化在新的高度上弘扬光大。2017年1月18日，习近平总书记在联合国日内瓦总部万国宫发出时代强音，提出"构建人类命运共同体"理念，并在短短一年间多次写入联合国决议，这既是对联合国和平发展"初心"的回归，也是对世界人民追求和平发展愿望的呼应。这一理念得到各国普遍认同，既反映了全球绝大多数国家的共同期待，也是新中国成立70年来中国国际地位实现历史性提升、外交理念影响力得到历史性增强的生动写照。

通过公共文化国际合作与交流，不断促进不同文化的认同，只有首先认同文化，进而才能切实促进政治、安全、经济、生态等全方位实现人类命运共同体。促进不同文化认同的本质是尊重世界多样文明，以文明交流超越文明隔阂、文明互鉴超越文明冲突、文明共存超越文明优越。人类文明多样性是世界的基本特征，也是人类进步的源泉。多样带来交流，交流孕育融合，融合倡导和而不同、兼收并蓄的文明交流对话。公共文化国际合作与交流就是在比较中取长补短、在交流中共同发展，使文明交流互鉴成为增进各国人民友谊的桥梁、推动人类社会进步的动力、维护世界和平的纽带。

此外，人类命运共同体思想的本质是合作共赢的全球治理思想，公共文化国际合作与交流就是中国在全球治理中扮演重要角色、担负重要职责、发挥重要作用的完美呈现。所谓"全球治理"就是政府、社会组织和企业等共同合作，通过订立各类国际制度，在国际社会对主权国家管辖权以外的全球性问题形成有效管理，最终使国际社会接近秩序的过程①。良好

① 苏长和. 中国与全球治理——进程、行为、结构与知识[J]. 国际政治研究，2011（1）:35-45.

的全球治理，需要建立在内外政治合作的基础上。当今国际社会，各国在国内政治和国际政治之间的关系上还不存在统一的共识。苏长和将国际社会对两者关系的认识和实践总结为三种：

> 一元论，即要么认为国内政治从属于国际政治，要么认为国际政治从属于国内政治；二元论，即认为国内政治和国际政治本质上处于两个不同的且平行的领域；二元协调论，即不将内外政治分离、分割开来，相反，从两种政治合作统筹的角度，重视内外政治的对话协商，追求国内责任和国际责任的平衡，探寻国内问题和全球问题的综合治理观。①

在全球化的进程中，逐渐增多的主权国家管辖权之外的跨越国家和地区界限、与全人类息息相关的共同问题需要建立国际制度来管理。可以看到，一元论和二元论都不利于全球性问题的治理，二元协调论所倡导的对话、协商与平衡则是解决共同问题的基础。全球治理超越了国家权力的强制，而更主要依赖认同、说服和协商。

公共文化服务作为现代政府的一项主要职能，除了为民众提供文化性公共服务（产品）以外，更主要的是透过它培育公民精神、建构文化认同，在认同、协商的基础上达成治理。②纵观我国以维护世界文化多样性的姿态开展的公共文化国际合作与交流，正是全球治理二元协调论的一次成功实践。在本土与国际公共文化事业发展所面临的问题间找到结合点，互促并进，既有意识地采纳世界化的眼光来观察和反思本土实践，着重关注与公共文化相关的、在当前全球社会中具有代表性的问题；也将相关的实践经验提炼为具有普遍性和可推广的经验，为全球治理贡献中国方案。如海外中国文化中心建设通过统筹资源实现对在地化传播的资源保障与方式创新，国际性文化交流节事以文化惠民为出发点对公共文化服务的高质量供给和

---

① 苏长和.中国与全球治理——进程、行为、结构与知识[J].国际政治研究，2011（1）：35-45.

② 吴理财.把治理引入公共文化服务[J].探索与争鸣，2012（6）：51-54.

全民艺术普及的促进,城市文化外交中发挥好公共文化的优势带动城市发展及公共文化机构全面融入并局部引领国际潮流等,均体现出以我国的制度优势对现代治理理念及国际共同问题的应对与突破,具有推广借鉴意义。

由此可见,公共文化国际合作与交流发挥着持续增强构建人类命运共同体共识基础的支撑作用。这种支撑来自公共文化国际合作与交流是"构建人类命运共同体"思想内涵的现实回应,不同文化交流互鉴是世界各国人民共同的愿望,公共文化国际合作与交流使这种愿望得以实现,也使得"构建人类命运共同体"的理念在更广阔的空间落地生根、牢固树立。同时,这种支撑也体现在公共文化国际合作与交流本身就是中国参与全球治理的一条重要路径,将公共文化国际合作与交流置于构建人类命运共同体的全球治理大格局中,使其具有更高格局、更深内涵、更厚底蕴,也营造了更加友好、更加有利的全球治理环境。

7.1.2　促进民心相通的固本强基作用不断加深

习近平总书记2013年首次提出共建"一带一路"倡议以来,作为"五通"之一的民心相通被放在十分重要的位置。民心相通源自中华传统文化,奠基于新中国外交优良传统,成形于新时代外交理论和实践创新。民心相通概念的提出,符合经济全球化时代利益交融、文明交汇、人民交流的大潮流,民心相通是"一带一路"建设行稳致远的内在要求,在共建"一带一路"和推动构建人类命运共同体国家战略中发挥着固本强基的作用。

促进民心相通是公共文化国际合作与交流肩负的时代使命。我国目前已形成了集以驻外文旅机构为主体的在地化传播、以国际性文化交流节事为触媒的广泛性传播、以文化外交为手段的城际间传播和以公共文化机构国际化发展为依托的行业传播的公共文化国际合作与交流的"四维一体"架构,这种多维度、多层次、广覆盖的公共文化国际合作与交流对各国人民缩小文化差异、熟悉彼此文化,通民心、达民意、汇民情,实现增进信任、促进友谊、共同发展具有重要意义。北京大学"五通指数"课题组的研究成果提供了对这一观点的技术支撑。

北京大学海洋研究院、国务院发展研究中心、国家信息中心等单位联合组建的"五通指数"课题组开展"一带一路"沿线国家"互联互通"的水平与进展等相关研究,结合各国的基本现状与发展态势,对比分析了"一带一路"沿线国家的政治、经济、文化等方面与中国的互联互通情况。从北京大学"五通指数"课题组构建的指标体系中可以看到(见表7-1),"民心相通"设置为一级指标,其下设置3个二级指标和8个三级指标,主要测评的是旅游、教育与民间往来对民心相通的贡献。公共文化国际合作与交流在"民心相通"的积极参与也在指标中得到了一定体现,如指标中对友好城市、孔子学院等数量的统计。

表7-1 "民心相通"指标体系

一级指标	二级指标	三级指标	数据源
E.民心相通	E1 旅游活动	E11 旅游目的地热度	国家发改委互联网大数据分析中心
		E12 来华旅游人数	《中国旅游统计年鉴2013》
	E2 科教交流	E21 科研合作	Web of Science数据库
		E22 百万人拥有孔子学院数量	孔子学院总部
	E3 民间往来	E31 我国网民对该国的关注度	国家信息中心大数据部
		E32 该国网民对我国的关注度	国家发改委互联网大数据分析中心
		E33 友好城市数量	中国国际友好城市联合会
		E34 民众好感度	专家打分

来源:北京大学海洋研究院. 2015中国经济年鉴(一带一路卷)[M].北京:中国经济年鉴社,2015:54.

笔者根据北京大学"五通指数"课题组公布的2016—2018年"一带一路"沿线国家"五通"指数情况(2016—2018年"一带一路"沿线国家"五通"指数平均值见表7-2)进行信息分析表明,在"五通"指数中,民心相通的平均值相对较高且呈上升的态势,可见,2016—2018年"一带一路"沿线国家民心相通工作呈现增速发展。

表7-2 2016—2018年"一带一路"沿线国家"五通"指数平均值

	政策沟通	设施联通	贸易畅通	资金融通	民心相通
2016	10.97	10.30	9.88	10.37	10.76
2017	11.22	9.84	12.57	10.14	12.52
2018	10.72	10.13	12.36	9.88	12.34

注：2016年数据来源于北京大学开放研究数据平台. "一带一路"沿线国家五通指数（2016年）[DB/OL]. [2020-01-12]. https://opendata.pku.edu.cn/dataset.xhtml? persistentId=doi:10.18170/DVN/LHIXBP；2017年数据来源于翟崑，王继民. "一带一路"沿线国家五通指数报告（2017）[M]. 北京：商务印书馆，2018；2018年数据来源于"Five Connectivity Index" Research Group of Peking University. World premier of the Belt and Road Initiative: 2018 report on five connectivity indexes at Taihe Civilizations Forum [R/OL].（2018-09-15）[2020-01-12]. https://ocean.pku.edu.cn/info/1165/3077.htm.

　　同时，公共文化国际合作与交流的创新发展也充分显现出其对民心相通的促进作用。自2013年"一带一路"倡议提出以来，公共文化国际合作与交流在这一战略背景下取得了快速进展，模式不断创新，规模迅速扩大，促进民心相通的社会效益突显。例如，海外中国文化中心设立的宗旨便是促进驻在国民众与中国的联系，并且从2015年开始，海外中国文化中心建设向"一带一路"沿线国家大力倾斜。2015年前后，国际性文化交流节事在多个方面都取得了重要突破，"一带一路"沿线国家海外受众人数大幅增长："欢乐春节"从2015年开始进入了快速发展阶段，开展的活动项目数以千计；2016年举办的中拉交流文化年弥补了拉美地区一度作为中国文化"走出去"薄弱地带的短板；2014年开始启动的丝绸之路国际艺术节和海上丝绸之路国际艺术节，更是成为"一带一路"沿线国家和地区人民的文化盛会。另外，随着"一带一路"沿线国家留学生和海外在华群体的增多，面向这一特殊群体的公共文化服务也应运而生，如温州市文化馆组建以外籍在华人员为主体的艺术团等。

　　可见，我国公共文化国际合作与交流实践紧扣习近平新时代中国特色社会主义文化思想，不断实现创新性发展。通过公共文化国际合作与交流实践，主动将连续性、包容性、和谐性等中华精神文化融入"一带一路"沿线及非沿线国家，主动增进各国人民精神文化的彼此了解和理念认同，在不同文化、不同国情、不同制度、不同发展阶段的国家人民之间搭建起理解、互信与合作的桥梁。通过公共文化国际合作与交流实践活动加深、加快增进各国人民之间的友好感情，切实发挥凝聚共识、集中智慧、汇集力量的作用，以此增进各国人民对"一带一路"共同事业、共同责任、共同命运的归属感，为"一带一路"建设固本强基。

7.1.3　助力国家文化治理体系变革

"完善和发展中国特色社会主义制度，推进国家治理体系和治理能力现代化"，是十八届三中全会《中共中央关于全面深化改革若干重大问题的决定》提出的全面深化改革的总目标[①]。这一总目标首次从国家战略层面提出了"国家治理体系"和"治理能力"概念。学界一般认为，"国家治理"是一个总体概念，主要包括经济治理、政治治理、文化治理、社会治理、生态治理五部分内容。也有观点认为，政治治理、经济治理、文化治理是国家治理的三个发展阶段。中国在经历了政治治理（"以阶级斗争为纲"）、经济治理（"以经济建设为中心"）之后，正在走向文化治理（"建设社会主义文化强国"）[②]。笔者更倾向于韩美群的看法，即文化治理虽然是国家治理的重要内容之一，但是其与政治治理、经济治理等并不是完全并列的。与政治治理、经济治理、社会治理等"硬"治理不同，国家文化治理更多的是一种"软"治理，是"更基础、更广泛、更深厚"的治理[③]。公共文化服务涉及资源分配、社会整合、政治认同，以及这些过程的象征化、美学化和合理化，简单地说，通过公共文化服务，达到"文化引导社会、教育人民、推动发展的功能"[④]。因此，公共文化服务便是这种"基础、

---

①　新华社. 中共中央关于全面深化改革若干重大问题的决定（2013年11月12日中国共产党第十八届中央委员会第三次全体会议通过）[EB/OL].（2013-11-15）[2019-11-15]. http://www.gov.cn/govweb/jrzg/2013-11/15/content_2528179.htm.

②　胡惠林. 国家文化治理：发展文化产业的新维度[J]. 学术月刊,2012,44（5）:28-32.

③　韩美群. 国家文化治理：定位、内涵、特征与路径创新[J]. 重庆工商大学学报（社会科学版）,2018,35（1）:1-5.

④　吴理财. 公共文化服务的运作逻辑及后果[J]. 江淮论坛,2011（4）:143-149.

广泛、深厚"的"软"治理的一种形式，也是其治理的一项内容。那么根植于公共文化开展的国际合作与交流无疑给文化治理插上了"翅膀"。

首先，公共文化国际合作与交流更好地发挥了文化对于凝聚人心、社会认同、激发创造活力等方面的价值作用，促进文化实现其治理功能。从文化的传播本性而言，一种文化如果只限于本民族、本地区，其社会价值则不能够充分体现出来①。交流是对自身了解的过程，在文化的交流过程中，一些文化更为关注自身，花更多的精力去观察自身②。因此，公共文化国际合作与交流可以让参与其中的国内民众陶冶情操、传承文化，激起对中华文化的自信，实现以文化人。尽管文化冲突与个体差异不可避免，但正如吴理财所言，"即使公民的社会精神与国家的主流价值存在一定的差异，但二者的互动无疑会推动文化治理的不断进步"③。

其次，公共文化国际合作与交流作为一种平等性、包容性较强的沟通平台，体现了现代多元合作治理的精神，在与不同国家、不同文化的交锋、交融中，对文化的管理理念、模式、方式提出了更高的要求，也更有利于激活社会力量，从而形成网络化的社会治理结构。大到整个公共文化国际合作与交流的框架，小到一个具体的文化交流活动，无不体现了政府、社会组织、文化企业和个体之间的良性互动和有效合作；以海外中国文化中心建设为代表的"部省（市）合作"，从阵地建设到资源供给广泛调动了地方参与公共文化国际合作与交流的积极性，有效聚拢了社会资源。

再次，公共文化国际合作与交流有赖于政府体系内部的资源整合和功能协调，促进政府自身治理结构的转变，形成合作、共赢的政府治理结构。例如，文旅融合是当下公共文化服务体系建设中的改革重点，通过海外中国文化中心与驻外旅游办事处的协作、"中国文化旅游年"的携手、城市文化外交对城市旅游业的带动、文化阵地向国际舞台的迈进等，掀起了一股由外向内的推动力，促使文化和旅游从标准、资源到服务和产业的

---

① 李智.文化外交：一种传播学的解读［M］.北京：北京大学出版社，2005：39.
② 拉里·A.萨默瓦，理查德·E.波特，埃德温·R.麦克丹尼尔.跨文化传播［M］.6版.闵惠泉，贺文发，徐培喜，等译.北京：中国人民大学出版社，2013：27-28.
③ 吴理财.把治理引入公共文化服务［J］.探索与争鸣，2012（6）：51-54.

全方位融合。

最后，公共文化国际交流提升了公共文化的国际传播、国际服务、国际合作能力，对内不断完善现代公共文化服务体系，服务更多的市民群众，对外源源不断地推动丰富多样的中华文化元素、高品质的公共文化产品"走出去"，不仅让世界了解中国公共文化快速发展现状，也致力于扩大公共文化"中国模式"在世界的传播力、感召力和影响力。

7.1.4 完善传播格局，刷新中国形象

7.1.4.1 带动文化贸易、文化交流与文化传播良性互动

在中华文化"走出去"的格局中，文化贸易、文化交流与文化传播是良性互动的关系。文化贸易是在经贸往来的基础上进行的文化交流，具有经济效益和文化效益双重属性，对文化传播的繁荣发挥极大的推动作用。改革开放以来，我国文化领域对外开放有三个重要节点：一是改革开放初期大规模、全方位引进国外文化产品，二是20世纪90年代中后期互联网进入中国为我国文化产业发展注入了强大动力，三是世纪之交我国加入世贸组织后全方位加大了文化市场开放力度[①]。可以看到，我国文化贸易的发展趋势与公共文化国际合作与交流的发展趋势基本吻合。公共文化国际合作与交流是文化交流的一部分，也是文化传播的一种形式。有学者将海外文化中心建设、国际性文化交流节事等公共文化国际合作与交流视为中华文化"走出去"的"基础性工程"[②]。这种看法来源于被学者们广泛探讨的文化差异对文化传播效果及文化贸易的影响，即国际文化贸易存在显著的"文化折扣"现象，文化差异不仅会显著增加贸易成本，而且对文化产品需求往往会产生显著的负向冲击[③]。而公共文化国际合作与交流一是在普及

---

① 祁述裕.国家文化治理现代化研究［M］.北京：社会科学文献出版社,2019:94-96.

② 李怀亮.从市场占有率到价值引导力 中国对外文化贸易的新趋势［J］.人民论坛,2018(15):130-132.

③ FELBERMAYR G J, TOUBAL F. Cultural proximity and trade[J]. European Economic Review, 2010, 54（2）: 279-293.

一国民众所共享的传统习惯、信仰、风俗、行为准则以及价值观，并且认同、接纳具有差异的他文化方面具有独特的优势，从而缩小了文化差异；二是以政府为主导、社会力量积极参与的运行模式提高了文化传播的效率与频率，有利于更快地增进了解。

近年来，我国对外文化贸易和投资增长迅速，中华文化的国际影响力持续增强。2016年，全年文化产品进出口总额为885.2亿美元。表7-3统计了2002年、2008年和2016年各类核心文化产品进出口贸易占比情况，多数核心文化产品的出口额在2002年至2016年都出现不同程度的增加。根据2016年3月联合国教科文组织发布的《文化贸易全球化：文化消费的转变——2004—2013年文化产品与服务的国际流动》(*The Globalization of Cultural Trade: A Shift in Consumption 2004—2013*)报告，2013年，中国文化产品出口总额已达到601亿美元，成为世界第一大文化产品出口国[①]。以上数据表明我国文化产品的国际市场占有率和国际市场竞争力已经得到了很大提升，也说明我国文化产业发展水平迈上了一个新台阶，这与国家整体实力增强、文化事业发展态势良好、公共文化国际合作与交流日趋成熟呈正相关关系。

表7-3　2002年、2008年、2016年各类核心文化产品进出口贸易占比变化情况

单位%

产品	2002 年	2008 年	2016 年
文化遗产	0.07	0.10	0.55
书籍	12.34	13.34	15.01
报纸和期刊	1.38	1.51	1.25
视觉艺术	0.59	0.79	2.12
视听媒介	56.66	78.08	73.65

来源：UN Comtrade. International trade in goods and services based on UN Comtrade data [DB/OL]. [2020-01-18]. https://comtrade.un.org/labs/dit-trade-vis/.

---

① DELOUMEAUX L. The globalisation of cultural trade: a shift in consumption: international flows of cultural goods and services 2004-2013[R].Montreal: UNESCO Institute for Statistics, 2016.

7.1.4.2 展示中华文化的创造性转化与创新性发展

党的十九大报告强调指出，在新时代中国特色社会主义文化发展实践中，我们必须"坚持创造性转化、创新性发展"，只有这样，方可以"不断铸就中华文化新辉煌"①。文化的创造性转化，"就是要按照时代特点和要求，对那些至今仍有借鉴价值的内涵和陈旧的表现形式加以改造，赋予其新的时代内涵和现代表达形式，激活其生命力"；而创新性发展，"就是要按照时代的新进步新进展，进一步丰富和发展我国文化的内涵，增强其影响力和感召力"②。因此，把优秀传统文化蕴涵的思想观念、人文精神、道德规范与新时代新要求结合起来，在继承中转化、在学习中超越，向世界彰显中华文化的永久魅力和时代风采是近年来我国公共文化国际合作与交流的一项重点任务。例如在"欢乐春节"上结合西方节日狂欢的游行习俗将传统"舞龙""舞狮"等民族表演转化为广受外国民众喜爱的花车巡游，又如数字媒介在国际性文化交流节事中的广泛应用，都是公共文化领域积极探索灵活多样的合作模式，利用好表演、论坛、峰会、展会等各种形式，既主动发声又善于发声的体现。

国家形象是指国家的客观状态在公众舆论中的投影，也就是社会公众对国家的印象、看法、态度、评价的综合反映，是公众对国家所具有的情感和意志的总和③。作为中华文化"走出去"的"样板"和"先遣部队"，公共文化国际合作与交流以各地广泛的参与度、浓厚的民族性和群众性向世界展示现代中国的生活方式和创新能力，比起专业院团的表演，更容易引发海外普通民众的共鸣，从而增进对中国形象的认识与理解。2017年5月，"一带一路"沿线20国青年把高铁、移动支付、共享单车和网络购物评选为中国的"新四大发明"④。2018年，中央电视台联合外文局对全球22

① 习近平.决胜全面建成小康社会夺取新时代中国特色社会主义伟大胜利——在中国共产党第十九次全国代表大会上的报告[M].北京:人民出版社,2017:33.

② 中共中央宣传部.习近平总书记系列重要讲话读本[M].北京:学习出版社,2016:203.

③ 刘小燕.关于传媒塑造国家形象的思考[J].国际新闻界,2002(2):61-66.

④ 李斌.外国人印象里的中国文化新元素[EB/OL].(2017-10-22)[2019-12-25].http://tv.cctv.com/2017/10/22/ARTInTZ1eHfU8AnQmb4owuJ9171022.shtml.

个主要经济体发起的"外国人眼里的中国文化元素"调查显示，谈及中国文化元素，海外受访者首选中餐（52%），其次是中医药（47%）和武术（44%），59%的海外受访者对中国的科技创新能力表示认可[①]。中国文化与科技元素成为国家形象的亮点，折射出世界对中华优秀传统文化的创造性转化与创新性发展成果的接受与认可，也说明互联网技术的不断发展不仅缩短了文化交流的时空距离，还改变了国家塑造形象、传播价值的方式，公共文化与现代艺术、科技创新和新媒体结合的发展趋势是符合和顺应全球化背景及新时代要求的。

7.1.4.3　丰富城市对外文化交流的渠道与内涵建设

城市作为现代社会中国家或地区的经济中心，既积累历史文明，又承载现代文明，在长期的发展中形成了特有的城市文化。作为人类文明的集聚地和发源地，城市通过文化跨国界的传播和扩散，一方面发挥自己的辐射带动功能，另一方面促进与国际间城市和地区的合作与发展。因此，在中华文化"走出去"的格局中，城市扮演着愈发重要的角色，而公共文化国际合作与交流为城市提供了更多的交流渠道与内涵支撑。公共文化不仅积极参与城市文化外交，浙江省文化馆和丽水市莲都区人民政府借助巴黎中国文化中心平台开展的"古堰画乡——浙江特色小镇海外推广"系列活动，以地方命名的标志性节事的举办，如上海国际艺术节、南宁国际民歌艺术节等，或是城市结合自身优势主导建立的区域公共文化服务联盟，种种公共文化国际合作与交流实践都表明了其对推动我国城市挖掘自身文化潜能和魅力，创作生产出反映时代精神、传播中国文化、展示中国形象的公共文化资源和产品，在国际舞台上讲好现代公共文化"中国故事"的重要作用。

---

① 当代中国与世界研究院,凯度华通明略, Lightspeed. 中国国家形象全球调查报告2016—2017［R/OL］.（2018-01-05）［2019-12-26］. https://baijiahao.baidu.com/s?id=1588746576617602956&wfr=spider&for=pc.

7.2　中国公共文化国际合作与交流存在的主要问题

7.2.1　顶层设计和战略规划有待加强

长期以来，我国对外文化交流有着分头管理、多层实施的特点，实际承担对外传播功能的主体很多，但是能够纳入国家整体规划的只有少数中央部委和中央媒体[①]。经过研究梳理，我们可以发现，海外中国文化中心、国际性文化交流节事、城市文化外交与公共文化都有着直接或间接的联系，公共文化国际合作与交流在其中发挥了基础性、支撑性和带动性作用。但是由于体制机制的原因，公共文化国际合作与交流被分散在不同形态的对外文化交流活动中，没有形成合力，未能进入国家顶层设计的视野。另外，在"一带一路"等对外战略的实施过程中，地方政府和公共文化机构是重要的执行者，是与他国直接交流合作的理想平台，也是国家理念的直接落实者。如果缺乏战略统合，地方、部门各自为政，会损害对外传播的整体布局，最终影响国家战略的实施。因此，在推动构建人类命运共同体，促进新的国际秩序建立，并寻求在全球文化政治领域占据主导的背景下，需要统合中央、地方、机构的公共文化国际合作与交流。

此外，国际政治环境和国内政策限制会对公共文化国际合作与交流产生一定影响。公共文化国际合作与交流属于由政府主导的外事活动，虽然从跨文化传播的效果来说，在传播过程中要尽可能减少政治色彩，但是公共文化国际合作与交流不可避免地要考虑到国家外交的总体部署和国际政治环境。例如，中日韩三国之间敏感、微妙的政治关系和民族情绪就曾给"东亚文化之都"的建设带来一定变数。2015年当选的三个城市——青岛、新潟和清州确立了三国青少年交流项目，但因政治原因，部分活动（如青岛拟于2017年举办的"大学生动漫创意作品大赛"）无法顺利开展。国内的政策限制在一定程度上也造成了公共文化国际合作与交流在实际开展过

---

① 王维佳,翟秀凤. 展望2016:构建多重复合的对外传播格局［J］. 对外传播,2016（1）:14-16.

程中受到限制。例如，国家对公务人员出国交流访问有着比较严格的限制，外加较为复杂的流程审批程序，人员派出的流动性和活动开展的时效性无法保证。这就使得国外城市和公共文化机构尽管十分愿意并且主动地提出与我国开展交流，但是我们有时只能相对被动地谢绝。

　　鉴于体制机制和国际政治环境等因素对公共文化国际合作与交流产生的影响，提高站位、进一步加强顶层设计和战略规划就显得尤为重要。一方面，要明确公共文化国际合作与交流在对外文化交流乃至国家整体对外传播格局中的定位：既非部门或行业行为，也非一时一地之举，而是贯穿中央到基层、横跨多个领域的全局性、常态性工作。另一方面，在《公共文化服务保障法》将公共文化国际合作与交流提高到法律层面的基础上，应该进一步加强关于鼓励、支持开展公共文化国际合作与交流的政策保障，大力推动公共文化宏观管理体制改革，为解决公共文化国际合作与交流条块分割、行业壁垒、资源分散、重复建设、效益不高等问题提供政策和组织保障。

7.2.2　发展尚存在不均衡现象

7.2.2.1　国际区域布局不均衡

　　由于公共文化国际合作与交流是政府主导的涉外文化活动，因而其国际区域的布局受到国际关系和国家战略影响。在新中国成立初期，我国主要同社会主义阵营国家开展对外文化交流活动，与其他国家的文化交流活动是很有限的。中华人民共和国外交部条约数据库资料显示，在1949年至1966年间，中国共与31个国家签订了文化合作协定，文化合作范畴涉及科学、技术、文学、艺术、印刷、出版、广播、电影、电视、体育等多个领域，签订国家大都是亚非拉等第三世界国家，在发达资本主义国家阵营中，只与挪威一国在1963年6月18日与我国签订了文化合作协定[①]。到改革开放时期，我国扩大对外开放，积极向西方发达国家学习先进经验，

---

① 中华人民共和国外交部条约数据库：http://treaty.mfa.gov.cn/Treaty/web/index.jsp，检索词为"文化"。

展示中国形象，多与欧美国家开展合作交流，在亚非拉地区由于其相对落后的社会经济状况则较少开展，如21世纪初期"中国文化年"集中在德国、法国、美国、英国、意大利等国举办，直到2016年才在拉美地区举办。十八大以来，随着"一带一路"倡议的推进，"一带一路"沿线国家和地区成为我国国际合作与交流的焦点，海外文化中心建设、国际性文化交流节事、友好城市或是公共文化机构的国际交往都集中向"一带一路"区域倾斜。

不同历史和不同国情，不同民族和不同习俗，生成了不同的文明，文明没有高下、优劣之分，只有特色、地域之别，全人类共同价值的实现需要全球参与[①]。肩负促进民心相通使命的公共文化国际合作与交流更是应当广泛地与世界各国开展互动，促进和而不同、兼收并蓄的文明交流对话。公共文化国际合作与交流目前呈现出的国际区域焦点的变换一方面缘于顶层设计的战略需要；另一方面，如果导向过于集中，会在一定程度上造成国际合作与交流的局限性。加之首都往往是一国政治、文化交往的中心，国外的其他地区则较少涉及，这均暴露出公共文化合作与交流在国际布局上还有待进一步科学、合理地规划，并需要扶植民间交流以形成对官方交流有力的互补与支撑。尽管目前社会力量已通过多种渠道、多种方式积极参与，但整体来看公共文化国际合作与交流的行政化导向仍较强。

7.2.2.2 国内地区与机构不均衡

公共文化建设和对外开放水平在一定程度上取决于社会经济的发展水平。城乡鸿沟、地区鸿沟导致的中国社会结构的非均衡性现象使得公共文化国际合作与交流存在不同程度的区域性失衡现象。在"部省（市）合作"共建海外中国文化中心机制下，参与共建的地方政府东部占6家、中部占3家，西部仅有广西和云南两个与东南亚具有地缘联系的省份参与共建。国际性文化交流节事大多集中在东部地区举办，仅有丝绸之路国际艺

---

① 易刚."全人类共同价值与跨文化交流"国际学术研讨会综述［J］.社会主义研究,2020(1):168-172.

术节、成都国际非物质文化遗产节和南宁国际民歌艺术节落户中西部。我国城市开展文化外交的区域的不均衡性也较为突出，例如7个已当选"东亚文化之都"的城市中，东部4个、中部2个、西部1个，加入全球创意城市网络的城市东部占64.29%。而公共文化机构的国际化发展则更受地方实力的影响，无论是国际合作与交流的广度、深度还是创新性，东部地区都表现出了绝对优势。

除了区域发展的不均衡，机构发展的不均衡在公共文化国际合作与交流中也体现得较为明显。从类别来看，有国际组织机构的图书馆、博物馆相较于其他公共文化机构来说，国际合作与交流开展的体系性较强，除了人文交流之外，还开展了组建联盟、加入国际组织、参与标准制定、科研学术合作等能够推动行业发展的更深层次的实践。事实证明，通过多年的努力，我国在与国际图书馆、博物馆界取长补短、相互学习的过程中逐渐从落后追赶到现在，取得了一定的话语权，占据了相对的主导地位。从层级来说，省（市）、市（区）级公共文化机构"走出去"的机会要远远多于县（市、区）级及以下公共文化机构。受马太效应影响，已经具有一定国际合作与交流基础、在国际上具备一定知名度的公共文化机构，今后开展合作与交流的范围和渠道会越来越广泛，而其他公共文化机构则难以迈出第一步，形成较大程度的不均衡。

尽管公共文化国际合作与交流发展不均衡有诸多客观因素，但是不同地区、不同类型和层级的公共文化机构都有其不同的使命，明显的不均衡将不利于公共文化服务的高质量发展，也不利于中华文化"走出去"战略的深入开展。

7.2.3　文化交流治理水平相对滞后

近年来我国文化治理体系和治理能力在不断提升，多元合作的治理结构初步形成，但文化交流的治理水平与多头并进、繁荣发展的良好交流态势及构建人类命运共同体、建设"一带一路"对文化交流的现实需求相比，还相对滞后。政府在文化交流中扮演主导者的角色，起着决定性作用，而非政府力量的文化交流能力则相对较弱，目前，社会组织、跨国企业、智库等非政府资源参与公共文化国际合作与交流仍有限。这也导致公众在文化交流治理中的参与程度不高，缺少正式的或具有一定影响力的社会组织的指导和引领，如基金会、专业协会等，社会资金不能在公益项目中充分涌流，公众在文化交流中的参与热情和建设性意见未得到充分回应。事实上，每个中国人都是国家形象的"代言人"，是中华文化传播的使者，激发其发挥己之所能，合力做好中华文化"走出去"的个人篇章，可以为更加广泛、深入地传播中华优秀传统文化作出聚沙成塔的贡献。

此外，人、财、物的保障能力也是治理水平的重要体现。随着对文化交流治理水平提出更高的要求，人、财、物的合理配置变得尤为关键。不同形式的公共文化国际合作与交流在对人、财、物的需求程度上也各有不同。对于公共文化机构开展国际合作与交流来说，无论是举办文化交流活动，还是进行文献交换、人员交流都离不开经费，经费紧张的基层公共文化机构开展这些业务难免捉襟见肘。而对于海外中国文化中心建设来说，对专业人才的需求则更为迫切。目前，海外中国文化中心人才队伍建设比较薄弱，人员构成一般为国内派驻，因受人员编制数量限制，许多文化中心需要招聘海外临时人员或志愿者，有时还不得不"借用"国内派驻工作人员的配偶、亲属。多数文化中心图书馆仅配置一名馆员，负责图书馆全部工作，包括采购、编目、上架、借阅、咨询、组织活动等，工作量较大，常常力不从心。另外，一些设立在小语种国家的文化中心，小语种人才的缺乏使得工作开展起来相当困难，例如笔者在调研曼谷中国文化中心时发现，仅有一名从云南省文化部门借调来的工作人员会泰语。在海外中国文化中心缺少具备驻在国语言要求及相关专业知识技能的工作人员的情况下，外加人员流动性大，很难为驻在国民众提供专业和周到的服务。

7.2.4 受众分析的广度、深度需提升

在文化传播过程分析中，如果只重视对内容和形式的研究，忽视对内容的接受者——受众的研究，那么传播效果的提升也就无从谈起。正如

拉斯韦尔所说,"世界政治里有许多包容度不同的地区,并且世人的注意框架各不相同"①,所以,受众研究是包括对外文化传播在内的任何文化传播活动的出发点。公共文化合作与交流不管以何种形式呈现,其本质都离不开文化的传播。因此,对目标受众的身份、态度、文化和利益诉求及动机的了解是公共文化国际合作与交流能够继续深入开展的关键。从目前来看,公共文化国际合作与交流中关于受众的分析比较欠缺,大多数的实践还停留在"以我为主"的层面。例如,海外中国文化中心图书的资源配置在考虑其面向群体的特殊性和不同驻在国的特点方面还不够充分,也没有形成基本馆藏目录和特色馆藏目录相结合的配置方案。为使有限的馆舍空间能够提供驻在国民众所喜爱的阅读服务,就需要深入驻在国民众中去了解,才能使文献配置更有针对性,图书馆也才能发挥其真正的价值。又如,在开展国际性文化交流节事及城市文化外交中都会举办丰富的文化活动,甚至在较短时间内提供数百上千场次,但是对民众的满意度如何、通过文化来提升城市的国际知名度和影响力的效果怎样,很少会给予及时的反馈和评估。那么在下一次的节事活动中,对于开展什么主题、选择哪些形式,就无法获取之前的参考。

在公共文化国际合作与交流实践中面对的往往是一个具体的传播链条,对于这个链条的终端,也就是受众缺乏了解,对于其关切点和疑虑问题的回应不足甚至没有回应,传播策略就无的放矢、收效甚微。鉴于此,把握公共文化国际合作与交流的精准度,还需要付出更多的努力:开展国际受众研究,明确群体差异(性别、学历、职业、年龄等)、地区差异(政治、经济、文化、宗教等)和国别差异(制度、意识形态等),探索如何让关于中华优秀传统文化、推动构建人类命运共同体思想理念、展现现代中国崭新样貌的传播对接国外习惯的表达方式,构建融通中外、与国际通行的话语体系,让"中国故事"更易于被国际社会所理解和接受至关重要。

---

① 哈罗德·拉斯韦尔.社会传播的结构与功能[M].何道宽,译.北京:中国传媒大学出版社,2013:40-57.

8　深化新时代公共文化国际合作与交流的思考

本章就新时代我国公共文化国际合作与交流深化发展的路径进行探讨。前文通过对公共文化国际合作与交流的内涵、演变、实践成就及存在问题的梳理、总结和分析可以发现，公共文化国际合作与交流在推动构建人类命运共同体、促进民心相通、助力国家治理体系变革、传播中华文化方面做出了具有"公共文化"特征的贡献，但同时也存在一些问题。

顺应时代潮流，适应我国社会主要矛盾变化，统揽伟大事业和伟大梦想，不断满足人民对美好生活新期待，必须坚持和完善中国特色社会主义制度、推进国家治理体系和治理能力现代化[①]。在这个承前启后、继往开来的新时代，公共文化国际合作与交流既需要传承改革开放40年来的发展成就，也需要有新的突破、新的成效、新的作为，以公共文化国际合作与交流领域治理体系和治理能力现代化建设为统领，进一步深化新时代公共文化国际合作与交流。

哈罗德·拉斯韦尔（Harold Lasswell）提出传播模式"5W"，即：谁（Who）→说什么内容（Says What）→通过什么方式（In Which Channel）→对谁（To Whom）→有何效果（With What Effects）（见图8-1）。拉斯韦尔的"5W"模式简明而清晰地描述了传播的核心要素，是传播过程模式中的经典，后来的很多学者都对此进行过各种修订、补充和发展，但大都保

---

　　① 新华社. 中共中央关于坚持和完善中国特色社会主义制度　推进国家治理体系和治理能力现代化若干重大问题的决定［EB/OL］.（2019-11-05）［2020-04-07］. http://www.gov.cn/zhengce/2019-11/05/content_5449023.htm.

留了它的本质特点①。鉴于公共文化国际合作与交流的主要功能、主要任务和主要形式是文化的传播，本书以新时代公共文化国际合作与交流领域治理体系和治理能力现代化建设为达成目标，应用传播学经典理论拉斯韦尔"5W"模式，提出针对性建议。

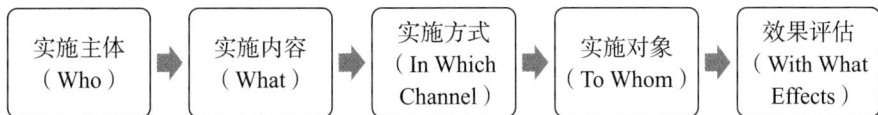

实施主体（Who）	实施内容（What）	实施方式（In Which Channel）	实施对象（To Whom）	效果评估（With What Effects）

图 8-1　拉斯韦尔"5W"传播模式

8.1　新时代公共文化国际合作与交流的发展定位

8.1.1　坚持服务国内、国际两个大局

公共文化国际合作与交流立足于传承中华优秀传统文化、发扬特色民族文化、提升国民文化素养，着眼于体现新时代中国人民精神面貌，促进与世界各国人民友好往来。从公共文化参与国家层面的对外文化交流看到，其成功地在世界各国间架起了沟通的桥梁，国民的爱国情操、民族自豪感与民族凝聚力进一步得到培养与激发，增强了文化自信，让每一位中华儿女为中华灿烂的文化感到骄傲和自豪。从公共文化参与城市层面的对外文化交流看到，它促进了城市文化功能不断延伸，满足了市民对文化、休闲、娱乐活动不断增长的需求，增强了城市文化供给能力。在此过程中，城市的文化竞争力不断彰显，文化软实力逐步增强。从公共文化机构的国际化发展看到，其构建的国际公共文化机构合作与交流网络，拓宽了公共文化发展的国际视野，突出了文化资源和服务覆盖的区域共享和全球参与性，也向世界展示了中国公共文化快速发展的成就。新时代深化公共文化国际合作与交流工作须继续坚持服务国内、国际两个大局，进一步强

---

① 熊澄宇. 传播学十大经典解读［J］. 清华大学学报（哲学社会科学版），2003,18（5）:23-37.

化服务于人民的发展理念，并积极参与全球治理体系改革和建设。

发展社会主义先进文化是国家治理体系和治理能力现代化的深厚支撑[①]。社会主义先进文化要求在文化建构过程中重视处理东、西方文化的冲突和融合关系，其相互关系影响着文化治理现代化的进程，是在文化治理现代化过程中必须重视的问题[②]。公共文化国际合作与交流作为创造性转化中华优秀传统文化"存量"，为其注入全新生命力的利器，也作为引入外来文化"增量"，取其精华的主要通道，有选择地整合和融通外来文化和本土文化，对形成适应当代社会的新的文化传统具有重要意义。在新时代，公共文化国际合作与交流要进一步强化以人民为中心的发展理念，本着公益性、均等性、基本性、便利性的原则，永葆人民情怀。我国公共文化国际合作与交流资源日益丰富，人民的文化选择空前广泛，欣赏水平也日渐提升，文化需求正在向更高层次发展。公共文化国际合作与交流坚持以人民为中心，就必须重视人民对文化需求发生的动态变化，要在内容资源上不断更新，在载体上与时俱进，从人民的实践创造中汲取智慧，从满足人民对美好生活的需求上增进共识、凝聚力量。

全球治理根植于文化共识，公共文化国际合作与交流积极参与全球治理体系改革和建设是顺应推动构建更加公正合理的国际治理体系的大势所趋。国与国之间的交往从本质上而言是人民与人民的交往，是社会与社会的交融。文化具有跨时空、跨边界、跨地域的影响力，文化间的交流交融在使不同国家和不同民族产生共同语言、增强相互信任、加深彼此感情等方面具有无可比拟的优势。因而可以说，文化的相互理解和相互尊重是民心相通的重要基石，历史、语言、宗教、风俗等社会生活和文化的交流交融是民心相通最广泛的领域。从这个角度来看，国际治理体系建设必然无法脱离文化的根基，更离不开公共文化服务的先行效应和基础作用。以群众为基础的公共文化的沟通可以使世界各国人民冲破语言的障碍完成情感

---

① 新华社. 中共中央关于坚持和完善中国特色社会主义制度 推进国家治理体系和治理能力现代化若干重大问题的决定［EB/OL］.（2019-11-05）［2020-04-07］. http://www.gov.cn/zhengce/2019-11/05/content_5449023.htm.

② 赖雄麟,陈连军. 文化治理现代化的四重维度研究［J］. 行政论坛,2018,25（6）:130-135.

的传递，增强文化亲近感，使各国人民从不同的文化中寻找智慧、汲取营养，在世界范围内寻求最广泛的思想共识、理念共鸣、文化共通。公共文化国际合作与交流应体现出社会主义、发展中和全球"三重性"大国外交思想，秉承与时俱进、包容互鉴、合作共赢与结伴不结盟的战略思维，坚持共商、共建、共享的全球治理观，借力金砖国家、"10+3"、20国集团等平台机制化建设，在国际社会中积极应变和主动促变。

8.1.2 坚持推进公共文化国际合作与交流领域治理体系和治理能力现代化

国家治理体系和治理能力现代化，是全景性的现代化工程，是关系国家事业发展全局的重大战略部署，不是某个领域某个方面的单项改革，是现代化不同子系统之间既相互交织制约，又需要综合演变和协调发展的大合奏。只有现代化的不同子系统协同发力和联动推进，才能形成国家治理体系和治理能力现代化的群集效应，推进国家治理体系和治理能力现代化[1]。文化治理便是国家治理体系这个宏观系统中一个重要的子系统。正如第七章中所论述的，公共文化服务既是文化治理的一种形式，也是文化治理的一项内容，公共文化国际合作与交流从凝聚人心，社会认同，激发创造活力，促进现代多元合作治理，推动政府体系内部的资源整合和功能协调，提升公共文化的国际传播、国际服务、国际合作能力等多个方面助推了国家文化治理体系和治理能力现代化。然而，当公共文化国际合作与交流日益成为中华文化"走出去"格局中新的增长点与支撑点、成为推动公共文化事业高质量发展的重要力量时，在国家文化治理体系中扮演助推者的角色显然已不能满足其服务好国内、国际两个大局的现实需求。并且，目前公共文化国际合作与交流的发展现状也暴露出了其治理水平相对滞后的问题。因此，在新时代，推进公共文化国际合作与交流领域的治理体系和治理能力现代化是当务之急，也是重中之重。

推进公共文化国际合作与交流领域治理体系和治理能力现代化就是

---

① 徐奉臻. 从两个图谱看国家治理体系和治理能力现代化[J]. 人民论坛, 2020（1）: 68-70.

要适应时代变化，既改革不适应新时代公共文化国际合作与交流实践发展要求的体制机制、法律法规，又不断构建新的体制机制、法律法规，使各方面制度更加科学、更加完善，实现公共文化国际合作与交流领域各项事务治理制度化、规范化、程序化。其理想状态是在公共文化国际合作与交流领域实现公共利益最大化，本质特征就是政府、市场、社会在公共文化国际合作与交流领域的相互关系处于最佳状态，是政府、社会力量与公众对公共文化国际合作与交流相关事务的协同治理。但实际上，就如学者张良所言，政府、市场与社会在文化领域都有各自的运行逻辑：

> 国家希望通过文化场域传递国家的意识形态和核心价值体系，对民众进行规训教化，遵循的是"管理逻辑"；市场希望通过文化产品的批量化、同质化和标准化实现文化产业化，以文化消费刺激经济增长，遵循的是"效益逻辑"；社会则希望通过文化满足广大人民群众的精神文化需求，以文化为载体表达公众的政治权利和经济权利，遵循的是"民本逻辑"。[①]

在公共文化国际合作与交流领域，政府必然要争取主导权，这对于维护国家文化安全、建构和谐有序文化生态、实现政治稳定有着重要作用。但同时文化交流也力求保持一种开放性、参与性、批判性的特质，尤其是对于国外公众来说，更加亲和、更加友好的内容和方式更容易被接受和认同，而这也正是市场和社会发挥强项的地方。因此，公共文化国际合作与交流领域的治理体系和治理能力现代化就是要在这种相互对抗的逻辑关系中找到发挥每一个主体作用的平衡点，这不仅需要国家在对外文化交流领域保持宽容与协商的姿态，也需要社会文化力量的强大，并需要有相应的监管、跟踪机制来规避可能产生的负面影响。鉴于公共文化国际合作与交流属于跨文化传播范畴，根据拉斯韦尔的"5W"模式，公共文化国际合作与交流应从实施主体、实施内容、实施方式、实施对象、效果评估五个

---

① 张良.论国家治理现代化视域中的文化治理[J].社会主义研究,2017(4):73-79.

方面让政府、市场和社会协同起来，发挥作用。

8.2 实施主体：发挥各类主体作用，形成多元协同互动格局

公共文化国际合作与交流领域治理体系和治理能力现代化最重要的标志，就是多元主体协同互动，从一元主体转变为多元主体交互共治，即政府主导、社会协同、公众参与的治理机制。对政府部门而言，治理就是从统治到掌舵的变化；对非政府部门而言，治理就是从被动排斥至主动参与的变化[①]。

8.2.1 强化政府主导作用

公共文化服务属于政府提供的基本公共服务，这是公共文化与其他文化类型、样态相比最突出的特点，也是形成公共文化服务政策体系的理论基础[②]。当全球化进程不断推进，人民的文化需求更多元化时，就需要开展国际合作与交流，给人民端上更丰富的文化大餐，因而从这个角度来说，政府在公共文化国际合作与交流中的责任与在公共文化服务中的责任并无二致。从另一种角度来说，公共文化国际合作与交流对内推动公共文化服务高质量发展，对外代表的是国家形象、弘扬的是中华文化，因而政府在其中还发挥着提升国家文化软实力的作用。总体而言，在治理体系和治理能力现代化的要求下，政府在公共文化国际合作与交流中应发挥主导作用，惠及公众。

落实强化公共文化国际合作与交流领域的政府主导作用，首先要理顺公共文化管理体制、加强各级政府对公共文化国际合作与交流的统筹

---

① 陈振明. 公共管理学［M］. 北京：中国人民大学出版社，2005：77-81.

② 李国新. 对我国现代公共文化服务体系建设的思考［J］. 克拉玛依学刊，2016，6（4）：3-15.

协调。党的十八届三中全会提出的构建现代公共文化服务体系的重点任务，列在首位的就是建立公共文化服务体系协调机制。那么与之对应，建立公共文化国际合作与交流的协调机制、打破部门局限已刻不容缓。在传统"文广新体旅"的机制协调基础上，公共文化国际合作与交流因其在文化外交中的积极参与，其协调机制的建立还应充分考虑到与承担外交事务及对外联络部门的联动与配合。此外，自从以海外中国文化中心为代表的"部省（市）合作"开展之后，文化资源在一定程度上实现了纵向打通，下一步应将"部省（市）合作"应用到更多的实践中，并横向打通部门之间协调机制，建设公共文化国际合作与交流领域一体化政务服务平台，共同构建公共文化国际合作与交流协同发展新格局。

其次，要增强公共文化国际合作与交流领域的制度建设。制度建设是强化政府主导的重点，是对大多数问题症结所在的回应，也是继《公共文化服务保障法》第十二条将公共文化国际合作与交流上升到法律保障层面后，使其落地增强制度保障的需要。制度之于治理的重要作用就是以制度理性弥补人性以及人的能力的局限与不足、以制度力量为科学发展提供坚强保障、以制度权威凝聚改革的共识和力量、以制度文明为良法善治提供前提基础①。公共文化国际合作与交流的制度体系还有待进一步完善与发展，需建立如鼓励社会力量参与及监管、公共数字文化资源在对外文化交流领域的建设与利用、引导群众文化作品和活动生产创造并对外推广等一系列制度。加强制度建设可以将目前零星散发的成功实践总结、提炼，上升到制度层面加以推广。

再者，要促进公共文化国际合作与交流均衡发展，其关键是补齐短板。由于公共文化国际合作与交流的不均衡主要体现在区域和机构两个方面，所以要对薄弱地区和公共文化机构中的薄弱部门加大力度给予引导和支持。国际不同地区的政治因素、地缘因素，国内东、中、西部公共文化服务和对外开放水平的历史差距使得我们在面对公共文化国际合作与交流时不能一概而论，要明确政府对公共文化国际合作与交流的引导和支持始

① 虞崇胜.制度建设是国家治理现代化的题中应有之义［J］.福建论坛（人文社会科学版），2014（2）:5-12.

终建立在有能力、有意愿又可行的基础上。而对于不同类型、不同层级的公共文化机构，也是要明确需求，优化保障结构，进一步提高投入方向的针对性和精准度。

建立协调机制、加强制度建设、补齐短板非一日之功，短时间内想最大限度发挥政府主导作用，提升公共文化国际合作与交流的效果，还要充分借力中国外交新局面，充分利用重大政策、重大项目、重点任务统筹部署、协同推进。当前，中国融入国际机制的程度不断加深，在国际事务中的参与度和话语权迅速提升，改革开放40年来积累的巨大成就为中国外交进入新的阶段开启了广阔平台。首先，中国是新型大国关系的倡导者，与许多国家建立了不同层次的战略伙伴关系；其次，中国开始更加注重周边外交，积极加入地区多边组织，并有意识地构建以自我为主导的地区组织；最后，中国与发展中国家的关系进入战略合作阶段。公共文化国际合作与交流要抓住这些新机遇，深入传播中国特色大国外交背后的文化理念、国家治理体系和治理能力变革下的中国模式及人民日新月异的精神面貌，乘中国外交发展之翼，开创公共文化国际合作与交流新格局。

8.2.2 增强社会力量协同作用

开展公共文化国际合作与交流是一个综合性的系统工程，既需要政府部门的主导推动，也需要社会力量积极参与、共同落实。无论从现实需要还是从长远发展来看，仅由政府推动公共文化国际合作与交流不能完全适应我国国际地位不断提高的新形势的需要，也无法满足国际社会越来越希望了解中国的需要。在公共文化合作与交流治理的改革中，应在坚持发挥政府主导作用的同时重视社会力量的培育，实现国家、市场和社会的良性互动。事实上，由于文化差异、文化冲突等影响，在公共文化国际合作与交流领域，官方的、政府的角色应当"后置"，推到前台的是艺术院团、民间文化艺术团体、专业组织/协会、研究机构等社会力量。在实践中，社会力量参与公共文化国际合作与交流主要有五方面瓶颈亟待突破，这也是新时代我们需要重点努力的方向：

一是建立政府与市场平衡、合理的关系。在公共文化国际合作与交流领域，政府与市场的关系一方面要兼顾政府对公共资源的宏观调控管理能力和市场对生产要素流动性的资源优化配置能力；另一方面鉴于对外交流的特殊性，还要在保证意识形态安全的前提下兼顾文化的开放性与多样性。要找到公共文化国际合作与交流中政府与市场的平衡点，首先要适度打通公共文化国际合作与交流和市场经济、文化贸易之间的"堵点"，文化和旅游公共服务与演艺产业、文创产业等适度结合，共同实现"走出去"；其次，相关部门要制定较为明确的企业参与公共文化国际合作与交流的准入门槛、审定程序、责任制度、负面清单等，从而起到引导和监督的作用；最后，要发挥好中国对外文化集团公司、中国东方演艺集团有限公司等央企、国企在政府与市场间的独特作用，提升其在公共文化服务领域的关注度和参与度。

二是公共文化国际合作与交流领域社会组织的培育。社会组织是构建国家治理格局的重要力量，在全面深化改革时期的政府治理中，社会组织可以起到补充的作用，成为政府治理的有效减压阀①。对于政府而言，由于人力、物力和财力的有限性而做得不够好或者一直没有关注到的公共文化国际合作与交流的领域或地区，就可以放权交给社会组织来做。目前，我国有中国人民对外友好协会和各地友好协会专门从事对外民间友好工作，是中国人民同世界各国人民发展友好合作关系的纽带和桥梁，但总体来看仅有友协这一个社会组织是远远不够的，专业性的文化交流社会组织或社会工作服务社、社区服务管理中心等更贴近公众生活的这类社会组织对公共文化国际合作与交流领域的关注度还没有培育起来。下一步，关于专业组织和社工义工类组织参与公共文化国际合作与交流可以在广东、福建、浙江等侨乡聚集的地方先行试点后推广全国，这对公共文化国际合作与交流的均衡发展也能起到较好的补益作用。

三是科学释放社会力量参与公共文化国际合作与交流的热情。随着我国改革开放的深入，特别是"一带一路"倡议提出后，社会公众参与文化交流的热情呈现高涨之势，但也面临着"有心无力"或找不到合适的渠道

---

① 唐皇凤. 非政府组织:社会转型期政府治理的减压阀[J]. 学习月刊,2010(1): 42-43.

等问题。对此，相关部门一方面可以通过税收优惠、建立荣誉激励机制、优先审批等方式鼓励和帮助社会力量实现参与中华文化"走出去"的愿望；另一方面要及时做好信息公开和政策解读，当前公共文化国际合作与交流的信息较为零散，缺乏汇总，需要建立一个信息平台，负责对各方信息进行收集、汇总、分析和发布，从而为想要开展国际合作与交流的社会力量提供思路和渠道，必要时开辟"绿色通道"。

四是充分发挥行业协会的引领作用，搭平台、促转型、求发展。行业协会是理顺行业组织与政府之间关系，逐步推动建立政府宏观管理和行业组织微观协调相结合的抓手。国家和地方的行业协会在行业自律、行业管理、行业交流等方面发挥着重要作用，要努力搭建起国内外同行深入交流新经验、新成果、新技术、新思路的"大平台"，对上衔接政府，对下衔接群众，对内联络各方资源，对外搭接国际桥梁。

五是仍需进一步探索有效的社会力量参与方式。目前，我们已经探索出了社会力量与海外中国文化中心合作开展活动、社会力量为国际性文化交流节事提供志愿服务、社会力量建设公共文化空间并走向国际舞台等反响好、推广性强的方式，但是还远远不能满足公共文化国际合作与交流社会化发展的蓬勃需求。因此，我们需进一步探索有效的方式。例如，借鉴日本建立国际交流基金会的经验，建设公共文化国际合作与交流基金会，为促进中外文化交流的项目及海外中国文化研究等提供资助；通过政府购买或财政补贴引入社会力量，专业化运作公共文化国际合作与交流，可以采取将国际合作与交流纳入政府购买公共文化服务目录，或是在文采会上开设国际合作与交流版块等方式；成立公共文化国际合作与交流智库，深入研究其发生与发展规律，为实践的开展提供必要的动力和支撑。

8.3 实施内容：旧学新知，智能创新

全球治理的文化共识是不同文化下对全球共同问题表现出的相同的价值取向。近年来，全球治理方案越来越多地注入中国传统文化基因。中国传统文化中的仁义、和谐、包容之道，对解决全球问题、促进全球经济社

会发展都有着举足轻重的作用。在传播媒介疾速发展、"内容为王"的全球化时代，中国传统文化创造性转化和创新性发展，是技术智能革命和全球化的需要，是构建中国话语权的诉求，是推动全球治理体系变革的大势所趋，也是深化公共文化国际合作与交流的必然选择。

8.3.1 挖掘文化内核，传递现代价值

在博大精深的中华传统文化中，有许多具有世界影响和普世价值的瑰宝，例如"和而不同""天下为公""四海之内皆兄弟"所揭示的和合观、天下观、伙伴观，在全人类文化宝库中占据着不可动摇的重要地位，也是构建人类命运共同体的思想基础。公共文化国际合作与交流要让全球共享中国的优质文化基因，在全球治理中留下中国文化思想印记，就要对丰厚的传统文化进行科学梳理，挖掘时代发展需要的文化内涵，创造融通中外的新文化概念，创作出高品质、符合现代人精神需求的文化内容，赋予传统文化具备时代意识和世界意识的现代价值。

首先，厘清文化的层次非常重要。国内外许多学者认为，文化可以分为"表层文化"（器物文化、技术文化等）和"深层文化"（理论信仰、价值观、思维方式、行为方式等）[①]。还有学者将文化分解为三个层次："高级文化"（哲学、艺术、宗教、科学等）、"大众文化"（风俗习惯、生活方式、人际关系等）和"深层文化"（价值观、个人角色、社会组织、行为准则等）[②]。分层的结果可以有很多类型，但归根结底是对"形而上"与"形而下"的区分。我们知道，公共文化区分的标准不是文化的样态，而是公众的可及性和参与性。但是不同层次的文化其传播的影响力是不同的。一般来说，形而上的传播涉及思想和精神世界，影响较为深远。

其次，不同层次的文化传播具有不同的特点。形而下的文化传播直观、形象、简单、易懂，形而上的文化传播因其主体是非直观性的内容，

---

① 刘继南,何辉. 中国形象:中国国家形象的国际传播现状与对策[M].北京:中国传媒大学出版社,2006:36-37.

② 蔡帼芬,徐琴媛. 国际新闻与跨文化传播[M].北京:北京广播学院出版社,2003:306.

因此往往面临着理解困境，理解的程度决定接受的程度。另外，形而上的对外传播还要面临一道国外意识形态审视的障碍。因此，形而上的传播更需要挖掘能够被世界接受、与世界对话的表达内容与形式。

综上两点，通过公共文化国际合作与交流提升中国声音在国际交往、全球治理等方面的影响力，只有形而下的传播是远远不够的，需要加强形而上的传播。"欢乐春节"不是简单地将国内的春节活动复制到国外，其代表的是中华优秀传统文化的高度集合，是全体中国人及海外华人的情感聚合，是春节已经成为全球共享节日的转变。"欢乐春节"在海外受到的热烈欢迎本质上是对中华优秀传统文化核心价值的认可，是对中国道路的认同。在新时代，我们需要发现更多的类似于"春节"这样的内容载体，辅以形而下的文化符号，比如中国功夫、剪纸窗花等，再加上新兴技术的演绎，如虚拟现实、人工智能等，将中华核心文化价值观与当代世界话语体系衔接起来、与构建人类命运共同体联系起来、与和平发展与合作共赢理念串联起来。只有这样，才能让世界看到中华优秀传统文化的现代价值，才能促使世界读懂中国、提升中国的国际话语权。

8.3.2　叙事视角客观均衡

讲好中国故事，不仅要选择好故事的内容，还要选择好叙事的视角。"讲故事"就是"叙事"①，传播学领域引入的叙事理论，常与媒介真实、符号建构、新闻话语等内容相互联系，聚焦如何透过叙事语言，建构一系列相关的社会经验及其认同文化②。约瑟夫·奈（Joseph Nye）认为，当代国际竞合的成功与否，并非透过一般性强硬手段实现，而更多取决于"谁的故事取胜"③。换言之，成功的故事打造成功的国际话语权，这既是国家文化软实力的证明，也导致了在全球治理的语境中，必须考虑到我们的任何

---

① 浦安迪.中国叙事学［M］.北京:北京大学出版社,1996:7.

② 王昀,陈先红.迈向全球治理语境的国家叙事:"讲好中国故事"的互文叙事模型［J］.新闻与传播研究,2019,26（7）:17-32.

③ NYE J S. The rise of China's soft power[EB/OL]. （2005-12-29）[2019-10-27].
https://www.belfercenter.org/publication/rise-chinas-soft-power.

文化表达都是一种面对全球媒体的文化宣言——不管我们愿不愿意，它都必将是一种即时性的、外向性的、世界性的表述，文化叙事始终受到来自在地性与世界性之间的矛盾张力。同一个内容，不同的叙事视角就会引发不一样的矛盾张力，客观、均衡的叙事视角显然更容易被倾听和认同。

所谓"客观"，就是强调叙事的全面性和"柔"性表达。公共文化国际合作与交流是最贴近民众的文化交流，所以倾听民众的诉求尤为重要。从国外民众对中国的科技创新能力表示高度认可，评选出"新四大发明"可以看到，世界不仅对我们光辉灿烂的传统文化感兴趣，对我们具有时代特征的、绚丽多姿的当代文化也同样抱有很高的期待。因而，我们应保持着一种既不厚古薄今，也不能丢掉传统的客观视角，既要重视对传统文化现代价值的挖掘提炼，还要向世界积极展现我们当代文化的风采，比如国家大剧院、国家图书馆、国家博物馆、国家数字化影视制作基地等新文化地标，获得诺贝尔文学奖的作家莫言所创作的小说，票房口碑俱佳的国产影片等都能够体现当代中国文化软实力。同时，考虑到东、西方价值观上存在的诸多差异，我们在内容的表达上应尽量使用"柔和"、淡化政治色彩的方式，使文化交流更客观，更容易博得国外公众的信赖。

所谓"均衡"，就是指叙事视角要具有包容性。面对全球治理的文化语境，不再是"零和"博弈的价值导向，我们亦不可能将文化体系封闭起来进行自我表达，势必要与不同的文化资源进行整合，这也成为全球文化生产非常明显的趋势，被一些学者称为文化的混杂化（Hybridization）。混杂或是包容，都并非将不同文化符号简单拼接起来，而往往意味着文化与他者之间产生联结，从而生产出新的文化形式。如以《卧虎藏龙》和《花木兰》为代表的具有明显中国元素的商业流行电影，即是混杂性全球文化的典范①。正如安东尼·吉登斯（Anthony Giddens）所强调的，"我们正在进入一个全球化秩序之中，我们所做的一切都在影响他人而同时被他人所

---

① WANG G, YU Y, YEH E. Globalization and hybridization in cultural products: the cases of Mulan and Crouching Tiger, Hidden Dragon[J]. International Journal of Cultural Studies, 2005, 8（2）: 175-193.

影响"①。所以，我们要用多向共享的均衡视角来展现中国文化，创造出更多包容性、混杂性较强的文化产品，即我们在传播一种文化理念或表达一种文化精神时，应当注意到能否为对方提供一种艺术享受与审美体验，抑或是一种资讯服务，进而达到心灵层面的相互沟通。

8.4　实施方式：打好"组合拳"，实现合作与交流的互通互融

效率是衡量治理体系和治理能力是否现代化的重要标志之一②。目前，公共文化国际合作与交流分头管理、多层实施的特点，导致开展起来效率不高。要实现治理体系和治理能力的提升，就要优化实施方式，提高文化交流平台的综合承载和资源优化配置能力，并利用现代的传播媒介和数字技术，拓宽公共文化国际合作与交流的渠道，扩大覆盖面，增强实效性。

8.4.1　增强文化交流平台间的合作

无论是海外中国文化中心、国际性文化交流节事，还是东亚文化之都、友好城市、全球创意网络城市，都是公共文化国际合作与交流的重要平台。有一些平台间已经开展了合作，相互借力。例如，泉州就曾将"东亚文化之都"系列活动、第一届海上丝绸之路艺术节和第十四届亚洲艺术节联合开展，形成了上下联动、全域联动、全民参与共建"21世纪海上丝绸之路先行区"的良好局面。类似的还有各地的海外中国文化中心成为"欢乐春节"最为重要的舞台，借助驻在国已有平台，将"欢乐春节"带到金字塔、富士山脚下；在"欢乐春节"活动的框架下不断创新发展的形式和内容也丰富了海外中国文化中心的日常活动，颇受当地民众喜爱。

---

①　HUTTON W, GIDDENS A. On the edge: Living with global capitalism[M]. London: Vintage, 2001: 1.

②　俞可平. 推进国家治理体系和治理能力现代化［EB/OL］.（2014-02-27）［2020-04-12］. http://theory.people.com.cn/n/2014/0227/c83859-24485027.html.

由此可以发现，这些文化交流平台因其共同具有的"公共文化"属性而具备了相互合作的基础，文化交流的效果也因而被放大、提升。在新时代，公共文化国际合作与交流应该将这种文化交流平台间的合作深化下去，培养协作意识，将不同地区、不同类型的公共文化国际合作与交流联动起来，如建立国际性"文化之都"图书馆联盟、博物馆联盟、艺术节联盟，举办公共文化领域的国际友好城市大会等，这样既有利于资源的统筹协调、最大化利用，使公共文化国际合作与交流的体系化发展向前迈进一步，也可以在一定程度上解决目前国际布局不均衡的问题，以常态小范围串联带动全局发展。

公共文化国际合作与交流还应加强与国外非政府组织等"第三方"的合作，发挥其文化桥梁纽带作用，促进中外文化交流的深入发展。在全球治理中，国际舞台上的非国家行为主体日趋增多并日渐活跃，是国际关系发展、变化的一个重要特点。一般来讲，非国家行为主体主要是指：

> 除统治集团中的执政集团外的一切力量，是指一切不能代表国家，不能以国家和政府名义处理外交事务的政党、集团、组织、企业、学校、团体以及有影响的个人等。[1]

非政府组织具有力量宏大、群众基础雄厚等优势。在当代国际关系民主化蓬勃发展的大背景下，非政府组织因其非营利性、公益性、志愿性等特点，通过慈善事业、扶贫项目、环保事业、教育培训等形式中潜移默化的文化交流，更容易被接受，对促进经济、社会的发展也具有重要作用。郭鸿炜认为，非政府组织对国际社会关系和文化多样性的修复功能、传承功能、沟通功能、包容互鉴功能和创新引领功能在全球治理中发挥着不可替代的作用[2]。在当前国际形势背景下，公共文化国际合作与交流要加强和国外非政府组织之间的交流，非政府组织的选择要遵循容易被人接受、能

---

① 叶自成.新中国外交思想：从毛泽东到邓小平[M].北京：北京大学出版社，2001：405-407.

② 郭鸿炜.全球治理中的文化冲突与非政府组织[J].党政干部学刊，2019(5)：31-37.

在冲突和发展之间寻找平衡并能带来文化发展利益等原则，拓宽公共文化国际合作与交流的视野、延伸实践的触角，以促进中外人民之间的心灵沟通和友谊合作，为中国的和平发展创造更加良好的文化软环境。

8.4.2 以数字技术助推公共文化国际合作与交流

公共文化国际合作与交流的互联互通离不开数字技术的支撑。数字技术使得公共文化国际合作与交流最大限度地发挥传媒的价值、传播的力量，用全球化的方式进行表达，对超越文明隔阂、增强文化认同具有难以替代的重要作用。

一方面，应广泛应用融媒体传播这一信息的"放大器"。所谓融媒体传播，是将报刊、广播、电影、电视、网络等传播媒介进行优势整合利用，将以纸质媒介为主体的传统媒体和以数字技术为核心的新媒体融合在一起，使其在传播的功能、手段、效率等方面得以全面提升的一种信息传播模式。目前，部分公共文化国际合作与交流实践已经运用了融媒体传播，例如，乡村春晚的网络连线、全球直播、海外实时互动，威尼斯国际艺术双年展中国馆在国内设立的体验"驿亭"等。融媒体传播的优势在于传播更加迅捷、覆盖人群更加广泛，其交互性、虚拟性和及时性与文化艺术的特征有着内在的契合。下一步，我们还可以将融媒体传播继续运用到文化交流平台间的合作中，例如"乡村春晚"与"欢乐春节"的联动，使我们地道传统的乡俗民风与海外带着乡愁的"年味"相互融合，更好地发挥"春节"这条纽带的作用。通过融媒体传播，将文化的传播与交流从文字、图片转化为数字化符号，打破文化交流在时间、空间上的局限，在全球时空实现实时、同步传播效应，使得全球不同国家、不同民族、不同文化之间进行共生交融成为现实可能，也使文化传播呈现出全球化的特征。

另一方面，数字技术不仅是形式，其本身就是认知界面、内容表达，我们在塑造平台、工具和技术的同时也被它们所塑造。而文化就像水一样，有它亘古不变的内涵。所以我们要与全球优秀的创作力量合作，打造具有浓郁的中国风格以及被全球用户接受的数字形式和叙述结构的中国故事。故宫与互联网跨界合作就吸引了海内外一众年轻人，让传统文化宝藏焕发生机。这也意味着线上活动具有成为文化传播重要手段的潜力。例如，一些海外中国文化中心、驻外旅游办事处等驻外机构已开设有公众号、微博，除了对线下活动进行宣传外，也可以尝试举行一些线上活动，培养人气。通过数字技术这一载体，带动中华优秀传统文化的创造性转化与创新性发展，打通公共文化国际合作与交流的"最后一公里"将成为新时代的必然趋势。

8.5　实施对象：明确需求，实现合作与交流的精准对接

全球治理的推动离不开各国民众的广泛参与，文化参与及文化创造精神在全球治理中得到发展。各国民众既是公共文化国际合作与交流的受众对象，又是参与其中的主体，因而文化参与及文化创造也促进了治理现代化的发展，推动着全球治理朝着善治良序的方向发展。要发挥好各国民众文化参与及文化创造的自治作用，就要增强回应性，对社会公众的需求给予及时和负责的反应，公共文化国际合作与交流呈现的文化大餐要与社会公众的需求偏好相一致。

8.5.1　探索"一国一地一策"的合作与交流方案

目前，我国公共文化国际合作与交流通过海外中国文化中心、国际性文化交流节事、城市文化外交等多个平台，基本形成了覆盖全球的合作与交流网络，这也就对公共文化国际合作与交流的精准性提出了更高要求。以东盟为例，虽然东盟十国地域接近、贸易互通、政治互助，但其内部仍有巨大差异，与我国的关系也有较大区别，其中有的国家是我国长期友好邻邦，有的国家与我国在文化上有接近之处，有的国家与我国在政治上联系紧密，但有的国家与中国在领土问题、历史问题和意识形态方面有较大矛盾。因此，要针对每个合作与交流的对象国，开展深入的调查研究，制订具有适用性的合作与交流方案。

首先，加强国别问题研究，实施"一国一策"。国别研究是针对特定国家的人文、地理、政治、经济、社会、军事等进行的全面深入研究，它与国际问题研究和国际政治研究联系密切，但无论从广度还是深度上都大于后两者。它具有全面性、深入性、及时性和战略性等特征。当前，我们的国别问题研究分布很不均衡，过多人力集中在欧美研究上，周边研究和亚非拉区域研究依然比较弱。虽然近年来随着"一带一路"倡议、金砖国家机制等国家战略的深入实施，国别研究不均衡的情况大大改善，但就"一带一路"沿线每个国家的具体情况而言，还有待于进一步了解。这也对我国的驻外机构提出了要求，需要利用"在地化"的优势，对驻在国开展深入调研。

其次，增强与公共文化资源的适用性匹配。目前，地方的特色公共文化资源通过海外中国文化中心"部省（市）合作"、城市外交等渠道在世界舞台上得以大放光彩。但是，地方公共文化"走出去"主要以展示、宣传本地的文化和旅游特色资源为目的，忽略了对目标受众的关注，缺乏针对性，剧目节目未能"放之四海"。随着地方参与公共文化国际合作与交流的积极性、主动性不断提升，对顶层设计、统筹规划也提出了更高的要求。因此，在"一国一策"的基础上，还应考虑地方文化资源与对象国的匹配性，也就是"一国一地一策"。在条件成熟的情况下，可考虑探索指定一个省区对应一至三个国家，选取适应当地文化偏好的项目与服务。

总之，公共文化国际合作与交流既要讲求区域协同，又要讲求国别差异；既要讲求长期谋划，又要讲求因时而动；既要讲求立场稳定，又要讲求策略灵活。应当努力做到因国而异、因时而异、因事而异，注重分众化和适用性①。

8.5.2 加快大数据应用，挖掘公众需求

半个世纪以来，随着计算机技术全面融入社会生活，信息爆炸已经积

---

① 胡正荣. 国际传播的三个关键：全媒体・一国一策・精准化［J］. 对外传播，2017（8）：10-11.

累到了一个开始引发变革的程度。最先经历信息爆炸的学科，如天文学和基因学，创造出了"大数据"这个概念①。如今，这个概念几乎应用到了人类致力于发展的所有领域中，成为各行业的基础支撑。"大数据"是人们在大数据规模的基础上可以做到的事情，这个大规模数据的产生并不受地域、语言、文化的限制，但却可以通过对海量数据的分析改变服务思维，解决小样本数据无法解释的问题。因此，公共文化国际合作与交流需要加强大数据建设，用一种更直观、更全面的技术手段将对交流对象的研究由国家、地区聚焦到个体，进一步提升合作与交流的精准性。

首先，预测是大数据的核心，公共文化国际合作与交流要利用好大数据的预测价值。运用 MapReduce 或 Hadoop 等平台对上千万条公众搜索的信息进行分析，特定的检索词条可以反映出当下公众感兴趣和关心的内容是什么。不仅如此，大数据让我们不再依赖于随机采样，海量数据经特定的数学模型处理后会形成相应的关联，让我们更清楚地看到样本无法揭示的细节信息，当数百万的搜索记录显示不同词条之间存在一种特定组合时，就在告诉我们与公众感兴趣的内容最为匹配的表达方式是什么。当我们对交流对象的需求了解得越来越多、越来越细时，才能提供精准的、能够切实满足需求的文化大餐。

其次，大数据还意味着我们要从一切事物中汲取信息，甚至包括许多我们以前认为根本就不是"信息"的事情。公共文化国际合作与交流要注重对看似不是信息的事情进行数据化，激发、挖掘交流对象的潜在需求。比如，通过对公众参与活动时的人脸表情识别来反映活动效果和公众感兴趣的内容。利用所有的数据，让数据发声，更加直接、高效地找准交流对象的需求，才能使公共文化国际合作与交流在快速更迭的信息时代不断焕发活力，为民所需。

最后，还应加强公共文化国际合作与交流的项目库、数据库建设。现阶段的项目库，比如海外中国文化中心，只是将符合一定标准的项目储存到库中，而这只是最基础的功能。下一步，项目库建设要利用大数据、云

---

① 维克托·迈尔-舍恩伯格,肯尼斯·库克耶. 大数据时代:生活、工作与思维的大变革[M]. 盛杨燕,周涛,译. 杭州:浙江人民出版社,2014:8.

计算等技术实现动态存储与管理，进而系统化形成项目库生态系统，实现项目全程跟踪，链接各参与部门实现项目信息实时披露，方便各部门共同参与项目，形成合力。另外，还要加大对公共文化国际合作与交流相关数据的统计力度，比如活动场次、活动类型、参与人次、会议纪要、管理文档等基础数据，为公共文化国际合作与交流的效果评估提供支撑。

8.6 效果评估：落实和深化公共文化国际合作与交流成果

在跨文化传播中，对传播效果的评估是"5W"的最后一环，体现了我们所提供的信息到达受众后在其认知、情感、行为各层面所引起的反应，是检验传播活动是否成功的重要尺度，并为修正、完善传播链条提供切实依据。在治理体系中，评估同样是非常重要的环节，只有进行评估，才能发现治理的现实状态与理想状态的差距，明确下一步治理改革的方向。

8.6.1 将公共文化国际合作与交流纳入相关事业发展评价中

由于公共文化国际合作与交流涉及多主体、多渠道、多形式，因此，当下关于公共文化国际合作与交流的效果分析也有多个角度：有的从中华文化"走出去"的效果切入，对国家文化软实力和国家形象进行评估[1][2]；有的通过某一种公共文化国际合作与交流实践形式对中华文化传播效果进行评估，例如国际艺术节和海外中国年[3]；还有的就"东亚文化之都"评估

---

① 游国龙. 软实力的评估路径与中国软实力的吸引力[J]. 现代国际关系,2017（9）:18-26.

② 同心. 中国国家形象跨文化传播的评估指标体系研究[D]. 上海:复旦大学,2014.

③ 张宇虹. 探究上海国际艺术节对中国文化艺术的传播效果[D]. 天津:天津音乐学院,2019;陈留俊. 海外中国年与中国国家形象的传播[D]. 上海:上海社会科学院,2015.

之中的公共文化进行研究①。总体来说，对于公共文化国际合作与交流的成效评估还没有引起足够的重视，还没有形成一个科学、系统的评价体系。因此，加强对公共文化国际合作与交流的效果评估首先要提升对其重要性的认识，并将其纳入公共文化服务体系和中华文化"走出去"的整体发展评价中。

首先，要在公共文化服务体系建设评估中加入对公共文化国际合作与交流的考量。目前，公共文化服务体系建设的成效评估主要集中在对公共文化设施网络建设、公共文化服务供给与效能、公共文化服务社会化建设、公共文化服务体制机制建设、公共文化服务保障等方面。尽管国际合作与交流和设施网络、服务供给、社会化等公共文化服务体系建设的多个要素都是良性互动的关系，但是在推动构建人类命运共同体的背景下，国际合作与交流在公共文化服务体系建设中发挥着愈发重要的作用，因而有必要在公共文化服务体系建设这一纵向评估架构中就国际合作与交流的效果进行深入的统计与研究。

其次，要在中华文化"走出去"的效果评估中聚焦公共文化成效。中华文化"走出去"是一项系统工程，既包含公共文化，还涉及文化贸易、广播影视、新闻出版、汉语国际教育等多个领域。公共文化在中华文化"走出去"中发挥着丰富文化产品和服务供给、扩大公众参与等基础支撑的作用。从目前关于中华文化"走出去"效果的评估中看，有对国际影响力的研究，也有分行业的探讨，但是缺少对这些不同文化内容、文化项目和文化行业评估的整合，更缺少对公共文化贡献的提炼。因此，在中华文化"走出去"这一横向评估架构中应强化公共文化理念，聚焦公共文化的效能和影响力。

由此，应在公共文化服务体系建设多个元素的纵向间与中华文化"走出去"多个领域的横向间分别对公共文化国际合作与交流的成效予以突出、强调，纵向与横向评估的交织将逐渐明确公共文化国际合作与交流评估的原则及要素，进而形成科学、系统的评估框架。

---

① 陈慰.国际性"文都"建设与公共文化发展［D］.北京:北京大学,2018.

8.6.2 建立"五位一体"的评估体系

在构建公共文化国际合作与交流评估框架的基础上，还应进一步细化评估方式。根据公共文化国际合作与交流实践的特点，本书提出建立"五位一体"的评估体系，力求实现对公共文化国际合作与交流成效的全面展现。具体来说，"五位一体"指的是将事前监督、自我评估、第三方评估、阶段性评估、状态数据常态监测这五种评估方式相结合。

事前监督是对公共文化国际合作与交流的实践计划及实施进度进行监督。可以借鉴"欧洲文化之都"的事前监督办法，在通过当选城市的创建计划后，当其完成一定建设任务后，欧盟委员会才允许向当选城市提供资金支持。主管部门应要求公共文化国际合作与交流实践有明确的实施目标和规划，并及时汇报组织运作、人员配备、资金使用、活动开展等准备情况，根据情况分期给予资金、资源支持，从而确保实践活动能够如期按照既定目标和规划完成各项任务。

自我评估是对公共文化国际合作与交流实践的开展情况作自我测评。公共文化国际合作与交流实践的特点不同，评估的侧重点也有所不同，但归根结底都是在评价公共文化国际合作与交流对人的发展、对民心相通的促进、对地域人文内涵的丰富、对文艺事业繁荣的推动及对国家形象的提升所发挥的作用。自我评估的目的一是相较于其他评估方式能够较快获得反馈，二是为后续公共文化国际合作与交流实践提供参考。

第三方评估是公共文化国际合作与交流成效评估的外部制衡机制。"第三方"是指处于"第一方"——被评对象和"第二方"——服务对象之外的一方。由于"第三方"与"第一方""第二方"都既不具有任何行政隶属关系，也不具有任何利益关系，所以一般也被称为"独立第三方"。第三方评估一方面是政府绩效管理的一个关键环节，评价在公共文化国际合作与交流实践过程中政府的表现是否存在缺位、越位、不作为的现象，更重要的是以一个相对客观的视角和尺度来衡量不同公共文化国际合作与交流实践，可以直观反映出各类实践存在的特色优势和共性问题。

阶段性评估是对公共文化国际合作与交流的发展阶段、状况、成效的阶段性回顾和总结。对于已经形成常态化的实践，例如每年或隔年举办的品牌节事，阶段性评估可以揭示随着时间推移，整个项目发展的速度、变化的程度，方便其进行自我对比与规律总结。对于创建类的实践，阶段性评估可以起到对其后续建设的跟踪与督促，因为无论是当选"东亚文化之都"，还是加入"创意城市网络"，对于城市来说都不是一个短期的文化工程，公共文化在其中的参与更是体现了为民、惠民、便民的长期目的，所以对后续建设的关注是帮助其延长生命力的关键所在。

状态数据常态监测是对公共文化国际合作与交流的发展形态进行信息化处理与积累，方便掌握总体状况，加强动态监测，也是其他评估方式的重要依据。前文中提到的公共文化国际合作与交流数据库的建设，便为开展状态数据常态监测提供了基础支撑。公共文化国际合作与交流紧随国家战略与国际关系发展而变化，因此状态数据常态监测可以与其他的评估方式形成互补，全面、真实地反映出公共文化国际合作与交流的成效。

参考文献

中文参考文献

专著：

[1]付宝华.城市主题文化与世界名城崛起[M].北京:中国经济出版社,2007.

[2]葛慎平.金桥新篇——新中国对外文化交流50年纪事[M]北京:文化艺术出版社,2000.

[3]郭庆光.传播学教程[M].北京:中国人民大学出版社,2011.

[4]哈罗德·拉斯韦尔.社会传播的结构与功能[M].何道宽,译.北京:中国传媒大学出版社,2013.

[5]黄正泉.文化生态学(上)[M].北京:中国社会科学出版社,2015.

[6]杰西·H.谢拉.图书馆学引论[M].张沙丽,译.兰州:兰州大学出版社,1986.

[7]金武刚,李国新.公共文化政策法规解读[M].北京:北京师范大学出版社,2014.

[8]K.J.巴顿.城市经济学:理论和政策[M].上海社会科学院部门经济研究所城市经济研究室,译.北京:商务印书馆,1984.

[9]凯文·马尔卡希.公共文化、文化认同与文化政策:比较的视角[M].何道宽,译.北京:商务印书馆,2017.

[10]拉里·A.萨默瓦,理查德·E.波特,埃德温·R.麦克丹尼尔.跨文化传播[M].6版.闵惠泉,贺文发,徐培喜,等译.北京:中国人民大学出版社,2013.

[11]李小林.中国城市竞争力专题报告:开放的城市,共赢的未来(1973—2015)[M].北京:社会科学文献出版社,2016.

[12]李智.文化外交:一种传播学的解读[M].北京:北京大学出版社,2005.

［13］联合国教科文组织.文化多样性与人类全面发展——世界文化与发展委员会报告［M］.张玉国,译.广州:广东人民出版社,2006.

［14］刘继南,何辉.中国形象:中国国家形象的国际传播现状与对策［M］.北京:中国传媒大学出版社,2006.

［15］刘兹恒.图书馆学研究的本土化思考［M］.北京:北京图书馆出版社,2007.

［16］柳斌杰,雒树刚,袁曙宏.中华人民共和国公共文化服务保障法解读［M］.北京:中国法制出版社,2017.

［17］吕拉昌,黄茹.世界大都市的文化与发展［M］广州:华南理工大学出版社,2013.

［18］祁述裕.国家文化治理现代化研究［M］.北京:社会科学文献出版社,2019.

［19］丘东江.国际图联(IFLA)与中国图书馆事业(下)［M］.北京:华艺出版社,2002.

［20］司马云杰.文化社会学［M］.济南:山东人民出版社,1990.

［21］韦恩·奥图,唐·洛干.美国都市建筑——城市设计的触媒［M］.王劭方,译.台北:创兴出版社有限公司,1994.

［22］维克托·迈尔-舍恩伯格,肯尼斯·库克耶.大数据时代:生活、工作与思维的大变革［M］.盛杨燕,周涛,译.杭州:浙江人民出版社,2014.

［23］汪晖,陈燕谷.文化与公共性［M］.北京:三联书店,1998.

［24］王立贵.中外图书馆事业比较研究［M］.济南:齐鲁书社,1999.

［25］约瑟夫·S.奈.美国权力性质的变迁［M］.刘华,译.北京:中国人民大学出版社,2012.

［26］张西平,薛维华.中国文化"走出去"研究总论［M］.北京:社会科学文献出版社,2016.

［27］中华人民共和国文化部对外文化联络局.中国对外文化交流概览［M］.北京:光明日报出版社,1993.

期刊:

［1］安来顺,毛颖.国际化、高质量、可持续:中国博物馆事业发展的方向与战略——国际博物馆协会(ICOM)副主席安来顺先生专访［J］.东南文化,2019(2):6-15.

［2］楚国南.我国对外文化交流工作的发展［J］.世界知识,1964(19):4-5.

［3］方李莉.文化生态失衡问题的提出［J］.北京大学学报（哲学社会科学版）,2001
（3）:105-113.

［4］傅才武.当代公共文化服务体系建设与传统文化事业体系的转型［J］.江汉论坛,
2012（1）:134-140.

［5］傅才武,耿达,张立志.国家文化行业:概念、范畴、功能及其工具性局限［J］.江
汉学术,2013,32（5）:111-116.

［6］龚怡萱.中国与国际图联［J］.大学图书情报学刊,1996（2）:1-4.

［7］郭镇之,李梅.公众外交与文化交流:海外中国文化中心的发展趋势［J］.对外传
播,2018（2）:47-49.

［8］胡惠林.国家文化治理:发展文化产业的新维度［J］学术月刊,2012,44（5）:28-32.

［9］胡正荣.国际传播的三个关键:全媒体·一国一策·精准化［J］对外传播,2017（8）:
10-11.

［10］黄育馥.20世纪兴起的跨学科研究领域——文化生态学［J］国外社会科学,1999
（6）:19-25.

［11］金武刚.偶然vs必然:公共文化服务研究的兴起与发展——兼论图书馆学人的贡
献和崛起［J］.图书馆论坛,2018,38（11）:49-60.

［12］金武刚,李国新.中国公共图书馆总分馆制建设:起源、现状与未来趋势［J］.图
书馆杂志,2014,33（5）:4-15.

［13］李国新,李阳.文化和旅游公共服务融合发展的思考［J］图书馆杂志,2019,38（10）:
29-33.

［14］李国新.《公共图书馆宣言》在中国的时代际遇［J］图书馆建设,2019（6）:4-12.

［15］李国新.强化公共文化服务政府责任的思考［J］图书馆杂志,2016,35（4）:4-8.

［16］李国新.我国公共文化保障立法的内容、特点与突破［J］图书馆建设,2016（12）:
25-27,36.

［17］李国新.现代公共文化服务体系建设与公共图书馆发展——《关于加快构建现
代公共文化服务体系的意见》解析［J］.中国图书馆学报,2015,41（3）:4-12.

［18］李怀亮.从市场占有率到价值引导力 中国对外文化贸易的新趋势［J］.人民论
坛,2018（15）:130-132.

［19］李志斐,于海峰.试论"中国文化年"现象［J］.理论界,2007（2）:109-111.

［20］刘小燕.关于传媒塑造国家形象的思考［J］.国际新闻界,2002（2）:61-66.

［21］刘雪莲,江长新.次国家政府参与国际合作的特点与方式［J］.社会科学战线,2010（10）:162-166.

［22］刘兹恒,朱荀.当代中国图书馆的国际交流（1949-2009）［J］图书馆杂志,2010,29（1）:2-7.

［23］门洪华.中国国际战略思想的创新［J］.外交评论,2006（1）:28-35.

［24］倪晓建.创新与发展中的图书馆［J］.公共图书馆,2016（4）:2.

［25］秦亚青.世界政治的文化理论:文化结构、文化单位和文化力［J］.世界经济与政治,2003（4）:4-9.

［26］单波.跨文化传播的基本理论命题［J］.华中师范大学学报（人文社会科学版）,2011,50（1）:103-113.

［27］单霁翔.博物馆使命与文化交流合作创新［J］.四川文物,2014（3）:83-96.

［28］单霁翔.关于"城市"、"文化"与"城市文化"的思考［J］.文艺研究,2007（5）:35-46.

［29］申晓娟.新中国图书馆法治建设70年［J］.图书馆杂志,2020,39（1）:4-25.

［30］苏长和.中国与全球治理——进程、行为、结构与知识［J］国际政治研究,2011（1）:35-45.

［31］唐皇凤.非政府组织:社会转型期政府治理的减压阀［J］.学习月刊,2010（1）:42-43.

［32］王才勇.文化间性问题论要［J］.江西社会科学,2007（4）:43-48.

［33］王承旭.城市文化的空间解读［J］.规划师,2006（4）:69-72.

［34］王昀,陈先红.迈向全球治理语境的国家叙事:"讲好中国故事"的互文叙事模型［J］.新闻与传播研究,2019,26（7）:17-32.

［35］吴建中.新常态下图书馆联盟发展的新课题［J］.新世纪图书馆,2015（1）:5-8.

［36］吴理财.把治理引入公共文化服务［J］.探索与争鸣,2012（6）:51-54.

［37］武学良.海外中国文化中心图书馆发展模式探究［J］.图书馆工作与研究,2018（4）:11-16.

［38］熊澄宇.传播学十大经典解读［J］.清华大学学报（哲学社会科学版）,2003,18（5）:23-37.

［39］徐奉臻.从两个图谱看国家治理体系和治理能力现代化［J］.人民论坛,2020（1）:68-70.

［40］闫平.试论公共文化服务体系建设［J］.理论学刊,2007（12）:112-116.

［41］杨乘虎.中国影视文化走向世界,从讲好故事出发［J］现代视听,2017（11）:5-8.

［42］杨乘虎,高云.何谓中国故事:电影与国家形象建构的观念辨析［J］.民族艺术研究,2018,31（1）:111-120.

［43］杨洁勉.新时期中国外交思想、战略和实践的探索创新［J］国际问题研究,2015（1）:17-28.

［44］意娜."联合国2030可持续发展议程"下的国际文化创意产业发展趋势［J］.广东社会科学,2016（4）:70-75.

［45］游国龙.软实力的评估路径与中国软实力的吸引力［J］.现代国际关系,2017（9）:18-26.

［46］虞鑫,张鹏翼.媒介公共性的"理解-交往"悖论——基于结构方程模型的实证分析［J］.新闻界,2018（2）:40-46.

［47］张广钦.图书馆评估专题研究述评［J］.国家图书馆学刊,2011（2）:41-46.

［48］张娟,倪晓建.我国公共图书馆总分馆体系建设模式分析［J］.图书与情报,2011（6）:17-20.

［49］张雷.经济和传媒联姻:西方注意力经济学派及其理论贡献［J］.当代传播,2008（1）:22-25.

［50］张文彬.中国博物馆国际化的进程回顾与展望［J］中国博物馆,2006（3）:3-10.

［51］赵保颖."新时代"对文化馆行业与中国文化馆协会建设的思考［J］.大众文艺,2018（11）:7-8.

［52］赵月枝.中国与全球传播:新地球村的想象［J］.国际传播,2017（3）:28-37.

［53］郑永廷.论现代社会的社会动员［J］中山大学学报（社会科学版）,2000,40（2）:21-27.

［54］朱本军.全球视野下的公共文化学术信息源及其利用研究［J］图书馆建设,2019（5）:6-12.

报纸:

［1］蔡武.着力创新　深化改革　扩大开放　努力开创对外文化工作新局面［N］.中国文化报,2014-01-09（1）.

［2］陈曙光. 新时代的划时代意义［N］. 人民日报,2017-10-31(7).

［3］邓跃进. 中华文化的要义是"以文化天下"［N］. 文艺报,2015-11-23(2).

［4］阚侃. 文化间性的理论根源:从主体间性到文化间性［N］中国社会科学报,2019-06-27(4).

［5］乐黛云. 文化自觉与中国文化的可能贡献［N］中国社会科学报,2011-06-28(8).

［6］李国新. 公共文化服务法律保障的历史性突破［N］中国文化报,2016-12-28(7).

［7］苗春. 讲述外国人热爱中国的故事［N］. 人民日报海外版,2015-11-23(7).

［8］任一林,万鹏. 习近平新时代中国特色社会主义思想学习纲要(18):推动构建人类命运共同体——关于新时代中国特色大国外交［N］. 人民日报,2019-08-14(6).

［9］张海宁. 数说70年:文化交流走深走实［N］. 中国文化报,2019-09-26(3).

英文参考文献

专著:

［1］BERGER P L, HUNTINGTON S P. Many globalizations: cultural diversity in the contemporary world[M]. Oxford: Oxford University Press, 2002.

［2］GETZ D. Event management & event tourism[M]. New York: Cognizant Communication Corporation, 1997.

［3］HALL E T. Beyond culture[M]. New York: Doubleday and Co., Inc., 1976.

［4］HUTTON W, GIDDENS A. On the edge: living with global capitalism[M]. London: Vintage, 2001.

［5］BALDWIN J M. Dictionary of philosophy and psychology[M]. New York: Macmillan, 1998.

［6］KIM Y Y. Becoming intercultural: an integrative theory of communication and cross- cultural adaptation[M]. Thousand Oaks: SAGE Publications, 2001.

［7］LANHAM R A. The economics of attention: style and substance in the age of information[M]. Chicago: University of Chicago Press, 2006.

［8］NYE J S. Softer power: the means to success in world polices[M]. New York:

Public Affairs, 2004.

　　［9］VAN DER PLUIJM R, MELISSEN J. City diplomacy: the expanding role of cities in international politics［M］.The Hague: Netherlands Institute of International Relations, 2007.

　　［10］TENENBAUM S. The triumph of "The New American Painting": MoMA and Cold War cultural diplomacy［M］. London: Ashgate, 2001.

期刊：

　　［1］ASSEFA S, LEE J. Library collaboration: international perspectives: an interview with Dr. Shimelis Assefa, associate professor, library and information science, University of Denver［J］. Collaborative Librarianship, 2014, 6（2）: 87−91.

　　［2］CREMER R D, DE BRUIN A, DUPUIS A. International sister−cities: bridging the global−local divide［J］. American Journal of Economics and Sociology, 2001, 60（1）: 377−401.

　　［3］DIRLIK A. Chinese history and the question of orientalism［J］. History and Theory, 1996: 96−118.

　　［4］FELBERMAYR G J, TOUBAL F. Cultural proximity and trade［J］. European Economic Review, 2010, 54（2）: 279−293.

　　［5］GETZ D. Special events: defining the product［J］. Tourism Management, 1989, 10（2）: 125−137.

　　［6］GIFFARD C A, RIVENBURGH N K. News agencies, national images, and global media events［J］. Journalism & Mass Communication Quarterly, 2000, 77（1）: 8−21.

　　［7］GLAESER E. Edward L. Glaeser, review of Richard Florida's the rise of the creative class［J］. Regional Science and Urban Economics, 2005, 35（5）: 593−596.

　　［8］HARTIG F. Confucius Institutes and the rise of China［J］. Journal of Chinese Political Science, 2012, 17（1）: 53−76.

　　［9］HOFFMAN J. Reconstructing diplomacy［J］. British Journal of Politics and International Relations, 2003, 5（4）: 525−542.

　　［10］HOFSTEDE G. Cultural dimensions in management and planning［J］. Asia Pacific Journal of Management, 1984, 1（2）: 81−99.

[11] HOSKINS C, MIRUS R. Reasons for the US dominance of the international trade in television programmes[J]. Media, Culture & Society, 1988, 10（4）: 499-515.

[12] JU J C. Why were there no great Chinese paintings in American museums before the twentieth century?[J]. Curator: The Museum Journal, 2014, 57（1）: 61-80.

[13] KIM Y Y. Communication and cross-cultural adaptation: an integrative theory[J]. International Journal of Intercultural Relations, 1988, 12（3）: 291-293.

[14] KIM Y Y. Intercultural personhood: globalization and a way of being[J]. International Journal of Intercultural Relations, 2008, 32（4）: 359-368.

[15] KOMLODI A, HOU W, PREECE J, et al. Evaluating a cross-cultural children's online book community: lessons learned for sociability, usability, and cultural exchange[J]. Interacting with Computers, 2007, 19（4）: 494-511.

[16] LIU M X. The history and status of Chinese Americans in librarianship[J]. Library Trends, 2000, 49（1）: 109-137.

[17] LIU K Y. Soft power, culture and the rise of China[J]. Modern China Studies, 2017, 24（1）: 111-121.

[18] MASSIS B E. Planning for international library exchange and cooperation: the IFLA/SEFLIN international summit on library cooperation in the Americas[J]. Resource Sharing & Information Networks, 2003, 16（2）: 239-253.

[19] MORPHET J. The real thing[J]. Town and Country Planning, 1996, 65（11）: 312-314.

[20] Office USGA. Engaging foreign audiences: assessment of public diplomacy platforms could help improve state department plans to expand engagement[J]. Government Accountability Office Reports, 2010, 82（6）: 15-20.

[21] PARADISE J F. China and international harmony: the role of Confucius Institutes in bolstering Beijing's soft power[J]. Asian Survey, 2009, 49（4）: 647-669.

[22] PARK R E. Sociology and the social sciences[J]. American Journal of Sociology, 1921（4）: 401-424.

[23] PRATT A C. Creative clusters: towards the governance of the creative industries production system?[J]. Media International Australia, 2004, 112（1）: 50-66.

[24] RIGGS D E. International library cooperation: we have come a long way and

have a long way to go[J]. College & Research Libraries, 2001, 62（6）: 500-501.

［25］SCHMIDT H. The politics of affect in Confucius Institutes: re-orienting foreigners towards the PRC[J]. New Global Studies, 2014, 8（3）: 353-375.

［26］SIMEON M I, BUONINCONTRI P. Cultural event as a territorial marketing tool: the case of the Ravello Festival on the Italian Amalfi Coast[J]. Journal of Hospitality Marketing & Management, 2011, 20（3-4）: 385-406.

［27］STRAUBHAAR J D. Beyond media imperialism: asymmetrical interdependence and cultural proximity[J]. Critical Studies in Media Communication, 1991, 8（1）: 39-59.

［28］TOVELL F M, MITCHELL J M. International cultural relations[J]. International Journal, 1987, 42（3）: 625-626.

［29］WANG G, YU Y, YEH E. Globalization and hybridization in cultural products: the cases of Mulan and Crouching Tiger, Hidden Dragon[J]. International Journal of Cultural Studies, 2005, 8（2）: 175-193.

［30］WERTHEIMER A B, MARSHALL J D. Fifty years of promoting library history: a chronology of the ALA（American）library history round table, 1947-1997[J]. Libraries & Culture, 2000, 35（1）: 215-239.

附录 A 驻华海外文化中心一览

国家	名称	设立时间	开放时间	功能分区	特色服务	门禁管理	新媒体宣传			标 识
							官网	微博	微信	
				独立于驻华使馆的文化中心						
德国	北京歌德学院	1988年①	周二至周日 12:00—18:00	图书馆、展览空间、会议室、活动广场、知识吧	以"创意产业"为核心心资源的"知识吧"配备了专业的数据库以及最新的App软件。不同的功能区域间可形成有机的"对话"	无	✓	✓	✓	GOETHE INSTITUT CHINA
日本	北京日本文化中心（日本国际交流基金会）	1994年②	周一至周五 9:00—17:30	图书馆、多功能厅、教室	免费出借日本传统玩具、浴衣、法被等文化物品；向以研究日本、促进知识交流为主题，增进中日以及亚洲各国相互理解为目的的研讨会、座谈会、交流会、出版等项目提供部分资金援助	携带证件	✓	✓	✓	日本文化中心 JAPAN FOUNDATION

① 前身是歌德学院北京分院，2015年10月北京歌德学院图书馆阅览、文化活动部分迁至"798"社区，语言教学部分迁至海淀数码大厦。表格中收录的是"798"社区北京歌德学院的基本情况。
② 前身是日本国际交流基金会的北京事务所，2008年8月迁至现址，正式更名为"北京日本文化中心"。

续表

国家	名称	设立时间	开放时间	功能分区	特色服务	门禁管理	新媒体宣传			标　识
							官网	微博	微信	
韩国	驻华韩国文化院③	1994 年③	周一至周六 9:00—18:00	文旅体验区、韩服展示区、韩屋体验区、图书馆、多功能厅、地下展厅、教室、室外演出场	应用VR、AR技术体验韩国文旅;专门设置有烹饪设备的料理教室,供学员学习韩国料理、体验韩国美食文化	携带证件	√	√	√	주중한국문화원 KOREAN CULTURAL CENTER, CHINA 驻华韩国文化院
法国	法国文化中心	2002 年 11 月	每天 8:30—22:00	多功能厅、图书馆、阅读俱乐部、咖啡厅、可调整的展览空间	文化中心的二楼就是法语学院,将法国宣传与法语推广融为一体	无	√	√	√	INSTITUT FRANÇAIS 北京法国文化中心
西班牙	北京西班牙文化中心(北京塞万提斯学院)	2006 年 7 月	周二至周六 10:30—18:00	图书馆、多功能厅、展厅、教室	把中国和西班牙的作家、评论家、艺术家等都邀请进来一起参与讨论文学作品或文化习俗,如共同探讨对斗牛的看法,让中"西"文化互动起来	无	√	√	√	Instituto Cervantes

③　前身是驻华韩国大使馆文化新闻处,2007年3月迁至现址,正式更名为"驻华韩国文化院"。

续表

国家	名称	设立时间	开放时间	功能分区	特色服务	门禁管理	新媒体宣传			标识
							官网	微博	微信	
俄罗斯	北京俄罗斯文化中心	2010年10月	周一至周日 9:00—18:00	图书馆、影视放映厅、多媒体音乐厅、展厅、教室	线上参观虚拟俄罗斯博物馆	携带证件	√	√	√	
匈牙利	北京匈牙利文化中心	2013年11月	全天	图书角、讨论（活动）区、门窗展示		无	√	√		
丹麦	北京丹麦文化中心	2015年5月	周二至周日 10:00—18:00	展厅、儿童活动区、可移动舞台、会议室	儿童活动区是固定设置，提供有配套的面向儿童的特色活动与服务，如儿童戏剧工作坊	无		√	√	
以色列	以色列商务与文化中心	2015年6月	周二至周日 10:00—18:00	展厅、活动广场		无				
罗马尼亚	北京罗马尼亚文化中心	2015年7月	全天	展厅		无			√	

续表

国家	名称	设立时间	开放时间	功能分区	特色服务	门禁管理	新媒体宣传			标识
							官网	微博	微信	
塞尔维亚	北京塞尔维亚文化中心	2018年11月	周二至周日 10:00—18:00	展厅、多功能厅、工作坊		无				
巴林	北京巴林国立文化中心	2018年7月签约				未开放				
驻华使馆馆内文化中心										
意大利	意大利文化中心	1986年	秘书处：周一至周五 9:00—18:00；图书馆：周一至周四 10:00—18:00，周五开放至19:00	图书馆、多功能剧场	开通了网络直播，也可线上观看活动回放	活动预约	√	√		

续表

国家	名称	设立时间	开放时间	功能分区	特色服务	门禁管理	新媒体宣传			标识
							官网	微博	微信	
英国	英国文化教育协会	1988年	不对外开放	主要为办公区	"中英文化连线""艺述英国"等常态项目开展多年，主要推广创新性和多样化的英国艺术，形式涵盖视觉艺术、建筑设计、时尚、戏剧、舞蹈、音乐、影视、文学和创意经济	活动预约	√	√	√	BRITISH COUNCIL 中国
美国	北京美国中心	2016年6月更名	不对外开放	图书馆（暂不开放）、多功能厅、会议室、教室	活动涉及的领域非常广泛，不局限于文化艺术，还包括金融、医学、司法等多个领域	活动预约	√	√	√	BEIJING AMERICAN CENTER 北京美国中心
印度	斯瓦米·维韦卡南达文化中心	2018年8月更名	不对外开放	展厅、多功能厅、教室	开设有免费的瑜伽、印度舞课程	活动预约		√		

附录B 我国公共文化服务领域所获主要国际奖项一览

机构类型	获奖时间	获奖项目	所获奖项
图书馆	2007	佛山市顺德区图书馆	ALA/AIA图书馆建筑奖
	2009	重庆图书馆	ALA/AIA图书馆建筑奖
	2016	深圳图书馆南书房	ALA/IIDA图书馆室内设计大奖
	2016	"微杂院"儿童图书馆及艺术中心	阿卡汗建筑奖
	2018	天津滨海图书馆	美国Architizer A+奖
博物馆	2013	高黎贡手工造纸博物馆	阿卡汗建筑奖
	2017	钟祥市博物馆暨明代帝王文化博物馆	亚洲建筑师协会建筑奖
	2018	蒙医博物馆	亚洲建筑师协会建筑奖
	2019	西藏非物质文化遗产博物馆	美国Architizer A+奖
美术馆	2018	贵州安龙熔岩美术馆	美国Architizer A+奖
纪念馆	2015	北川国家地震纪念馆	亚洲建筑师协会建筑奖
	2017	唐山地震遗址公园	亚洲建筑师协会建筑奖
体育馆	2014	广州亚运城体育馆	亚洲建筑师协会建筑奖
	2015	大连体育中心体育馆	亚洲建筑师协会建筑奖
	2016	中新天津生态城全民健身中心	亚洲建筑师协会建筑奖
	2019	亳州市体育馆	美国Architizer A+奖

续表

机构类型	获奖时间	机构名称	获奖项目	所获比赛/奖项
文化馆	2004	上海黄浦区青少年活动中心	春天少年合唱团	第三届奥林匹克合唱比赛金奖
	2009	上海黄浦区青少年活动中心	春天少年合唱团	第四届勃拉姆斯国际合唱比赛金奖
	2010	上海黄浦区青少年活动中心	春天少年合唱团	第六届世界合唱比赛金奖
	2013	沈阳和平区文化馆	枫之韵合唱团	第二届西班牙卡莱利亚国际合唱比赛金奖
	2013	广州荔湾区青少年宫	广州荔湾儿童合唱团	第八届勃拉姆斯国际合唱比赛金奖
	2013	广州海珠区青少年宫	广州小海燕儿童合唱团	第八届勃拉姆斯国际合唱比赛金奖
	2014	上海黄浦区青少年活动中心	春天少年合唱团	第八届世界合唱比赛金奖
	2016	广州荔湾区青少年宫	广州荔湾儿童合唱团	第九届世界合唱比赛金奖
	2017	沈阳和平区文化馆	枫之韵合唱团	第五届越南国际合唱团比赛金奖
	2018	四川省文化馆	爱乐女子合唱团	第十届世界合唱比赛金奖
	2019	广州海珠区青少年宫	广州小海燕儿童合唱团	第四届欧洲合唱团比赛金奖
	2019	中国福利会少年宫	小伙伴合唱团	第四届欧洲合唱团比赛金奖
科技馆	2018	广西科技馆	2018年"国际天文馆日"广西科技馆会场活动	IPS天文馆日一等奖 昴宿星团队奖
	2019	上海科技馆	原创纪录片《流星之吻》	AVICOM国际视听多媒体艺术节金奖

续表

机构类型	获奖时间	机构名称	获奖项目	所获奖项
图书馆	2008	东莞图书馆	市民学堂	美国图书馆协会ALA主席国际创新项目大奖
	2014	杭州图书馆	发现身边的图书馆	IFLA国际营销奖
	2016	国家图书馆	M·地铁图书馆	IFLA国际营销奖
	2016	内蒙古图书馆	彩云服务	ALA主席国际创新项目大奖
	2017	上海图书馆	开放数据2016应用开发竞赛	IFLA国际营销奖
	2017	辽宁省图书馆	童阅乌托邦	IFLA国际营销奖
	2017	上海图书馆	上海图书馆数字阅读工程	IFLA国际营销奖
	2017	中山图书馆		IFUL国际图联绿色图书馆奖
	2018	广州图书馆	"静与光" 新年诗会	IFLA国际营销奖
	2018	重庆图书馆	格林童话之夜	IFLA国际营销奖
	2018	苏州图书馆	"小候鸟" 项目	ALA主席国际创新项目大奖
	2018	内蒙古图书馆	"数字文化走进蒙古包" 工程	ALA主席国际创新项目大奖
	2018	佛山图书馆	"佛山图书馆绿色实践" 项目	国际图联绿色图书馆大奖
	2019	重庆图书馆	阅读之星	IFLA国际营销奖